高职高专财经商贸类专业系列教材

# 广告文案写作

主　编　邬晓光　张　晓
副主编　贾庆成
参　编　莫玉芬　刘玉有
　　　　绳传东　王劲松
　　　　马秀文　张文玲
主　审　王有良

机　械　工　业　出　版　社

本书结合广告发展的历史和现状，介绍了历史上及当代优秀广告撰稿人的成功经验，例举了大量的优秀广告文案的写作实例，对广告文案的结构、内容、表现手法、创作要求以及不同媒体的特性和不同媒体的广告文案的写作要求等多个方面进行了阐述和讲解，每章之后都附有复习和思考题，具有较强的实用性和可操作性。

本书可作为高职高专广告及相关专业的教材，也可作为广告业、新闻界人员的学习用书和参考资料。

为方便教学，本书配备电子课件等教学资源。凡选用本书作为教材的教师均可登录机械工业出版社教育服务网 www.cmpedu.com 注册后免费下载。如有问题请致电 010-88379375 联系营销人员。

**图书在版编目（CIP）数据**

广告文案写作/邬晓光，张晓主编. —北京：机械工业出版社，2005.7（2026.2 重印）

ISBN 978-7-111-16875-1

Ⅰ.广... Ⅱ.①邬...②张... Ⅲ.广告-写作-高等学校：技术学校-教材 Ⅳ.F713.8

中国版本图书馆 CIP 数据核字（2005）第 075017 号

机械工业出版社（北京市百万庄大街 22 号 邮政编码 100037）
策划编辑：余茂祚 责任编辑：董宇佳 赵志鹏
版式设计：冉晓华 责任校对：张 媛
封面设计：饶 薇 责任印制：张 博
北京机工印刷厂有限公司印刷
2026 年 2 月第 1 版第 23 次印刷
169mm×239mm · 15 印张 · 289 千字
标准书号：ISBN 978-7-111-16875-1
定价：39.00 元

| 电话服务 | 网络服务 |
| --- | --- |
| 客服电话：010-88361066 | 机 工 官 网：www.cmpbook.com |
| 010-88379833 | 机 工 官 博：weibo.com/cmp1952 |
| 010-68326294 | 金 书 网：www.golden-book.com |
| 封底无防伪标均为盗版 | 机工教育服务网：www.cmpedu.com |

# 前 言

现今社会，广告——这个现代生活的宠儿——已经深入到社会的每一个角落，渗透到千家万户之中。可以毫不夸张地说：广告已经是无处不在，无时不有，无孔不入，无人不沾。而广告文案在广告活动中更是发挥着举足轻重的作用。就广告的具体要素来讲，包括语言、画面、色彩、音响等，其中贯彻设计思想的最主要也是最常用的手段是语言。因而，广告文案的写作往往成为广告成败的关键。本书的编写紧紧围绕以高职高专应用性人才培养为目标，突出了基本知识和写作技能的培养和训练。为了更好地让学生们掌握各种类型的广告文案的写法，我们列举了大量的广告文案实例，增强了本教材的参考性、可读性和实用性。

全书共分为13章，从广告的基本知识、广告的发展史、广告的主题与创意、广告文案的构成、广告文案的类别、广告文案的表现手法、广告文案的创作要求以及不同媒体的广告文案的特点及写法等方面一一进行了讲解。本书还特别添加了网络广告的写作、公益广告的写作、系列广告的写作以及广告计划的写作、广告策划书的写作等内容。

本书由辽宁机电职业技术学院副教授郇晓光和山东日照职业技术学院副教授张晓任主编，负责全书的大纲编审、全书各章节内容的编写、统稿及排稿等工作，河南工业职业技术学院副教授贾庆成任副主编，丹东日报社鸭绿江晚报新闻部主任王有良任主审。具体编写分工如下：贾庆成编写第2、11章，马秀文编写第1章，绳传东编写第6、12章，王劲松编写3、5章，刘玉有编写第4、13章，张文玲编写第10章，张晓编写第8章，郇晓光编写第7、9章，此外莫玉芬也参加了该书部分章节的编审工作。

本书作为教材，援引了众多媒体公开发布的广告文案例，在编写过程中也参考了大量的文献资料，因无法一一通知原创作者及媒体，特此说明并表示深深的谢意！还要对机械工业出版社余茂祚教授以及辽宁机电职业技术学院副院长鲍风雨、辽宁省丹东市卫视广告公司经理黄玉杰等所给予的大力支持和帮助表示衷心的感谢！由于编者理论水平有限，广告实践经验尚有欠缺，加之编写时间仓促，对书中疏漏、错误及不妥之处恳请同行、读者批评指正。

编 者

# 目　录

# 第1章　绪　论

在现代社会里，广告作为一种普遍存在的社会现象，已经成为人们日常生活中不可缺少的一部分，而广告文案则是广告不可缺少的极其重要的一部分。那么，何谓广告？广告的要素、作用有哪些？它如何分类？广告文案的基本构成怎样？广告起源于何时？它是如何发展的？本章将着重介绍广告与广告文案的基本知识以及广告的发展简史。

## 1.1　广告的基本知识

在现代社会里，有人说："我们呼吸的，除了空气，就是广告。"也许你离得开广告，但广告却离不开你。我们每天的生活几乎都是从广告开始的，广告的出现总是让人措手不及，在楼道里、出租车的收音机里、公交车的车身上或车厢里，或者在你随便阅读的一份杂志中、在你看的一档电视节目中，甚至在你家的电脑里、在单位的传真机上、在你的手机上……现代广告真是无孔不入。现代广告就是这样"爱你没商量"。

### 1.1.1　广告的定义

1. 广告词语来源　广告一词是英文"Advertising"的译名，是个外来词。而英文中的"Advertising"来源于拉丁文——adverture，其原意为"引起注意，进行诱导"。公元1300年至1475年间，中古英语有了advertise，意为"一个人注意到某件事"，后来演变为"通知别人某件事，引起别人注意"。在公元17末~18世纪初，英国开始了大规模的广告活动，广告一词由原来带有静止意义的名词advertise，转化为具有活动意义的词汇advertising，广告的含义也从单一的广告，演变为一系列的广告活动。

在古代汉语里，没有广告一词。约在20世纪20年代，"广告"一词被翻译、引入我国，可理解为"广而告之"，即向广大公众告知某件事情。

2. 几种影响较大的广告定义　由于人们对广告认识的侧重点不同，国内外有关广告的定义有各种各样的表述。先摘录其中几条对我国影响比较大的：

广告是由明确的广告主在付费的基础上，采用非人际传播的形式，对观念、商品或劳务进行介绍、宣传的活动。(美国市场营销协会（AMA))。

广告是广告客户为了实现企业目的而针对特定对象进行的信息传播活动，其传播内容包括商品、服务、意图（想法、方针、意见）等。信息传播是通过媒体实现的。企业的广告目的是为了满足消费者的需求，并起到创造社会经济

效益的作用。(小林太三郎的《新型广告》)

所谓广告，就是收费使用媒介物的报道活动。(八卷俊雄，日本)

广告是被明确表示出的信息发送方，作为一种信息活动，针对想要呼吁(诉求) 的对象，所进行的有偿信息交流。(日本广告行业协会 (JAAA))

3. 现代广告的定义　20 世纪 80 年代后期，我国也加强了对广告的研究工作。有关广告的定义更是众说纷纭。其中美国市场营销协会对广告所下的定义，得到较多广告业内人士的赞同和认可，经常被人们所应用。根据这个定义，结合我国的实际情况，我们对广告作如下定义：

广告是广告主为了推销其商品、劳务或观念，在付费的基础上，通过传播媒体向特定的人群进行的信息传播活动。

这个定义至少说明了广告的如下属性：①广告的传播主体是广告主，而广告的传播对象是特定的人群。②广告是一种非人际的大众传播活动，它是借助一定的媒体进行传播的。③广告传播具有特定的内容，包括商品与劳务、形象与观念等。④广告是一种付费宣传，因为广告主开展广告活动必须支付一定的广告费用。

### 1.1.2 广告的要素

任何一则广告，都有相对稳定的构成元素。那么，广告的构成要素有哪些呢？

1. 广告主　根据中华人民共和国《广告法》的规定，广告主是指为推销商品或提供服务，自行或者委托他人设计、制作、发布广告的法人、其他经济组织或者个人，即提出发布广告的企业、团体或个人。如工厂、商店、酒店、宾馆、各类公司、娱乐场所、个体生产者与经营者等。

一般来说，一个合格的广告主除了要进行付费宣传以外，还应具备以下几个条件：①必须拥有一定数量和质量的产品或劳务。②必须有明确的广告目标。③必须明确广告宣传是一种有益投资并希望获得效益。④对广告的发布享有委托权并负有法律责任。

2. 广告信息　广告信息是广告宣传的主要内容，主要包括商品、劳务和观念三大类信息。①商品信息包括产品的特点、性能、质量、用途、价格、优惠项目、售后服务措施等。②劳务信息，包括各种形式的非商品或半商品买卖的服务性活动信息，如文化活动、旅游服务、人才招聘、出国留学咨询、房产中介、婚纱摄影等方面的信息。③观念信息，是指通过广告宣传与倡导某种思想意识，在广告对象中树立一种有利于推销其商品或劳务的消费观念。

3. 广告媒体　广告媒体是指传播广告信息的物质载体。广告媒体的具体形式有许多种，但最主要的是报纸、杂志、广播、电视。它们影响力最大，使用也最普及，因此被人们称为现代广告的“四大媒体”。随着互联网技术的发展与普及，网络媒体成为广告主的新宠。

广告媒体作为广告信息的载体，是广告宣传赖以进行的最重要的因素之一。因为一旦离开了广告媒体，广告信息就无法迅速地传递出去，广告活动也就名存实亡了。

4. 广告受众　广告受众是广告信息的接受者，是广告信息传播和影响的对象，是广告诉求的目标群体。各种不同类型的消费者都是广告对象的一部分，但由于广告的目的和内容不同，它所要面对的消费者的类型也不同。如药品广告主要针对有某一疾病的广大患者和家属，文具用品的广告则主要针对广大学生及其家长等。广告宣传所针对的具体对象称之为目标对象。只有充分了解与把握目标对象的心理需要、文化习惯、消费水平等，才有可能制作出高水平的广告。

5. 广告费用　广告费用是广告主进行广告宣传活动所支付的费用，主要指广告主支付给广告媒体或广告代理机构的费用。从广告费用的项目上来说，广告费用主要包括广告媒体的租金、广告代理费、广告制作费等等。是否支付费用是现代商业广告和各类社会公告的最大区别之一。

6. 广告代理　广告代理是指专门从事广告策划、设计与制作的专业广告公司，是广告业务的经营者。它是现代广告活动的根本特征之一。广告公司的有关人员穿梭于广告主与广告媒体之间，是联系广告主与媒体之间的桥梁。

### 1.1.3　广告的分类

1. 按广告的基本性质分类　按广告的基本性质分类，广告可以分为商业广告和非商业广告两类。

（1）商业广告：商业广告又叫经济广告，它的目的是推销商品或劳务，从中取得利润，因此它是以盈利为最终目的具有商业性质的广告。商业广告是广告中的主体，也是广告学的主要研究对象。

（2）非商业广告：非商业广告是指不以获取经济利益为直接目的，而是为进行某种宣传所发布的广告，它不存在盈利问题，也称为非经济广告。非商业广告通常包括：政治广告、公益广告和个人广告。

2. 按广告的诉求目的分类　由于广告目标不同，每一则广告都有着不同的目的。按广告的诉求目的可以将其分为以下三类：

（1）以推销商品为目的的广告：这类广告的主要内容是详细介绍商品的特征、性能和品质，其诉求重点在于突出该商品与众不同的特征与魅力，加深消费者对这一商品的印象，吸引消费者的注意，促使其产生购买行为。

（2）以树立形象为目的的广告：这类广告主要以树立商品及企业的形象和信誉为诉求重点，是20世纪60年代以后出现的，也可称为企业广告。它以塑造企业和商品的形象为主要内容，70年代以后主要宣传企业社会存在价值，以提高企业的声誉，加强消费者对企业的认同与信任感，寻求良好的社会与公众的支持，以促进商品的销售为间接目的。

（3）以建立观念为目的的广告：这类广告通过广告信息传播，帮助消费者提高对一个企业、一种产品的认识，从而建立一种消费观念。它不直接推销产品和服务，其诉求重点在于通过企业向社会大众灌输某种观念，是企业面向社会进行全方位信息交流的一种方式。目的是通过对消费者的教育培训，增强消费者对企业或产品的信赖。

3. 按广告的传播媒体分类　传播广告的媒体有很多，按照媒体的不同大致可分为以下三类：

（1）大众传播媒体广告：这类广告包括视听媒体广告和印刷广告。视听媒体广告有电视广告和广播广告。印刷广告主要包括报纸广告和杂志广告。电影广告也是一种大众传播媒体广告。

（2）小众传播媒体广告：这类广告主要包括户外广告、直接广告和销售现场广告。另外还有促销广告、交通广告、报纸夹页广告等。

（3）新兴传播媒体广告：新兴传播媒体主要是指网络媒体，它是以国际互联网来传递广告信息的。作为20世纪90年代以后诞生的新型媒体，为广告业展示出广阔的市场空间。

### 1.1.4　广告的作用

广告是一种信息传播活动，其基本的职能是通过各种媒体向消费者传播有关商品、劳务、观念的信息，以引起消费者的兴趣，最终促进商品的销售。随着广告活动的日益发展，广告已经深入到社会经济生活的方方面面，由经济领域扩展到社会和文化领域，产生的影响与作用越来越大。

1. 沟通产销信息，促进商品销售　面对商品日益丰富、竞争日趋激烈的市场，消费者有足够的条件根据自己的喜好选择商品。作为企业必须使消费者充分了解自己商品的信息，才能获得被选择的机会。因此，沟通企业和消费者之间的联系，必须做好产品的信息宣传工作，从而促进商品的销售。广告宣传在这方面扮演着重要的角色。

例如：白加黑感冒药的广告宣传。在“白加黑”上市之前，国内的感冒药不下几十种，像人们早已熟知的康泰克、感冒通、银翘解毒片等。白加黑感冒药上市后，针对产品自身的特点，在广告上展开了强有力的攻势，在全国各大电视台大做广告，让广大的感冒患者了解其产品的特点，即黑白分明。白天吃白片，不瞌睡；晚上吃黑片，睡得香。在短短180天的广告攻势下，白加黑在拥挤的感冒药市场上赢得了15%的份额，销售量达4万箱，创造产值1.6亿元。它成功的基础在于通过电视广告大力宣传产品特点，赢得了消费者的青睐，从而促进了产品的销售。

2. 激发竞争动力，推动企业发展　竞争是商品经济的产物，当市场上有两个或两个以上的企业生产和销售同一类产品或劳务时，就必然会产生竞争。广告把企业生产信息、产品特性公之于众，必然促使同类企业为了开发和扩大市场份额，努力去改善产品质量，降低成本，降低价格，不断提高企业的竞争力，推动企业的发展。

例如：1898 年百事可乐公司初创之时，可口可乐公司已是世界软饮料的霸主。为了发展壮大自己，百事可乐通过广告，展开了与可口可乐激烈而持久的四大“争夺战”。

第一战役：自 1929 年开始，百事可乐趁可口可乐忙于开拓国际市场之际，发动了一场战略进攻，向公众灌输这样一个观念：同样花 5 分钱，原来只可买 6.5 盎司一瓶的可口可乐，现在可以买到 12 盎司一瓶的百事可乐。结果十分奏效，以低廉的价格抢走可口可乐在美国劳动阶层中的部分市场。

第二战役：20 世纪 60 年代，二次大战后的新生代成为社会的主要消费对象，百事可乐敏锐地发现了这一点，把广告重点放在招徕好动的战后新生代上。于是，广告片里重复出现大批热情奔放的年轻人形象，并且每个人的手上都拿着一瓶百事可乐，他们和着音乐的节拍放声歌唱：认为自己年轻的人就喝百事可乐。这些广告影响非凡，到了60 年代中期，美国年龄在25 岁以下的年轻人几乎都喝百事可乐。

第三战役：1959 年百事可乐决心趁在莫斯科举办美国博览会的机会，打开百事可乐的海外市场。博览会上，百事可乐国际部经理拿出百事可乐请赫鲁晓夫品尝，并将此事在报纸上大肆渲染，掀起了品尝百事可乐的热潮。事后百事可乐又在前苏联建厂，始终垄断着苏联市场。1980 年，在莫斯科举办的奥运会上，百事可乐行动迅速，宣传诱导，大肆推销，盈利超过可口可乐的 1/3 以上，使百事可乐在海外名声大震。

第四战役：为了改变人们总相信老牌子的传统观念，1972 年百事可乐向可口可乐直接挑战，发动了一次试饮百事可乐与可口可乐的产品比较攻势。在一个公共场所请行人蒙住眼睛免费品尝着两种饮料，然后赠送一瓶饮用者认为更好喝的饮料。结果多数人饮后都要喝百事可乐，以 3：2 的优势战胜了可口可乐。这一比较的场面被百事可乐在电视上反复播放，产生了令人兴奋的攻击性效果，许多可口可乐的零售商改弦更张，百事可乐的销售量直线上升。百事可乐的销量与可口可乐相比，1960 年为 1：2.5，1965 年变成 1：1.15，1977 年以来它在美国国内的销量开始超过可口可乐。

百事可乐从50 年前名不见经传的公司，在与可口可乐公司长达30 年的广告大战中，经过半个多世纪的浴血奋战，逐渐发展壮大，成为一家极具实力的饮料公司。

3. 刺激和引导消费，影响消费观念变化　根据市场营销理论，人们购买行为的产生，主要取决于三个方面的因素，即人的需要、欲望和需求。同时，人们对产品需求的产生，又受到各种因素的影响。广告作为一种外在刺激诱因，其作用就在于把握消费者的心理需求，并根据消费心理和行为特征，展示与其潜在消费需求相符的商品、劳务，使广告能从意向情感的诉求上唤起消费者的共鸣，激发其购买欲望，并付诸购买行动。

例如：前几年，雀巢咖啡在我国开展促销活动时，就是通过观念定位型广告，反复强调咖啡是现代生活的新需求、新享受，影响了人们的消费观念，从而将很大一部分追求现代时髦生活的“新生代”青年的消费口味从传统饮料茶叶转移到原来很陌生的咖啡，打开了中国的市场。

4. 美化市容环境，丰富文化生活　随着商品经济的高速发展，广告已经成为现代社会文化生活的组成部分。广告作为传递信息的一种手段，需要具有说服沟通的作用，这就要求它用较强的艺术感染力去吸引与打动目标消费者，于是，许多艺术性较高、设计新颖、构思奇特的广告作品，如广告画、广告摄影、电视广告片等开始出现在人们的生活中，这些广告，实际上也是一件艺术作品，具有一定的欣赏价值和文化品位，给人们带来美的享受。如：许多的广告语和广告歌曲，有的已经成为人们日常生活中的流行语和流行歌曲，像“雀巢咖啡，味道好极了”、“今年更要送健康，送礼还送脑白金”，“我说我的眼里只有你/你让我无法忘记”，“人类失去联想，世界将会怎样”。又如，当年小霸王学习机的广告语，成为孩子们做拍手游戏时竞相传唱的童谣：

你拍一，我拍一，小霸王出了学习机；
你拍二，我拍二，游戏学习在一块儿；
你拍三，我拍三，学习起来很简单；
你拍四，我拍四，保你三天会打字；
你拍五，我拍五，为了将来打基础。

## 1.2　广告文案写作基础知识

### 1.2.1　广告文案的定义

“广告文案”一词来自英文“advertising copy”，也被称作“广告文”或“广告文稿”。广告文案有两种不同的概念：广义的概念与狭义的概念。

广义的广告文案，也称广告稿、广告拷贝（Advertising Copy）或广告表现。它的内容包括广告作品的全部，如广告文字、绘画、照片及其布局等等。例如，报刊广告。广告文案不限于文字。也包括色彩、绘画、照片、装饰等。

狭义的广告文案，是指广告作品中全部的语言文字部分。本书所讲的广告文案，是采用狭义的广告文案概念。

狭义的广告文案概念明确了以下几点：

1）广告文案是指广告作品本身而不是广告运作过程中的文字资料和文本形式。

2）广告文案是广告作品中的语言文字部分而不包括图片、声音等其他的因素。

3）广告文案是指广告作品中的全部的语言文字部分而不仅仅是其中的某一部分。

4）广告文案包括广告作品中的语言和文字两个部分。其中，语言指有声语言和口头语言；而文字指书面语言（包括电视广告的字幕形式）。

随着我国经济的发展，广告的形式日益丰富起来，广告的媒体也越来越多。但是无论采用何种媒体的广告都离不开一定的语言文字，都要以语言文字为基础来进行广告创作。广告没有图画可以（如广播广告），没有声音也可以（如报刊广告），但是广告若离开了语言文字，它将寸步难行。难怪美国广告界的知名人士 H. 史戴平斯指出："文稿是广告的核心"。

**1.2.2 广告文案的特征**

广告文案作为一种文体，有其自身的写作规律，具有独特的写作特征，其特征主要是真实性、效益性、独创性和艺术性。

1. 真实性特征　真实性是广告的生命所在。只有内容真实的广告，才能赢得消费者的信赖，才能在广大的消费者中建立起珍贵的信誉。而虚假的广告一旦被识破，文案的生命力就丧失了，商品、企业的信誉也将遭到破坏。因此，真实性特征是广告文案的首要特征。

例如：在2000年哈药六厂一则关于盖中盖口服液的电视广告中有这样一幕：希望小学的学生在念一封寄给巩俐阿姨的感谢信，起因是巩俐阿姨得知孩子们生活困难，营养不良而导致严重缺钙，于是从哈尔滨制药六厂购得"盖中盖"口服液捐给他们。孩子们感激不尽，通过电视的旁白说："巩俐阿姨，您寄给我们希望小学的盖中盖口服液，现在同学们都在喝……"巩俐阿姨读完感谢信后激动地说："盖中盖口服液，真的不错。"广告播出不久，就有人揭露广告内容是虚假的。一时间媒体作了大量的报道，其中不少是针对影星巩俐的斥责。中国青少年发展基金会认为这则广告侵害了希望工程的名誉权，对中国青少年发展基金会造成不良影响，随即对哈尔滨制药六厂提起诉讼。一时间，"巩俐阿姨虚假广告事件"在社会上引起了强烈的反响，给哈尔滨制药六厂带来了严重的负面影响。

2. 效益性特征　商品广告的最大特点是追求效益和利润，它的最终目的是促进商品的销售。衡量一则广告成功与否，其中重要的一条就是看它能否促进产品的销售，产生了多大的促销作用。所以从广告文案的创作最终目的上来看，它应该体现效益性特征。效益性特征也是广告艺术区别于其他艺术的根本特征。

例如：脑白金电视广告文案。广告语“今年过节不收礼，收礼只收脑白金”已经成为家喻户晓的流行语。无论从美学、还是从文化的角度上或制作的精美程度上来说，这则广告都显得浅近而直白、粗略而缺乏美感。但其广告文案中清晰的礼品定位，赢得了广大消费者的喜爱，帮助脑白金取得了一个又一个的销售奇迹。在2001年1月脑白金又创下了单品销售量2亿多元的佳绩，突破了中国保健品行业单品单月的销售纪录，很好地体现了广告文案的效益性特征。

3. 独创性特征　为了使广告作品能在众多的竞争对手中显现，立于不败之地，广告文案就不能盲目跟风和模仿，必须突破常规，追求独特与新奇，赋予广告作品以独特的吸引力和生命力，产生与众不同的魅力，这正是广告的独创性特征所追求的目标。如图1-1所示。

一个大大的繁体的“补”字，占了广告画面正中的大部分，醒目、刺激，又用红笔在其上打了一个大大的黑叉，有效地吸引了受众的注意力。广告语为：大补特补未必补　少补精补才对路。此则广告运用汉语语言的特点，在“补”字上大做文章，表达的方式十分独特，体现了广告文案的独创性特征。

4. 艺术性特征　任何成功的广告无论如何是不能缺少艺术性的。艺术性特征是广告的外在形式，是实现广告效益性特征的手段。这种手段可以令广告的面目焕然一新，使之从众多的广告作品中脱颖而出，容易吸引和感染消费者，进而使他们产生极大的兴趣和强烈的购买欲望。

例如：Diploma奶粉平面广告文案

标题：试图使他们相会（画面为一只纽扣和一个扣眼）

正文：

亲爱的扣眼：

你好，我是纽扣。

你记得我们已经多久没在一起了么？

尽管每天都能见到你的倩影。

但肥嘟嘟的肚皮横亘在你我之间，

让我们犹如牛郎与织女般的不幸。

不过再次告诉你一个好消息，

主人决定极力促成我们的相聚。

相信主人在食用Diploma脱脂奶粉后，

我们不久就可以天长地久，永不分离。

这样一则广告，用一种委婉而有趣的方式，十分艺术地向人们诉说了脱脂奶粉引人注目的好处，让人在忍俊不禁之余留下了难忘的印象。

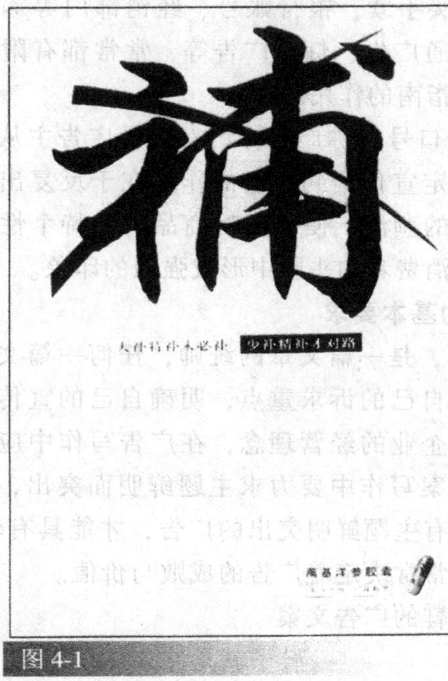


图 1－1　“万基洋参丸”系列平面广告

### 1.2.3　广告文案的构成

广告文案的完整结构通常包括标题、正文、附文和广告口号四个部分。但是，借助于不同媒体的广告文案，其结构形式也不尽相同。例如，霓虹灯广告是标题与正文合一；路牌广告、交通广告以图为主时，文字部分非常精炼，有时甚至标题、正文、标语合一；电视广告与广播广告则有自身的特点，一般都没有标题；印刷广告各部分内容比较齐全。

1. 广告标题　标题是广告的题目，它用来表明广告的主题，提示广告的主要内容，又是区分不同广告内容的标志。它在整个广告文案中具有画龙点睛的作用。所以，广告标题一定要简洁、醒目，使人一目了然，既起到提示主题的作用，又要引起消费者的兴趣。

2. 广告正文　正文是广告的主体部分。它对广告主题展开解释或说明，对标题中引出的广告信息进行较详细的介绍，对目标消费者展开详细诉求。例如商品的品种、功能、性质、特点、用途、规格、价格、使用方法、各种奖励和荣誉称号、消费者的反映以及销售方式、维修方式、优惠策略等等，都要在这一部分进行介绍或说明。正文要能够起到说服消费者、坚定其信心并促成他们采取购买行为的作用。

3. 广告附文　附文，是广告正文之后的必要说明，例如介绍厂名、厂址、电话、电报、网址、购买手续、银行账号、经销部门等等。四大媒体广告、路牌广告、邮政广告、交通广告、灯箱广告等，常常都有附文部分。附文对消费者的购买行为起到购买指南的作用。

4. 广告口号　广告口号又称广告标语，它是广告主从长远利益出发，在一定时期内反复使用的特定宣传语句。它的作用在于反复出现在同一广告中，对消费者进行连续、反复的刺激，使他们对商品的独特个性或企业的经营特点加深理解与记忆，从而在消费者的头脑中形成强烈的印象。

### 1.2.4　广告文案写作的基本要求

1. 主题突出　主题，是一篇文章的统帅，任何一篇文章都离不开主题。每一篇广告文案应确立好自己的诉求重点，明确自己的宣传目标，或传达一则商品的销售信息，或宣传企业的经营理念，在广告写作中应予以明确，这就是广告的主题所在。广告文案写作中要力求主题鲜明而突出，诉求重点明确，并使主题贯通整个广告。只有主题鲜明突出的广告，才能具有较强的说服力。而且，广告主题的突出与否，常常决定着广告的成败与价值。

例如：爱迪达旅游鞋的广告文案

鞋子就是路

穿一双不好的鞋，在一条平坦的路上跑，结果，感觉还是在一条坏路上跑；穿一双爱迪达的鞋子，在一条坏路上跑，结果，就等于跑在一条平坦的路上。

这则广告的主题十分鲜明，即“鞋子就是路”，明确地传达出爱迪达鞋子与众不同的特点。

2. 创意新颖　广告的创意是指根据广告主题的要求，经过精心思考和策划，创造出一个新颖独特的构思和意境的过程。创意内涵本身就包含有新颖独特的特征。这一特征是广告创意的最鲜明的特征，离开了新颖独特的创意就不能称之为广告创意。新颖的广告创意，能够引起消费者的广泛注意，触发他们的强烈兴趣，并留下深刻的记忆；具有独创精神的广告，能产生非凡的震撼力，具有很强的心理突破效果。所以，新颖独特是广告创意的生命所在。如图 1－2 所示：

这是一则宣传环保的公益广告，它巧妙地运用字体拆分的形式，形象地传达出破坏环境的恶果。广告设计新颖独特，耐人寻味，具有很强的艺术震撼力。

3. 语言简洁　广告文案中为了表现主题和创意，必须采用具有一定特点的语言。广告语言有许多特点，但最基本的一点是简洁。简洁，是语言简练、明了。由于生活节奏的加快，消费者每天很忙碌，同时要接受大量的信息，啰嗦的文案只会令人生厌。但是，简洁不等于单薄，简练不等于词不达意。为了保证文案的语言能清楚地表达出广告主题和广告创意，就要求每一句话、每一个

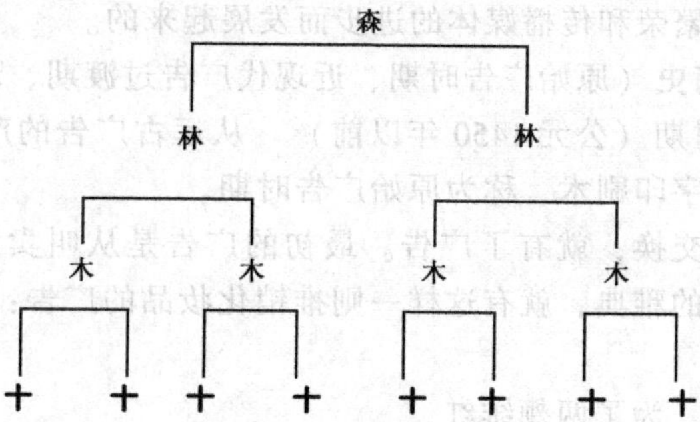


图 1－2　环保公益广告

词甚至每一个标点，都是必不可少的，同时又是多一不可的。

例如：河南杜康酒广告文案

慨当以慷，忧思难忘。

何以解忧，惟有杜康。

此则广告运用曹操《短歌行》中的诗句，配合电视画面，简练而生动地传达出该酒的特点。

4. 技巧熟练　广告技巧是为表现广告主题服务的，是将广告创意视觉化的必要手段。广告技巧有很多种，比如文字表达技巧、插图造型技巧、标题设计技巧、音画配置技巧等，其中最基础的是文字表达技巧。广告创作人员要能够熟练地掌握这些技巧，恰当运用于不同媒体广告文案的创作中去，通过各种技巧的巧妙组合，突出广告主题，展示广告创意。一般来说，广告创作人员的技巧掌握得越熟练，广告文案中的运用技巧性越高，广告的艺术感染力就越强。

例如：富士胶卷的广告文案

北方有好景色

南方有好景色

西方有好景色

东方有好景色

绿就是绿，红就是红，蓝就是蓝

所有的色彩，都在富士彩色胶卷中大彻大悟

这则广告文案看似平凡，实际十分讲究文案的写作技巧。它借鉴了中国古代民谣的手法，文案的前四句似乎就脱胎于“鱼戏莲叶东，鱼戏莲叶西，鱼戏莲叶南，鱼戏莲叶北”，利用反复的修辞手法，通俗有趣地表达了生活处处有美景的愉悦心态。

## 1.3　广告发展简史

广告作为一种信息传播的方式，它是适应着人类信息交流的需要而产生，伴随着商品经济的繁荣和传播媒体的进步而发展起来的。

### 1.3.1 世界广告简史（原始广告时期、近现代广告过渡期、现代广告时期）

1. 原始广告时期（公元1450年以前） 从远古广告的产生，到1450年德国人古登堡使用活字印刷术，称为原始广告时期。

自从有了商品交换，就有了广告。最初的广告是从叫卖和实物陈列发展起来的。例如在古代的雅典，就有这样一则推销化妆品的广告：

为了两眸晶莹，为了两颊绯红，
为了人老珠不黄，也为了合理的价钱，
每一个在行的女人都会——
购买埃斯克里普托制造的化妆品。

这首古代雅典的化妆品叫卖诗，可称得上是最早的声响广告之一。

叫卖式广告之后，兴起的是商标字号。据对埋没在火山熔岩下的庞贝古城的考古发掘，可以看出当时庞贝城的招牌已经很先进了。中古时期的欧洲和亚洲的大多数商标字号都是象征性的：一条骡子拉磨盘表示面包房，而一个孩子被鞭子抽打则是一所学校采用的标记。

文字广告的历史也很悠久。现在保留下来的世界上最早的文字广告是公元前1000年，在古埃及首都特贝散发的广告传单。传单纸是用芦苇的纤维造的，现在保存在大英博物馆中，其广告内容如下：

"一个叫谢姆的男奴隶，从善良的织布匠哈甫家逃走了，首都特贝一切善良的市民们，谁能把他领回来的话，有赏。谢姆是Hltlte（欧洲语系的民族），身高5英尺2英寸，红脸，茶色眼珠。谁能提供他的下落，就赏给半个金币，如果谁能把谢姆送到技艺高超的织布匠哈甫的店铺来，就赏给他一个金币。"

古罗马之后大约1000年间，是中世纪时期，这一时期广告萧条冷落。

公元1141年，法国的贝里州出现了一个由12个人组成的口头广告组织，经法国国王路易7世特许，与特定的酒店签订合同，收取报酬，进行广告宣传活动。1258年，巴黎政府为叫卖人颁布《叫卖人法则》加以规范。例如，有这样一则贩卖扁桃的小调：

生活艰难，道路坎坷！
好心人啊，你在何方？
发发善心，行行好吧！
甜美扁桃，扁桃甜美！

2. 近现代广告时期（1450～1850 年） 1450 年，德国人古登堡创用铅活字印刷术，标志着人类的广告从古代的广告时期进入到印刷广告的新时代。这一时期，报纸广告大行其道，杂志广告开始出现，广告业发展初具规模。

（1）印刷广告的出现：1480 年，英国出现了有史以来最早的印刷品广告。英国第一位出版人威廉·坎克斯顿印出第一份推销祈祷书的广告，将其张贴在伦敦大街某个教堂门口：

“需要购买用这个字体印刷成的美丽无误的灵魂符咒的僧侣或其他人，请到威斯敏斯施舍分配所挂有红竖线招牌的店铺里去，就能便宜地买到。希望不要揭掉。”

（2）报纸广告的产生：据广告历史学家亨利·桑普逊认为，第一份名副其实的报纸广告出现于 1650 年，在英国的《每周新闻》“国会诉讼程序”栏目刊载的一则“寻马悬赏启事”。

1666 年《伦敦报》正式开辟报纸广告专栏。

1704 年殖民地美国创办了第一份报纸，名叫《波士顿新闻通讯》，发布了一则向广告商们推荐以该报纸作为宣传媒体的广告。

1675 年 7 月英国的《Public Aduice》报上刊登的咖啡广告，反映了当时商品广告的情况。其广告的内容如下：

“旧交易所后边的巴少鲁密街上，有种叫咖啡的饮料，这是一种医学上认为对健康非常有益的饮料，它具有助消化、提精神、使人精神愉快的作用，还能对眼睛溃烂、感冒咳嗽、身体衰弱、头痛、水肿、风湿、坏血病、淋巴腺肿等其他很多病症有疗效。每日清晨和下午三时出售。”

（3）杂志及其他媒体广告的出现：1645 年，一本名为“The Weekly Account”的杂志第一次使用了“广告栏”，专门刊登广告。在此之前，广告是按“预告”的意思使用“通知”（advice）一词。到了这个时候，逐渐形成“广告”特有词语。

（4）广告代理业的形成与管理：1610 年，英王詹姆士一世让两个骑士建立第一家广告代理店。1612 年，法国创立“高格德尔”广告代理店。1729 年富兰克林在美国创办《宾夕法尼亚报》，既作出版商和编辑，又是广告作家和广告经纪人。

为了加强对广告业的管制，英国议会于 1712 年通过了关于报纸和报纸广告纳税的法案，开始征收广告特税。

3. 近现代广告过渡期（1850～1920） 在这一时期里，世界上有影响的报纸先后创刊，如英国的《每日邮报》（1896）、美国的《纽约时报》（1851）、日本的《每日新闻》（1874）。这些报纸的主要收入都来源于广告，广告成为当时沟通产销信息的主要手段。

(1) 现代广告公司的形成：1868 年，在美国出现了首家具有现代意义的广告公司——艾耶父子广告公司，它被广告历史学家称为“现代广告公司的先驱”。

(2) 广告新媒体的拓展：1853 年，纽约的《每日论坛报》第一次用照片为一家帽子店作广告，从此广告开始用摄影技术作为它的重要表现手段。

1891 年，Coca-Cola 公司在投产 5 年后摄制了世界上最早的挂历广告。

1910 年夏末，在巴黎举办的一次国际汽车展览会上，首次采用霓虹灯做广告。

4. 现代广告时期（1920 年以后） 1920 年以后，人类进入现代广告业迅速发展的时期，其重要的标志是电子广告问世，广告媒体日益多样化，各企业广告的竞争日趋激烈，各种广告组织纷纷成立，广告也已经成为现代信息产业的中坚力量。

1920 年，美国的威斯汀豪斯公司开办了世界上第一家广播电台——KDKA 广播电台。此后，法国和前苏联也相继开办了广播电台。从 20 世纪初到二战前，广播成为继印刷媒体之后的第二大媒体。

1936 年，从英国伦敦的亚历山大宫播出了世界上最早的电视节目，它标志着电视广告时代的开始。

至此，报纸、杂志、广播、电视四大媒体广告全部出现，广告在全世界呈现出蓬勃发展的趋势。

**1.3.2 中国广告简史**（原始广告时期、早期印刷广告时期、现代广告时期）

1. 古代广告时期（鸦片战争以前）

(1) 招牌广告（幌子）：在夏商周时期，随着商品交换的开展，口头、实物、标记性的广告已经出现。

行商走街串巷，音响广告应运而生；坐商则利用“幌子”来招徕顾客，于是招牌广告广泛运用。

中国古代的幌子形式多样，如：花毯铺、银楼、毡铺、成衣铺、浆洗作坊、皮件铺、小五金铺、酒店、奶茶店的幌子等。如图 1-3 所示：

(2) 中国印刷广告的出现：东汉的蔡伦发明了造纸术，宋代庆历年间（1041—1048）毕升发明了活字印刷术。随后，中国的印刷广告出现了。

关于印刷广告，值得一提的是现存于中国历史博物馆北宋年间济南刘家针铺的一则广告。据考证，它是已发现的世界上最早的印刷实物广告。

此广告为铜板雕刻，刻板四寸见方，刻有白兔捣药的标志，上面的“济南刘家功夫引铺”可看作标题，地址以“认门前白兔儿为记”。下面则刻有说明商品质地和销售办法的广告文字：“收买上等钢条，造功夫细针，不误宅院使用，客转为贩，别有加饶，请记白。”

图 1－3　中国古代各类幌子图例

2. 近代广告时期（鸦片战争至新中国成立前）　近代广告发展的显著特征是报刊广告的出现。唐代初期，中国就诞生了最早的报纸《邸报》。它属于官报，宋代开始定期发行，明朝起使用活字排版，清代改称《京报》，不允许刊登广告。

1833 年在广州创办的《东西洋考每月统计传》，其内容主要介绍西方科学文化知识和阐发基督教义，也是中文刊物中最早登载“行情物价表”之类商情的刊物。

鸦片战争以后，首开中文印刷广告之先河者，是 1853 年 8 月，由英国传教士在香港创办的《遐迩贯珍》杂志，每月刊印 3000 份，或卖或送销于港、澳及广州、厦门、福州、宁波、上海等通商口岸，其广告费明码标价。

从 1873 年～1894 年的二十多年间，一批由华人创办的报纸陆续创刊，主要有《昭文新报》（汉口）、《汇报》（上海）、《述报》（广州）、《循环日报》（香港）等。1895 年至 1898 年的三四年间，全国共创办了 32 种华人报纸。

这些报纸大多刊登国货广告。与此同时，广告代理商也随之出现，最早的是以报馆代理人和版面买卖人的形式出现，后来演变为各种广告社、广告公司。辛亥革命后，全国报刊达到 500 多家，之后短短的二三年内高达千余家，报纸印刷广告得到大规模发展。

（1）广告媒体的多样化发展：1926 年，上海南京东路伊文思图书公司的橱窗首次出现“皇家派（ROYAL）打字机”的霓虹灯广告。此外，车身广告、小册子广告、样品广告等也在这一时期出现。

（2）中国近代广告代理业的发展：20 世纪 20 年代，伴随着中国广告业的发展，中国广告代理业和广告行业协会组织也相继出现。

1927 年上海就有六家广告社组织成立了“中华广告公会”，这是旧中国广告行业最早的组织。

30 年代是上海广告业发展的全盛时期，广告公司的运作趋向于专业化。当时上海有 30 多家广告公司，其中华商、联合和美商克劳及英商美灵顿是其中的四大广告公司。

3. 当代广告时期（新中国成立以来）

（1）改革开放前的发展情况：新中国成立初期，我国政府对广告行业进行了整顿，颁布了一些新的广告管理办法，成立了相关的广告行业组织。如：1950 年上海成立的“广告商同业公会”。

20 世纪 50 年代，我国政府组织了一些国营广告公司，进一步加强了对广告业的管理。

1958 年 5 月 1 日，我国第一座电视台——北京市电视台试播，同年 9 月 2 日正式播放；10 月 1 日上海电视台建成，意味着电视广告媒体在我国出现。

文革时期，广告业处于停滞阶段。

（2）中国广告业发展的新时期：新时期广告业的发展大致以 1985 年为界限，分为前后两个部分。如果把前一阶段看成是“传统广告”活动的恢复期，那么后一阶段就可以称为现代广告的繁荣期。

改革开放初期，确定了以经济建设为中心的政策方针，于是在“为广告正名”的时代要求下，广告的基本法规、经营机制及行业协会组织纷纷出台和形成，传统广告得以恢复，广告的社会认同度和影响迅速提升。

20 世纪 80 年代中期，随着经济的快速发展和改革开放力度的加大，激烈的市场竞争导致广告业进入高度发展阶段。

有资料显示，中国广告业 1987 年到 1995 年的 8 年中，走过了相当于美国 1955 年到 1995 年的40 年的历程；广告媒体发展方面，中国从 1986 年到 1997 年的 11 年，相当于英国 1948 年到 1990 年的 42 年的历程。中国广告业的结构和规模在逐年扩大。据最新数据统计，2003 年全国广告营业额突破千亿大关，达到 1078.68 亿元，占国民生产总值的 0.92%。

## 复习思考题

1. 什么是广告？广告的要素是什么？
2. 如何对广告进行分类？
3. 什么是广告文案？广告文案包括哪几部分？
4. 广告文案的基本特征是什么？
5. 概述中外广告的发展简史。

# 第 2 章　广告的主题与创意

## 2.1　广告的主题

### 2.1.1　广告主题的构成要素

广告主题，是为实现广告目标而通过全部广告内容所表达出的核心思想。在广告创意、设计、制作的过程中，广告主题起着灵魂和统率的作用。确定广告主题，要体现广告战略决策，集中反映商品信息个性，并适合消费者的心理。因此，广告决策、信息个性和消费者心理被称作广告主题的三要素。

广告决策，是根据企业整体营销战略要求而制定的广告策略及运筹规划，包括广告的目标、主题、创意、媒体、传播时机等一系列策略问题。广告主题必须服从和服务于广告决策，体现广告决策的统一要求。正确的广告主题，要建立在对企业整体营销战略和广告决策的认真分析研究基础之上，要与广告决策各环节保持和谐、统一。

信息个性，是广告商品所具有的与众不同的特性。心理学研究表明，有个性的东西最具牵引力。正确的广告主题要能够反映出商品独特的个性。确定广告主题时，要对广告商品进行认真的分析研究，对竞争对手的广告主题进行认真的分析研究，通过反复比较，弃同存异，把最能体现广告商品特点而竞争对手又不具备，或竞争对手具备但其广告中尚未诉求的商品个性，融入到广告主题中去，给予消费者有针对性的特殊承诺。

消费者心理是广告主题的重要组成部分。如今的市场已变为买方市场，消费者的心理因素在购买活动中处于主导地位。确定广告主题，必须从消费者的切身利益出发，明确指出可以给消费者带来的物质方面或精神方面的益处，以满足消费者的心理需求，从而打动消费者。如果只从企业利益出发，只站在企业立场上说话，这种广告主题必然招致广告的失败。当然，消费者的构成比较复杂，同一层次的消费者的需求也有许多差异，而且经常处于变动状态。确认消费心理时，要尽可能充分利用广告调查尤其是目标市场细分的资讯材料，使所确认的消费心理要素准确地反映目标市场的心理趋势，使广告主题与消费者心理相吻合。

广告主题的三要素，并不是简单的相加在一起，而是有机的统一。确立广告主题，要挖掘各要素的融合点，找出三种构成要素之间的共同的东西。这种共同的东西，并非指每个要素各切一块来拼凑成广告主题，而是要找出各种要素中所表现出来的基本观念的交叉点。广告决策体现的是企业的意志，信息个性的核心是体现商品本身的特点，而它们共同面对的都是消费者，抓住这种联系，就能从各个构成要素中提炼出它们抽象性观念的交叉点，把它们融合为一体而形成基本概念，这一基本概念构成广告的核心思想，广告的主题从而得到确定。

### 2.1.2 确定广告主题的原则

确定广告主题，应遵循以下原则：

1. 单纯性原则　单纯性是指广告主题所要传达的商品信息应当是单纯的、集中的，而不能是多义的、复杂的。广告主题是广告的核心思想，客观上要求广告主题只能突出宣传商品比较单一的信息个性。广告商品可能有众多的积极信息，但广告主题只能够选择最重要的方面来向消费者宣传。那种什么都好的“高、大、全”式广告，往往会激起消费者的逆反心理，使其怀疑广告内容的真实性，最终可能变成什么都不好。

2. 集中性原则　集中性是从广告目标消费者范围的角度对广告主题提出的要求。任何商品都不可能满足所有消费者的需求，广告的主题要针对目标顾客而设计，要敢于舍弃对此主题不感兴趣的群体，从而赢得对此主题感兴趣的顾客的忠诚。企图一箭双雕或一石三鸟，只会冲淡广告的效果。

3. 独创性原则　独创性是指广告主题的立意要求新、求异、求变，以其新颖、独到、别具一格甚至前所未闻的思想理念，捕捉住受众的注意力，让人产生眼前一亮的独特感受。在现代市场中，各种商品都有众多的竞争对手，即使是新产品也很难长期保持独此一家的地位。就大多数商品而言，不同品牌之间并无根本区别。创新是广告的生命线，广告主题也只有推陈出新、避免雷同，方能产生一骑突出、鹤立鸡群的效果，从而在众多的广告宣传竞争中脱颖而出。

4. 可信性原则　可信性是指广告主题中的承诺是令人信服的。遵循可信性原则要注意三个方面，一是广告主题承诺的内容要确属真实，能经得起实践的检验。二是承诺的表述要顺乎常理，合乎逻辑，不存疑漏和破绽。三是承诺要实实在在，不能是看不见、摸不着的东西，做出的保证越具体，消费者越容易接受。

5. 刺激性原则　刺激性是指广告主题必须新颖刺激，具有震撼人心的力量。刺激性要以洞悉目标消费者的消费心理为前提，以不断创新的手法，引起消费者的兴趣，激起消费者的购买动机。据统计，在铺天盖地的电视广告中，受众每人最多只收看3%的广告，看后能留下印象的只占1%，能在24h内被记住的仅占0.05%，只有新颖刺激的广告才可能吸引受众的注意力，进而产生记忆和购买的欲望。

6. 通俗性原则　通俗性是指广告主题要清晰、明白，让消费者看了之后，能有效理解广告的意图和观点，懂得广告想要告之的内容。现实生活中，故作高深、不知所云的广告很多，如果受众看不懂或不理解，广告效果就无从谈起。

**2.1.3 广告主题的取材范围**

广告主题的好坏，决定着广告的品质、广告的效果。确定广告主题，要考虑广告主题三要素的要求，要遵循确定广告主题的原则。与此同时，从哪个角度选择主题，选择什么材料表现主题，即为广告主题的表现寻找到一个科学的载体，对于广告的成功也起着至关重要的作用。

广告主题的取材范围是十分广泛的，正因为广泛，更增加了广告主题选择的难度。一般来说，广告主题取材时有三个因素必须考虑：①要符合目标消费者的需求，使消费者容易接受；②要能够恰切地表现广告商品的信息个性；③要富有新意，尽量避免与竞争对手广告主题的取材雷同。

广告主题的取材范围主要有以下这些方面：

1. 健康题材　健康是人类生存、发展的最基本的需求。当社会发展到一定的水平后，人类对自身健康的关注与保护愈益重视。医药、卫生、营养、体育等用品和器械，大多以此作为广告主题。例如：

“一天一个，健康快乐。”（苹果）

“活力之源，健康之本。”（口服液）

“和医生、护士一样……不把病菌带回家。”（清洁剂）

2. 安全题材　安全是人们生活的基本需要，也是维持社会正常运转与稳定的重要环节。为保障人身及财产安全不受侵害，个人、家庭、单位均愿意对此进行投资。防盗设施、交通工具、金融保险、医药卫生等常以安全作为广告主题。例如：

“住手！”（防盗门）

“一夫当关，万夫莫开。”（锁）

“中国平安，平安中国。”（保险公司）

3. 功能题材　人们在购买家用电器、仪器设备等商品时，更为关注产品的性能，希望能得到厂家的许诺与保证。此类商品以产品的性能可靠、与众不同等特点作为广告主题，可增强消费者的信任感，消除其购买过程中的心理疑虑。例如：

“生命一号，补充大脑营养，提高记忆力。”（营养液）

“十二年不必对时。”（钟表）

“喝了娃哈哈，吃饭就是香。”（饮料）

4. 便捷题材　在生活节奏很快的现代社会中，人们都相当珍惜时间与体力，方便、快捷的商品很容易赢得消费者的青睐。家庭日用品和办公用品广告常以此为主题。

“你只要压一下按钮，其余的事由我负责。”（照相机）

“六十秒举手之劳，永葆青春美发。”（护发膏）

“手提电脑效能广，随时随地可应用。”（手提电脑）

5. 经济题材　节俭、省钱是大多数消费者共同追求的目标之一，把商品和劳务能够给人们带来的经济利益作为广告主题，尤其是家电和日用百货类商品，突出节能、耐用、价格优势和赠送优惠，常常能起到立竿见影的促销效果。

“皮张之厚无以复加，利润之薄无以复减。”（皮鞋）

“一种品质，两样价格，您当然选择合理的。”（建筑瓷砖）

“加长又加香，就是不加价。”（蚊香）

6. 享受题材　追求生活的舒适、愉快，不断提高生活的质量，是现代人的不懈追求。广告主题避开人们纯物质的欲求，而在生活的丰富性、情趣性、联想性上做文章，也是比较好的选择。

“只要您拥有春兰空调，春天就永远陪伴着您。”（空调）

“北京飞利普，唤起您温馨的回忆。”（音响）

“王者享受，享受之王。”（酒）

7. 审美题材　俗话说：“爱美之心，人皆有之”。随着现代文明的发展，人们对自身美和商品美的需求越来越强烈。不少商品的使用价值在消费者心目中已经退居次席，审美价值上升至第一位。服装、化妆品、装饰品等渲染美感主题，更容易给人以心理上的满足。

“温柔多情的夜，甜蜜温馨的梦。”（睡衣）

“美的使者。”（化妆品）

“把柔媚洗在身上。”（沐浴乳）

8. 环保题材　环境保护与人类的可持续发展及人们的日常生活息息相关。日益恶化的环境与人们渴望生活质量的提高形成了一对矛盾，保护环境逐渐成为大家的共识和呼声。目前，不仅环保主题的公益广告越来越多，而且食品、家电、汽车、建材、装饰材料等商品也纷纷打出了环保的品牌。例如：

“自然的饮料，自然的选择。”（饮料）

“地球，我们共有的家。”（公益）

“水是生命之源。”（公益）

9. 亲情题材　尊老爱幼是中华民族的传统美德，注重亲情最具道德上的感召力。纯正高尚的母爱可以动人心弦，催人泪下。对老人的孝心也是人类最美好、高尚的一种情感。儿童用品、玩具、保健品、老人用品大多以亲情作为广告主题。例如：

“宝宝穿的开心，妈妈选的满意。”（纸尿布）

“威力洗衣机，献给妈妈的爱。”（洗衣机）

“孩子孝，爸爸笑。”（刮胡刀片）

10. 爱情题材　爱情具有崇高、优美、震撼人心的神奇力量，它不仅是古今中外文学艺术作品的永恒主题，也是提炼广告主题的一片沃土。在海誓山盟的情意缠绵中，使商品成为爱的使者，情的信物，能创造出一种如诗如画的美好意境，对青年人具有强大的诱惑力。例如：

“像初恋般的滋味。”（饮料）

“爱过才知情意浓，用了都说爱情好——爱情多美好。”（洗衣机）

“当太阳升起的时候，我们的爱天长地久。”（口服液）

11. 时尚题材　青年人喜欢弄潮，随着文明与进步，中老年人和儿童也渴望追求变化，体验刺激，时尚成为越来越多的人们的心理欲求。化妆品、服装、家具、通信工具、交通工具等常以此作为广告主题。例如：

“流行的新魅力，俏丽的新风采。”（女用摩托车）

12. 社交题材　人是社会的细胞，都有进行交往的需求，社会越进步，人们交往的需求会越强烈。以人际交往作为广告题材，有利于心理上的平衡和精神上的愉快，易于达到说服效果。食品、保健品、服装等常常包装上礼品的外衣，从而达到理想的促销效果。

“送的艺术，礼的印象。”（小家电）

“把世界最好的……咖啡，送给您最关心的人。”（咖啡）

13. 荣誉题材　荣誉需求是在社会发展过程中形成的一种社会性的高级欲求，是一种文化、道德和名誉上的精神需要。一些人为了显示成就、身份而购买某些商品，以取得荣誉和地位上的心理满足感。名牌、高档、贵重商品以这种欲求为广告主题，容易使目标消费者产生购买冲动。例如：

“最令人陶醉的瑞士名表。”（手表）

“轿车的高雅气派，名流的身份地位。”（摩托车）

“名门淑媛，名品新姿。”（女式皮鞋）

### 2.1.4 广告定位与主题

1. 广告定位的概念　定位理论是美国广告学者简·楚劳特于1969年首先提出来的，他认为：“定位乃是确立商品在市场中的位置。”美国广告学者大卫·奥格威随后把产品定位定义为：“这个产品要做什么，是给谁用的。”后来美国广告界纷纷效用定位原理于广告宣传之中，普遍认为：“做广告第一件设计上要决定的事，也是最重要的事，就是怎样确定你的产品在市场中的位置。”

由上可知，广告定位就是通过广告为产品在市场中找到一个位置。在当今时代，各种广告信息每天都扑面而来，大大地超越了人们的记忆范围，在大量的广告信息中，受众能够看到的只是其中很少的一部分，能够让受众感兴趣并在大脑中形成记忆的就更少。根据心理学家测试，一般人不能同时举出七个以上的某类产品的品牌，对不感兴趣的商品，受众能记住一两种就不错了。在日常生活中我们也有这样的体会，有的产品作起广告来铺天盖地，轰轰烈烈，但并不能给人留下深刻的印象，广告停止，产品形象也就销声匿迹。与此相反，人们一提起冰箱，马上会想起海尔的“高品味”和新飞的“节能”；谈起补钙的话题，新盖中盖“一天一片……上五楼都不累”的电视广告形象就会浮现在眼前。广告定位的目的，就是通过突出产品符合消费者心理需求的鲜明特点，确立产品在竞争中的方位，促使消费者树立选购该产品的稳定印象，以利于与其他厂家产品的竞争。

美国广告学者艾·里斯在《广告攻心战略—品牌定位》一书中指出：“定位并不是要你对产品做什么事，定位是你对未来的潜在顾客心智所下的功夫。定位并不是不牵涉到改变，它确实在改变。但改变的是名称、价格及包装，实际上对产品则完全没有改变。所有的改变，基本上是在对产品作着修饰而已，其目的是在潜在顾客心中得到有利的地位。”这段话非常精辟地指出了定位的真谛是“攻心”，它不是要琢磨产品，因为商品已是“生出来的孩子”，不大容易改变，而容易改变的是消费者的“心”。广告定位的目的，是通过一定的策略和方法，树立、加深或转变自己的商品在消费者心中的印象，以占领消费者的心灵空间。

2. 广告定位的策略

常用的广告定位策略有：

(1) 功效定位策略：在广告中突出产品的特殊功效，以增强其竞争力。在同类产品中，虽然功效大体相似，但可通过强调本产品某一方面的功效，给消费者造成本产品这一方面的功效特别突出的印象，以使该产品远离竞争者。如同是药物牙膏，有的突出防治蛀牙，有的突出消炎止疼，有的突出防治口臭，从而吸引不同类型的顾客。

(2) 品质定位策略：在广告中突出产品的优良品质，渲染自己的领先优势。因为品质优良是消费者的共同追求，突出强调质量能给消费者留下深刻印象。一般应强调产品的具体品质，让消费者了解该产品到底优在何处，从而留下明确而不是含混的印象，不能只讲“用料上乘”、“品质优良”等笼统的话语。美国“德芙”香皂就以“润滑肌肤”这一重要产品品质作为广告定位的重点。

(3) 价格定位策略：利用价格给产品定位，一般是运用低价位策略，突出产品的“物美价廉”。在这一策略中，要切记“价廉”与“物美”同举，明确指出“价廉”是为了向消费者“让利”，是为了“薄利多销”，应避免因为降价而引起消费者对产品质量的怀疑。价格定位也可采用高价位策略，利用消费者“质优价高、质劣价低”的思维定势，利用高价位给消费者以“产品质量好”的印象。

（4）归类定位策略：归类定位策略，就是根据消费者的心理需求，巧妙改变或扩展产品的类型、类别，借此打开新的市场，拓展产品的销路。分类角度和标准不同，同一商品可归属于不同的类型或类别。例如，一支钢笔既可归于文具类，也可归于礼品类。万宝路香烟就是运用归类定位策略打开销路的。万宝路香烟一开始定位为女士香烟，销路不佳。后来改变定位策略，把它宣传为一种供男子汉吸的香烟，电视广告的画面是西部牛仔骑马奔驰，显得潇洒自如，令人神往，终于把万宝路送上了香烟“世界销量第一”的宝座。

（5）比附定位策略：比附定位策略，就是使广告产品与竞争对象（往往已占有牢固位置）发生关联，并确立与竞争对手定位相反或可比的定位概念，借此扩大产品的知名度和影响力。例如，美国的七喜汽水刚上市时，打出了“非可乐型”饮料的招牌，摆出要与“可乐类”饮料平分天下的姿态，借助于“可乐类”饮料的名气抬高自己的身价。这一策略运用的当年，七喜汽水的销售量就提高了10%。再如，美国的艾维斯出租车公司创立后经营上一直不景气，处于亏损状态。当时在出租车业中居首位的是赫兹出租车公司，艾维斯避开与之正面比较和冲突，在广告中打出：“艾维斯在租车行业只是第二位，那么为什么租我们的车？我们更努力呀！”这一真实而又让人同情的比附广告使艾维斯第一年就盈利120万元，第二年260万元，第三年达到500万元。

定位策略除了上述之外，还有产品形象定位、企业形象定位、消费观念定位等。根据企业或产品在市场上的不同地位和角色，如领导者、追随者、进攻者等情况，又可采用强势定位、跟进定位、避让定位、进攻性定位等策略。在实际广告活动中，各种广告策略常常配合使用，相得益彰，互为补充。

3. 广告主题与广告定位的关系　广告主题与广告定位既有联系又有区别。两者都是建立在对产品个性、市场和消费者情况的调查研究之上，但广告定位的涵盖范围更广。广告定位是广告主题产生的前提和依据，确定了最佳的广告定位，能够给广告主题以定向的引导，使主题能在一个限定的选择点上深化和延伸，从而避免分散和模糊。

## 2.2　广告创意

### 2.2.1　广告创意的含义

创意这一概念，按中文字面的意义理解，“创”就是创造，“意”就是意象、意念、意境，“创意”就是创造新的意象、新的意境。

关于广告创意的含义，广告学者论述颇多，观点不一。广告大师奥格威认为“好的点子”即创意，他说“要吸引消费者的注意力，同时让他们来买你的产品，非要有好的点子不可，除非你的广告有很好的点子，不然它就像快被黑夜吞噬的船只。”此观点影响甚广，受到广告界人士的普遍认同。我国有“点子公司"、"点子大师"之说，也体现了奥格威的说法。

另一美国广告界权威詹姆斯·韦伯·扬则认为："广告创意是一种组合商品、消费者以及人性的种种事项。"他解释："真正的广告创作，眼光应放在人性方面，从商品、消费者及人性的组合去发展思路。"

美国最权威的《广告时代》对创意下了如下结论："广告创意是一种控制工作，广告创意是为别人陪嫁，而非自己出嫁，优秀的广告人员深知此道，他们在熟识商品、商场销售计划等多种信息的基础上，发展并赢得广告运动，这就是广告创意的真正内涵。"

这些说法，都在不同程度上道出了广告创意的含义，但也存在某些不足之处。我们认为，应从广义和狭义两个角度对广告创意的含义进行理解。

从战略、策略上理解广告创意，其含义相当宽泛，大至广告战略目标、广告主题、广告表现、广告媒介，小至广告语言、广告色彩，任何一个成功运作的广告环节，或者任何一件成功的广告作品，都必须是创造性思维活动的结果，都可用有无创意或创意优劣来评价。因此，广义的广告创意，是对广告战略、策略和广告运作每个环节的创造性构想。我们可以看出，这种理解极大扩展了广告创意的外延，其含义显得过于宽泛，对广告创意本质的界定不够明确，容易使人对其产生误解。一般宜采用狭义的理解。

从狭义上说，广告创意是表现广告主题的、能有效与受众沟通的艺术构思。简析如下：

1. 创意必须紧密围绕和全力表现广告主题　在广告策划中要选择、确定广告主题，但广告主题仅仅是一种思想或概念，如何把广告主题表现出来，怎样表现得更准确，更富有感染力，是广告创意的宗旨。有了很好的广告主题，但没有表现广告主题的很好的创意，广告就很难为人瞩目，很难引人入胜。例如喜之郎的广告主题是亲情无价，但如果没有一系列创意优秀的作品来表现，喜之郎的亲情无价就不可能感染消费者。

广告创意与广告主题策划有不可分割的密切联系，但两者又有所差异。两者都是创造性的思维活动，但广告主题策划是选择、确定广告的核心思想，广告创意则是把该核心思想通过一定的艺术构思表现出来。广告创意的前提是必须先有广告主题，没有预先明确的广告主题，就谈不上广告创意的开展。

2. 广告创意还必须是能与受众有效沟通的艺术构思　一般化、简单化的构思也能够表现广告主题，但却算不上是广告创意，或只能说是创意低劣。近两年来每逢节前，各类节庆送礼电视广告在各个频道铺天盖地播出，相互因袭，马脚多露，演员表演之肉麻和广告制作之粗糙，简直成了一大"电视公害"。

艺术构思的基本特征是具有创造性和艺术美。孙悟空、林黛玉即为艺术构思所创造的、具有不朽生命的文学人物；《梁祝》、《二泉映月》即为艺术构思所产生的、动人心弦的音乐名曲。广告创意，就是要创造出能与受众有效沟通的形象和意境，使广告内容与广告形式达到完美的统一，去感染受众并引发共鸣。对这种形象、意境的创造和构思是广告创意的任务，缺乏艺术构思就根本谈不上达到目的。

3. 广告创意是广告制作的前提　广告制作，是把创意构思出的表现主题的形象、意境通过艺术手段鲜活地体现出来。广告作品，则是广告内容与形式的有机组合，是广告创意的具体表现。也就是说，广告创意是一种创造性的思维活动，是把广告主题如何形象化、艺术化表现出来的思考，广告制作则是把创意思考成果具体化、物质化，直至完成作品的加工过程。没有广告创意就谈不上广告制作，而广告创意则需要通过广告制作来具体表现。制作精美的广告，对创意表现有重大作用。

由上可见，广告创意的涵义包括两个要点：①必须以广告主题为核心，必须紧扣广告主题；②必须是能与受众有效沟通的艺术构思。

### 2.2.2　广告创意流派

在广告学形成、发展、完善的过程中，围绕着广告创意的本质、广告创意是否有规律可循及其规律性是什么，人们曾进行过激烈的争论，出现了"艺术派"、"科学派"、"综合派"等广告创意哲学流派。

1. 艺术派　美国著名广告学者、曾任世界十大广告公司之一的美国恒美DDB广告公司董事长威廉·伯恩巴克是公认的"艺术派"创意哲学的代表人物。"艺术派"认为：广告的本质是艺术，调查是创意的敌人。"艺术派"崇尚和坚持创意活动中的"说服技巧"，它的格言是："怎样说"比"说什么"更重要。

伯恩巴克曾经说过："我反对广告是一种科学的说法"，"广告基本上是说服……而说服的发生并不是科学，而是艺术"，"规则正是艺术家所突破的东西，值得记忆的事物从来不是从方程式中来的"，"并不是你的广告说什么感动了观众，而是你用什么方式去说"，"忘却与永存的区别是艺术技巧"。这位"艺术派"的创意大师，他的沟通着眼点主要在心灵的冲击、共鸣、认同，在他领导的DDB广告公司，喜爱使用大标题、大图片以及幽默、荒诞等出人意料的表现方法和技巧。其中，为德国大众汽车公司设计的"金龟车"系列广告最为人称道。

"金龟车"进入美国十年后仍被人冷落。伯恩巴克经过认真考察后发现，这其实是一种几近完美的车子——结构简单而实用，质量检查严格而性能可靠，价格便宜，油耗低。而这些优点在先前的广告中都说过，消费者都无动于衷，于是伯恩巴克把重点移到了"怎么说"上，设计出了著名的"遗嘱"广告，使"金龟车"一举成名：

广告画面：豪华的送葬车队。

解说：迎面驶来的是一个豪华型送葬车队，每辆车的乘客都是以下遗嘱的受益人。

“遗嘱”者的旁白：我，麦克斯韦尔·E·斯内弗列，趁健在清醒时发布以下遗嘱：给我那花钱如流水的妻子留下100美元和一本日历；我的儿子罗德内和维克多把我的每一枚5分币都花在时髦车和放荡女人身上，我给他们留下50美元的5分币；我的生意合伙人朱尔斯的座右铭是“花！花！花！”，我什么也“不给！不给！不给！”；我的其他朋友和亲属从未理解1美元的价值，我留给他们1美元，最后是我的侄子哈罗德，他常说，“省1分钱等于挣1分钱”，还说“麦克斯叔叔，买一辆大众车肯定很值。”我呀，把我所有的1000亿美元财产留给他。

2. 科学派 “科学派”的代表人物是美国极具传奇色彩的广告大师罗斯·雷斯，他是世界十大广告公司之一的达彼思广告公司的老板，美国杰出撰文家称号的第一位得主。“科学派”创意哲学注重实证的科学方法，认为创意的最终目的是实效。创意的成功与否，“实效”是判断的基础。只有最终吸引人们来购买广告商品，才算“实效"。与“实效" 相对应的要素，是事实、数据、法则；所采用的方法是测试、审核、调查；所运用的工具是统计、图表、数字；所依据的标准是量化的指标，诸如“广告渗透率”、“吸引使用率”等。“科学派”的信条是：广告需要原则，而不是个人意见。

20世纪50年代雷斯在其专著《实效的广告——USP》一书中提出了一种有广泛影响的独特销售主张“USP”理论。这一理论的主要观点包含以下三个方面：①每一则广告必须向消费者“说一个主张”，必须让消费者明白，购买广告中的产品可以获得什么具体的利益；②必须说出其独特之处，所强调的主张必须是竞争对手做不到的或无法提供的，在品牌和语言方面是独一无二的；③所强调的主张必须是强而有力的，必须聚焦在一个点上，集中打动、感动和吸引消费者购买相应的产品。

雷斯以自己的创意实践生动地释义了USP理论。1954年，他为“M&M”奶油巧克力糖果策划新广告。他在和客户的交流中，了解到M&M巧克力是第一个用糖衣包裹的，于是，“只溶在口不溶在手”的USP就“蹦”了出来。当年发展出的这个创意，沿用到20世纪90年代，并伴随着M&M巧克力成功地推进中国市场。一个创意，用了40年仍历久弥新，可见USP理论的确有其过人之处。USP理论不仅使美国在20世纪50年代成为了广告史上的“USP至上时代”，而且这些价值造成的科学原则，直到当代还产生着巨大的作用。

3. 综合派 与“艺术派”和“科学派”不同，“综合派”特别强调广告创意是一种综合的创造，它既包括科学实证的精神，又需要一定的艺术表现，在这里，实效性被推至广告创意的首要位置。

综合派以有美国“广告教皇”之称的一代宗师大卫·奥格威以及他所创建

的奥美广告公司的创意哲学为代表。奥格威提出了"一切为了销售"的广告理念。他认为，广告不应视为一种纯艺术的表现，广告惟一正当的功能就是"销售"。他强调广告创意应有科学实证的精神："我得到了一个相当好而清楚的创意哲学，它大部分是得自调查"，"我对什么事物能构成好的文案的构想，几乎全部从调查研究得来而非个人的主见"。真诚和消费者至上是奥格威坚持不变的信条："顾客是你的妻子而非白痴"，"不要刊发你不愿家人看到的广告"，"除非你是真正地信服它（商品），你是不能说服别人的。毫无诚意只是为了生活而写作，都写不出好的文案来。"奥格威甚至宣称："我是惟一为自己的客户流了血的文案撰稿人"。原因是一次为"林索清洁剂"做广告，为向家庭主妇传授清除污渍的方法，他竟然用自己的鲜血作试验，这种对事业的真诚心和为客户着想的高度敬业精神，让所有的广告人肃然起敬。在奥格威漫长的广告生涯中，他始终坚持要深切地了解消费者的需求，主张给消费者真实的承诺，始终努力和市场调查保持同步，以客观的市场调查结论来指导创意实践，以脚踏实地的科学实证精神，为广告创意打下了坚实的基础。

奥格威强调科学实证，但并不忽略艺术表现的价值。在为罗斯·罗伊斯汽车广告撰写文案时，他共写了26个不同的标题，请了6位公司撰文人员审评，再在其中选出最优秀的一个，这就是举世闻名的广告标题——"在时速6 096m时，新罗斯·罗伊斯汽车的噪声出自车上的电子钟"。正文部分的文案他原先写了3 500个字，他又找来几位撰文人员反复推敲，几易其稿，删去了719个字，才最终确定下来，由此可见其在艺术表现上追求尽善尽美的执着精神。

纵观广告发展史上几大流派的创意哲学，"艺术派"对过分追求科学精确性的怀疑、批判精神和它对"说服技巧"的坚持与探索，对我们当代广告创意仍具有指导意义。"科学派"创立的科学原则，随着信息时代的到来以及信息高速公路的推出，调查实证、咨询、创作、评估等技术方法，日益地渗透到营销和广告活动的一切领域，广告创意成为一种整合传播的新概念，"科学派"创意哲学也越来越显示出其旺盛的生命力。"综合派"的"综合创造，真诚表现"的广告创意观，不仅吸收了"科学派"的实证精神，而且融合了"艺术派"的表现技巧，主张广告既包含科学，又包含艺术，广告是科学与艺术的结晶体，把广告的实际效果放到第一位，逐渐成为当今占主导地位的流行创意观。

### 2.2.3 广告创意的过程

关于广告创意的过程，广告学家也有争议，而且各自提出了自己的观点。英国心理学家约瑟夫·华莱士认为创意过程要经历准备、沉思、启迪和求证四个阶段。奥斯本博士在其"头脑风暴法"中将创意过程分为定向、准备、分析、沉思、统筹和评估六个阶段。著名广告大师詹姆斯·韦伯·扬在他的《产生创意的方法》一书中，认为广告创意要经历五个过程，即收集资料、咀嚼资料、消化资料、创意产生、完善并实施。弗得格雷提出了广告创意七阶段说，即准备期、意愿高扬、问题点的选择、酝酿期、创意激发、评判、重新组合再检讨。

从上面所列的各种观点中，我们不难发现，几乎所有的人都认为创意是一个阶段性过程，我们可以把它称为“创意过程阶段论”。尽管各人论述稍有差异，但阶段性创意过程的观念是基本一致的，而且都强调创意来自于准备期大量的资料收集。其中韦伯·扬对创意过程的经典性描述，得到众多广告业人士的理论与实践的支持，我国的不少广告学者也持这一观点。

我们把广告创意分为四个阶段。这四个阶段分别是：

1. 收集　为大脑工厂备料。世界上任何一家工厂要制造任何一种物品，都必须事先提供相应的原材料，广告创意也不例外。优秀的创意是以缜密的调查和分析为基础而产生的。收集的资料有两种：一是特定资料，即与创意密切相关的产品、服务、消费者及竞争者等方面的资料。二是一般资料，也就是创意者个人必须具备的知识和信息。每一位真正具有创造力的广告人，都具有以下重要的性格特征：普天之下，没有什么是他不感兴趣的；他广泛地浏览各个学科的所有资料。在进行广告创意前进行特定资料的收集是暂时性的工作，而一般性的资料的收集却是终生的工作。这种前期积累越丰富，思维碰撞产生的火花越多，创意产生的机会就越大。

2. 分析　从收集到的资料中导出结论。审查第一阶段收集来的原材料，其中有旧的、新的、重要的、不太重要的，建立一个体系是分析阶段的重要工作。以发散性思维和宽容心去认真分析收集到的所有原材料，专注地思考问题，寻求突破点。在大量的思考过程中，应自觉或下意识地将产品信息与市场状况相关联，寻找那些原材料之间的关系，将每一份资料相互组合，也许会得到小量的不确定的或者部分的不完整的创意，这些就成为好创意诞生的土壤。不过，这个过程注定会产生最终会被我们抛弃的思维垃圾，意志软弱者也许会感到厌倦，有一种“山重水复疑无路”的绝望感觉，但这正是一种难得的临界状态，导致优秀创意产生的“柳暗花明又一村”的佳境可能即将到来。

3. 思考　甄别、发现和鉴定富矿石。随着对原材料的不断“发酵”和“消化”，某些像金子一样的想法和念头会不时地在大脑中灵光闪现，创意人员逐渐会感悟到某些有价值的东西和构想。但这只是经验、直觉或灵感产生出的对问题的可能性解决方案，这样的方案可能产生很多，但往往并不都是可行的，创意人员必须用逻辑思维检验方案的正确性、可行性，进行精确的分析，考虑其是否符合广告创意的需要。创意人员在这一阶段要进行长期而艰苦的工作，千方百计整理出创意的基本思路，在大脑中构思出广告的大致模样。在这个创意过程中，可能会出现很多个有价值的创意，要注意把每一个好点子或闪光的灵感都记录下来。

4. 评定 决定好的创意。即对于前面提出的多种创意方案进行比较、提炼、深化、成型与完善，从诸多构思中抽选出优秀的构思，并从中决定一个可使用的构思，这是创意过程的最终阶段。在这一阶段，创意人员除了个人反复推敲、深思熟虑之外，还往往把创意方案交给有经验的批评者审阅，从而得到有益的增补。

### 2.2.4 广告创意原则

1. 关联性原则 关联性是指一个好的创意要跟所宣传的产品、品牌具有关联性，不能风马牛不相及。这是广告创意最基本的原则，也是首要的原则。

按照广告创意关联对象的不同，可分为与产品的关联性（心中有物），与消费者的关联性（心中有人），与竞争者的关联性（心中有市场）。

（1）与产品的关联性：促销是广告活动的根本目的，产品永远是广告创意的主角。现代广告活动中，直来直去地宣传产品，已经不能激起消费者的购买欲望，处理不好还会适得其反。因此，现代广告创意中常常要借助于各种艺术手法。但广告创意中的艺术创造，与一般艺术家的艺术创作有着根本的区别。艺术家创作主要靠个人心灵的主观感受，兴之所至，可以天马行空、任意驰骋，广告创意人员却必须“戴着枷锁跳舞”，紧紧围绕产品这个核心进行艺术构思。如何在艺术性和促销之间架起桥梁，使广告创意和产品之间实现有效的关联，是广告创意活动必须考虑和解决的问题。

运用比喻、象征、借代、比拟等艺术手段，不直接诉求产品却能让人收到产品信息，不全部围绕产品诉求却让人对产品产生深刻的印象，已经成为广告创意中比较普遍的作法。挖掘产品独特个性和为表现商品个性而寻找关联密切、形象生动的喻体，是广告创意与产品间实现有效关联的关键。

在广告创意实践中，发现产品的个性并不难，难的是找到产品独特的、与众不同的个性。一个产品往往具有多重个性，例如产品的卓越品质、功能，产品独特的配套服务，产品的附加价值，产品品牌独树一帜的消费主张和生活理念等。但我们在广告创意中不可能把产品的所有个性全部展现出来，而必须做出选择。要传达给消费者的应该是产品单纯、独立、鲜明的个性，应该是其他品牌所不具备的或是在同类别产品中竞争力突出的个性。

喻体是用来比喻、象征、借代、比拟商品个性的替代物，生活中人们所熟悉的人、事、物，为消费者广为认同的道理、观念等，都可以用来做喻体，但其必须是生活中司空见惯的，是生动、形象、简单、浅显的，是大众所喜闻乐见的。找到和产品个性相关的喻体也并不是很难，难的是如何找到一个与产品个性不仅有关联，而且这种关联又不可替代的喻体。

判断喻体与产品个性之间关联性的强弱有三个标准：一是看商品个性与喻体情况的关联是否自然、熨贴。艺术性再强的广告，如果与产品间关联不自然，就像水是水、油是油一样，观众看了也只能是一头雾水，不知所云。有一个航空公司的广告，画面上蓝天、白云、草原、牧马，一架飞机从高空飞过，画面很美，但观众欣赏完毕，以为是在作草原旅游宣传，不理解是为航空公司作广告。因此，喻体和商品的关联是否自然、熨贴，决定着消费者对广告的理解程度。二是看商品个性与喻体特性的关联是否具有针对性，它决定着消费者对产品的信任度。例如，同样是用明星为润喉片做广告，用歌星的关联性就比用影视明星要强。虽然他们的表演活动都与嗓子有关，但相比之下歌星靠嗓音谋生，由歌星为润喉片代言更易使消费者产生信任感。三是看商品个性与喻体特性间的关联性是否具有亲和力，它决定着广告宣传对消费者的震撼度。著名广告词“汽车要加油，渴了累了喝红牛”就存在亲和力问题。汽车加油与体力补充原理虽有相关，但油与饮料之间有一种味觉背反，无法唤起消费者的欲望。

(2) 与消费者的关联性：广告的沟通效果，归根结底是要通过消费者的反应来进行判断。如果广告能唤起消费者的兴趣，使消费者受广告影响而产生了购买的欲望，说明这是成功的广告。如果消费者对广告不感兴趣，甚至对广告内容产生腻味、厌烦的情绪，这应属失败的广告。

使广告创意与消费者实现关联，首先要求广告创意人员树立以消费者为中心的理念，不要站在企业或广告代理商的立场上做表现自己的广告，说生产者引以为傲的东西，而要站在消费者的立场上说话，讲消费者关心的东西，想消费者所想，急消费者所急，这样的广告诉求才可能真正打动消费者。其次，要充分发挥市场细分的功能，为产品找准目标消费群，针对不同目标消费者的审美情趣，做他们爱看的广告。比如小孩子喜欢生动、鲜艳、跳跃、刺激的表现方式；少年到青年过渡时期的青春族则钟情前卫、反叛甚而有些出位的表现方式；而同是老年人，城市知识分子很容易接受说理式的广告，农村的老人则愿意相信“泻痢停，泻痢停，痢疾拉肚子一吃就停”式的小品式的推广。每个产品性质不同，它所指向的目标消费群就不同。反过来说，目标消费群的特性不同，他们所要求的产品的种类、特质和传达方式也不尽相同。

在以消费者为中心的理念下进行广告创意，绝不是广告人凭借所谓的艺术灵感就能“闭门造车”的，优秀的广告创意不是想出来的，而是“用脚走出来的”。它要求创意人员放下架子，走进生活，走近消费者，切实了解消费者的所思、所想、所感，把握他们的需求动向，从而创造出为消费者喜闻乐见的广告作品。

(3) 与竞争者的关联性：与竞争者的关联性也称比较式关联，这是广告创意时不可回避的问题。根据比较方式的不同，可分为泛比、贬比、弱比三种。

泛比包括两种情况，一种是与以前旧的产品或工作方式的纵向比较；另一种是将自己的产品或服务与其他企业同类产品进行不指名的横向比较。在实际运作中，纵向比较适用于新产品或有独特卖点的产品。商务通早期的一则广告创意就是采取这种形式：经理模样的青年男子在整理一叠材料，同时又一个一个地记录着名片，急得手忙脚乱，以至于忽然晕倒，这时屏幕打出一行字："商务时代，你还这样办公吗?" 镜头一转，青年男子正手握商务通，非常惬意地查询着信息。广告语：商务通，科技让你更轻松！横向比较运用要谨慎，如果运用不当，会招来很大的麻烦。新飞冰箱的广告语曾采用"广告做的好，不如新飞冰箱好!"，结果招来同行的指责，后来才换成"新飞广告做的好，不如新飞冰箱好!"

贬比，又称攻击性比较，是将自己的产品或服务与其他企业同类产品或服务进行指名比较，明显地抬高自己，贬低对手。我国《广告法》第二章第12条规定："广告不得贬低其他生产经营者的商品或服务。"因而贬比在规范化广告动作中，是行不通的。但农夫山泉却在"贬比"广告中取得了成功，用自己的源于浙江千岛湖农夫山零污染生态区的百米之下岩层的"天然水"，比掉了经过多道提纯工序的"纯净水"，还郑重宣布：纯净水不宜健康，停止生产纯净水。虽然也曾引起了水业大哗，但其从关爱民生、提倡科学的角度切入，达到了提高产品知名度的目的。

弱比，是指弱势品牌或新进入市场的品牌，为争取消费者的注意、同情和支持，运用逆向心理策略，与处于市场领导地位的品牌进行的横向比较。这时的比较充当的不是生死相拼的挑战，而是一种联系的纽带，也就是借对手的名气达到提升自己形象从而塑造品牌优势的目的。广告大师伯恩巴克在为美国艾维斯出租公司创造的经典广告"老二也好"，就采用了这种弱比策略，使长期亏损的艾维斯公司迅速扭亏为盈。

2. 原创性原则　所谓独创性原则是指广告创意中不能因循守旧、墨守陈规，而要勇于标新立异、独辟蹊径，想人之所未想，说人之所未说。

（1）原创性要求创新：创新是创意的生命，没有创新就谈不上创意。纵观国内外的经典广告作品，其创意无不在"新"上高人一筹。正如美国大文学家罗伊·怀特所说："在广告业里，与众不同就是伟大的开始，随声附和就是失败的起源。"惟有创新的创意才能触发人们强烈的兴趣，能够在消费者脑海中留下深刻的印象。

创新是以突破常规的超越性思维为前提的，它必须超越人们在处理外界环境及自身问题时所采用的通常方式，它必须拓展那种多数人认为合乎常规的心理体验，它要确立一种别人所没有的与众不同的方式。广告创意人员要敢于向传统惯例挑战，对一样事情应有新的、不同的看法，总能找到新的角度，并拥有新的爆发和新的震撼。当然，创新并不排斥对前人作品的借鉴，创新本身就包含有继承的成分。

(2) 要有独特的销售主张：独特的销售主张，就是做到“人无我有”，努力寻找、挖掘甚至创造产品与竞争对手的不同，通过彰显产品“与众不同”的个性，赢得消费者的信任、喜爱和购买。

在具体的表现策略上，有三条途径：①单刀直入式。当产品自身的优势特征非常明显的时候，不用绕弯诉求就能成功。例如罗斯·雷斯为“M&M”奶油巧克力糖果策划新广告时，发现这种巧克力是第一个用糖衣包裹的，于是“只溶在口，不溶在手”的独特销售主张自然而然就出来了。②旁敲侧击式。当产品与产品之间的功能性差异微乎其微时，对某一功能的约定俗成的诉求难以取得良好效果，如果能适时调整角度，从另一侧面诉求产品的功效，常能取得意外成功。例如当各种香皂均围绕着“清洁”来诉求时，奥格威把“朵芙”香皂的诉求重心移到了“滋润皮肤”上，彰显其美容特性，为“朵芙”赢得了市场。③出奇制胜式。当人们争相强调产品个性时，产品的共性往往被忽略，如果在特殊的场合以特殊的方式提出，共性也能成为个性，而且能在消费者心目中造成先入为主的印象。例如霍普金斯为“喜立兹”啤酒设计的广告主题，竟然是“‘喜立兹’啤酒瓶是经过蒸汽消毒的”。其实，每一家啤酒厂都是这样做的，但谁也没有这样说过，这样一说，让消费者产生了其他啤酒瓶子是没有用蒸汽消毒的错觉，从而使“喜立兹”啤酒名声大振，由原来的第五位跃升至美国第一品牌。

(3) 旧元素，新组合：为了让创意既有新意，又能让更多的消费者所接受，我们就必须选择他们所熟悉和喜爱的人物、事情和生活习惯，从平凡中挖掘深刻，在平淡中构筑神奇，这在创意表现上称为“旧元素，新组合”。这里的“旧”与“新”，包含着这样的辩证关系：“元素”指的是创意的构成要素，是用以传达广告主题的人物、事件、场景、道具等等。“旧”的含义有两层：一是创意所运用的元素是消费者司空见惯的或非常熟悉的；二是创意所运用的元素是以往的广告作品曾经运用过的。“组合”指的是对创意构成元素的具体运用。“新”是相对于元素的“旧”而言的，它也包含了两层含义：一是换一个角度运用这些旧元素，为不同的广告主题服务；二是从旧有的元素中发掘出新的内涵，使旧元素焕发新的生命力。“旧元素，新组合”既是广告创意的客观要求，又是广告创意的独特魅力，常能产生化平凡为出色、化腐朽为神奇的独特效果。

3. 震憾性原则 震憾性，又称冲击力，是继关联性、原创性之后，广告创意应坚持的又一个原则，它指的是广告创意独特的信息元素及组合对受众感觉器官的强烈刺激。这种刺激可以来自感觉表层的，如视觉、听觉上的高度反应，也可以来自感觉深层，如心灵的颤动、精神的震动等。要让广告创意富有震撼性，一是对产品个性要有独特而透彻的理解，二是对消费者心理要有准确把握和细腻挖掘。

（1）让消费者震动：让消费者震动，即通过信息符号的强烈刺激，引起他们瞬间的情绪激烈反应，这种反应不需要通过消费者的反思、回味，而是本能的、直接的，可分为事实的震动和感情的震动两类。事实的震动，即在广告创意中，配合产品要传达的主题，适当地引用客观的事实，让事件、数据、结论等客观事实来印证或巧传广告信息，从而在消费者中产生巨大的震动。感情的震动，就是进行感情攻势，以一种强烈的、直抒胸臆式的感情冲击，给消费者最直接的情感共鸣，从而达到震惊、震动的效果。

（2）让消费者感动：让消费者感动，就是在广告传播中以亲密的人物关系、温馨动人的故事情节及浓郁饱满的情感氛围来承载广告信息，使消费者在观赏中不自觉地产生情感共鸣，进而加深他们对所作广告产品的印象，强化对产品的好感度。通常消费者的好感度来源于广告的怀旧情绪和温情故事。人们在享受现代物质文明的同时，也在呼唤丰富的精神生活，对往日浓浓的邻里之情、天伦之乐及天真、纯朴的儿时生活总是心存依恋和怀念。广告中把握现代人这种“怀旧情绪”，让产品所传递的信息，引起消费者情感上的共鸣，常能起到良好的效果。在现实生活中，其实也有许许多多的温馨故事、动人情节，值得我们去发现、去挖掘。亲情、友情、爱情，生活中看似简单的情景、片段，常常蕴含着人间的至诚、至善、至美，广告作品中表现这些主题，都会产生一种情感张力，给人以心灵的感动。尤其是在我国这样一个以“家”为中心、讲究情感联系的社会中，讲述温情故事、创造情感意境，常能动人心魄，感人至深。

### 2.2.5 广告创意常用的方法

1. 集体思考法　这是一种通过集思广益进行创意的方法，又称头脑风暴法、相互激荡思考法。该方法由20世纪40年代美国BBDO广告公司副总经理奥斯本提出，在广告界广为流行。它通常采用会议方法针对议题进行集体讨论，深入挖掘，直至优秀创意的产生。参加会议人员通常10人左右，会议主持人提前一两天将会议时间、地点、议题通知与会者，而真正的会议时间仅半小时至1小时。会议上鼓励自由发言，大胆表述，不介意创意的质量，禁止提出批评和反驳意见，创意量多多益善，欢迎在别人的基础上联想、发挥、改进，以形成新的创意。会后由主持者将优秀的创意加以综合、取舍、分类，升华为完整系统的创意方案。

现代社会的广告创意活动，已经不再是广告“天才”个人活动所能够完成的了，而往往是集体思考或集体合作之后的决策活动。因此，集体思考法已成为广告创意方法中最常用的方法之一。

2. 垂直和水平思考法　这种方法是英国心理学家爱德华·戴勃诺博士所倡导的广告创意方法，因此，此方法通常又被称作戴勃诺理论。这种方法把人的思考法分为两种类型：一种是逻辑的思考和分析法，又称为垂直思考法；另一种称为水平思考法。

垂直思考法是以现存的理论、知识和经验以及传统观念，对某一问题从垂直角度深入研究的一种思考方法。它是在一个固定的范围内，向上或向下进行垂直思考，属于传统的纵向思维。垂直思考法的优点是能够就一个问题进行深入的思考，不断地追究“下一步会怎样”，逐步深入下去，从而获得一个成功的创意。缺点是思路局限于一个方向、一个角度，不易突破。因此在广告创意中使用最多的还是水平思考法。

水平思考法是变纵向思维为横向思维，在思考问题时摆脱已有知识和旧的经验约束，冲破常规，从另一新的角度进行思考，提出富有创造性的见解、观点和方案。这种方法的运用，一般是基于人的发散性思维，故又把这种方法称为发散式思维法。例如，在人们普遍考虑“人为什么会得天花”问题时，医学家琴纳考虑的则是“为什么在奶牛场劳动的女工不得天花”，正是采用这种发散式思维法，使他做出了医学上的重大发现。

垂直思考法和水平思考法既可以单独使用，也可以综合运用。比如第一步可以运用水平思考法，选准一个新的方向或角度，然后在此基础上再用垂直思考法，将思索深入下去，从而得出一个好的创意。

3. 联想思考法　在看似毫无关联的事物之间构想出特定关系，通过思考产生令人惊异的构思，进而产生优秀的广告创意，被称为联想思考法。

广告利用联想这个心理现象是比较广泛的，主要有时空联想、移觉联想、对比联想、因果联想等。

时空联想，即把时间、空间上接近的事物进行联系，并形成一种固有的条件反射。例如春节即将来临，广告宣传上联想到人们要用某种礼品馈赠亲友，这是因为时间而产生的联想广告。又如把雄伟的长城与北京长城饭店联系起来，借长城的高大形象来加深人们对长城饭店的印象，这是因为空间接近而产生的联想广告。

移觉联想，是将表面上互不关联，但在人的心理感受上却有相通之处的事物加以类比而形成的联想。如可以把莲花“出淤泥而不染”与人的高尚情操联系起来，把寂静的夜晚与美妙的音乐或汽车的无噪声联系起来，把化妆品与青春、美丽等联系起来。

对比联想，是将两种对立的现象联系在一起所产生的联想。这种对比有利于加强消费者的记忆，使人对广告产品难以忘怀。如由白天想到黑夜，由慢想到快，由年轻想到年老等，都是一种对比联想。

因果联想，是指人们依靠事物间的因果关系而产生的联想，既可以由因溯果，也可以由果溯因。如茶叶与健康，药品与长寿，文具与知识，灯具与光明等，都能启发消费者的因果想像。

## 复习思考题

1. 简述广告主题的构成要素。

2. 广告主题的取材范围有哪些？

3. 简述广告定位的策略。

4. 简述广告创意的流程。

5. 广告创意应遵循哪些原则？

6. 请选择本地的某一品牌产品，运用本章学习的几种广告文案创意方法，分别为其设计一句广告语。

7. 对比分析下列两则止咳药品广告关联性的强弱：

A 品牌的广告创意：

一辆行驶的轿车在“红绿灯" 路口正要飞驰而过时，一盒止咳药外包装盒从天而降，落到车上，轿车戛然而止，绿灯变成红灯，广告语为“××止咳药，想停就停"。

B 品牌的广告创意：

一个老爷子干咳的声音“止咳药放哪儿了?" 同时伴着老伴翻抽屉的画面；这时老爷子又问“去痰的呢”老太太又急忙去找抽屉；老爷子又问“消炎的呢?”“老太太“咳" 的一声叹气，这时女儿递给老太太一盒药说：“妈，这是我给爸买的..." 广告语为：止咳、去痰、消炎三位一体，××止咳药!"

# 第3章　广告文案构成要素与写作

广告文案是指广告作品中用以表达广告主题和创意的所有文字和语言的总和。任何一则广告都需要借助语言文字来表达其主题，无论是采用哪一种媒体传播信息，都离不开广告文稿，而广告中图画、音乐的创作，往往是在语言文字的基础上进行再创作。一则图画广告中的语言文字能够比广告画面等其他要素更准确、更有效地传达企业及商品信息。在现代广告设计中，广告文案的创作十分重要，雅俗中和、亲切温厚、清畅婉约、简洁中透出真切情感的广告词，直接推动着广告的宣传效应。

广告文案的结构大致包括标题、标语、正文和随文四个部分。本章将逐节讲解广告文案这四个组成部分的写法。

## 3.1　广告标题的写作（一）

### 3.1.1　广告标题的定义

标题是每一则广告作品为传达最重要或最能引起诉求对象兴趣的信息，而在最显著位置以特别字体或特别语气突出表现的语句。

在信息爆炸的今天，许多人阅读广告的方法是先浏览广告的标题，如果产生兴趣，再往下看正文。因此，使用标题不是为了广告结构的完整，而是帮助广告在最短的时间内吸引诉求对象的注意力，传递最重要的信息或者引导诉求对象继续接触广告内容。犹如任何一篇文章都需要靠精当的标题吸引读者一样，广告的标题在很大程度上决定着一则广告能否引起诉求对象的注意和兴趣。一位广告大师说得好：看标题的人数平均是看广告正文人数的五倍。人们常说："题好文一半"、"题高文自高"，广告也是如此。一个成功的广告，必定有着成功的标题，一个成功的标题往往有事半功倍之效果，而标题的失败，可能导致整个广告文稿的失败。

### 3.1.2　广告标题的类型

根据广告的形式、内容、手法、版面等的不同，可以将广告标题划分为不同的类型。无论哪种类型都应以醒目独特、吸引公众注意力为目的。

1. 直接标题　直接标题是指用直截了当的手法开门见山地揭示广告主题思想的广告标题。所以有人称直接标题是"一语道破天机的广告词"。直接标题虽然缺乏意境，但因为有较强的针对性，所以能使广告受众一目了然地了解广告主要内容，帮助记忆并节约消化广告信息的时间。例如："国酒新品种贵州茅台醇"，"你要身体好，请饮'健力宝'"，"华夏证券，诚聘英才"，"治疗皮肤病有新药，肤康平助你摆脱烦恼"，"一个穿哈撒韦衬衫的男人"（1951 年哈撒韦衬衫广告）等。这些标题一般不加任何修饰，简单朴实，直截了当。

2. 间接标题　间接标题是用耐人寻味的词句间接地揭示广告的主题思想的广告标题。这种标题或比拟，或影射，或夸张，或仿造，或一语双关，或正话反说，含而不露，富有情趣，引人注目，令人回味，耐读，耐看，影响深远。例如国外某公司用"本公司的产品维修人员，是全世界最闲的人"来作广告标题，突出产品质量的优良。某橡胶厂推销汽车轮胎的广告标题是："只花几十元，再跑八万里"，用数字对比概括了产品的价廉耐用；间接标题多采用比喻、比拟、夸张等多种修辞手法，用俗语、成语、富有哲理或生活情趣的语言，使人经久不忘。有许多这方面的中外广告精品，如："不打不相识"（某打字公司广告标题）；"一寸光阴一寸金"（钟表）；"你在我心头挥之不去"（天津华旗果茶广告）；"像初恋般的滋味"（日本渴而心思饮料广告）；"天有不测风云，那么……"（中国人民保险公司广告）；"聪明不必绝顶，慧眼长留"（聪明绝顶颐发灵广告）。

3. 复合标题　复合标题是指在广告文中有两个或三个标题。三个标题是指在正标题下面加一个副标题，同时在上面加一个引题；两个标题是指正题加副题，或引题加正题。引题、正题、副题，这是采用新闻的标题形式，具体用法与新闻相同。引题（又称眉题或肩题）用来说明信息意义或交代背景，起到引起话题的作用，通常不含主要信息；正题通常是广告的主体部分，用来点明广告的主要内容；副题是对正题的内容做补充说明，或是对正题提出的问题的解答，具有进一步丰富正题的作用。例如：

引题：四川特产，口味一流

正题：天府花生

副题：越剥越开心

引题：哇——

他们为什么要惊叫？

正题：全新 64 位数据库服务器！

正题：伯乐万里觅良才

副题：1995AT&T 亚太奖学金，留学生活更无忧

在复合标题创作中，正题与副题可以同时是直接标题或间接标题，也可以既有直接标题又有间接标题。复合标题可以传达更多信息，但也容易缺乏中心，分散力量，吸引力远远逊于简洁、明确的单一标题。

4. 大小标题结合　如果正文要传达较多信息，篇幅较长，可以在正文中加入小标题，以增加条理性、突出重点，并引导读者阅读。大小标题结合，是长文案最为常用的方法，可以有效吸引读者阅读。例如：大众轿车故事型长文案就采用了大小标题结合的方法，使小标题既可暗示某段内容的重要性，吸引受众阅读，又可以改变较长内文的过于沉闷，起到调节语境气氛的作用。

大标题：妈妈，我不是故意的

正文：

一九九四年十月十五日，星期六，凌晨两点。

车子由高志勇驾着，他今年十七岁，血气方刚。车上另有一名前座乘客及一名后座乘客，他们都是志勇常聚在一起玩乐的好朋友。

车子是志勇向妈妈借来的，妈妈从来都没拒绝过他，只是每一回总是再三嘱咐志勇得小心驾驶，毕竟志勇还是个“新手”。车子正在朝往牛顿小贩中心奔驰。

大伙肚子都饿极了，准备到那儿大吃一顿。一个左转来到杜尼安路时，意外发生了。

经过一轮猛烈的冲撞之后，车子惨不忍睹，在那一刹那之间，志勇以为一切都完了。

幸好，那是福士伟根

是吉人天相也好，是大难不死也好，奇迹般地，志勇等三人皆平安无事，一毛无损。自行打开车门后，面面相觑，目瞪口呆。志勇这时最担心的是如何向妈妈交代。闯了大祸，妈妈一定不会原谅他，毕竟那是她心爱的车。

听妈妈怎么说

“当志勇来电通知我时，知道孩子们都没事，也就放心了，以为只是小意外。后来，看到心爱的车子时，我简直不敢相信自己的眼睛，我一点也不生气。谢谢福士伟根，救了孩子们一命。”

福士伟根，安全上路

生命可贵，岂可儿戏。德产福士伟根深明此理，因此在设计及制作每一部车子时皆以您的安全为首。超过三十种不同的冲撞测试，以确保万无一失。车身结构的加强措施，前后左右的安全护撞区与防撞杆给予更大的保障，驾驶座安全气袋在紧要关头能化险为夷。

事实证明，福士伟根的安全措施绝非纸上谈兵。其高度驾驶乐趣更为同行所津津乐道，一经驾驶，必有所悟。

## 3.2　广告标题的写作（二）

### 3.2.1　广告标题的创作方法

要吸引诉求对象，标题必须有足够的吸引力。标题的吸引力蕴涵在它的创造中，既包括内容的创造性，也包括形式上的创造性。引人入胜的标题会使正文的阅读率成倍提高，平淡无味的标题会影响读者对正文的兴趣。因此广告标题需要一些更具创造性的手法。广告标题的创作方法多种多样，无论哪一种创作方法，都应以醒目独特、吸引公众注意力为目的。

1. 陈述式　我们日常所见的大部分标题都采用这种手法，它往往以自豪的态度、赞扬的语气突出本企业或企业产品的特色，使人一目了然，并吸引消费者的注意。如“600 岁五粮液，万古流芳”、“威力洗衣机，够威够力”、“戴‘博士伦’，舒服极了”、“补钙关键在吸收，吸收最佳是龙牡”（龙牡壮骨冲剂广告）、“家有鲜大王，清水变鸡汤”（鲜大王味精酱油广告）。这种标题创作一般不加任何修饰，简单朴实，直截了当。

2. 新闻式　即以带有新闻意味的词句来表述宣传内容。新闻式标题的特点无需过多的技巧，只要如实陈述就行。如奥格威为新产品舒味思杜松子酒写的广告“舒味思的人来到此地”，虽然标题中没有“某某产品新上市了”那种毫不掩饰、洋洋自得，但新闻标题式的简单宣告，却调动起人们对陌生人的好奇心：他是谁？他要干什么？他来了与我们有什么关系吗？

又如“纽约正在把它吃光”是伯恩巴克为来味面包撰写的标题，画面从上到下排列着三片被吃得越来越小的面包，标题就覆盖在面包上。这个标题简洁有力，而且超乎想像。相比之下，“美味”、“享受”之类的说辞就显得苍白软弱。

日立抽湿宝的一则平面广告标题“日立特别天气报告：竟然录得全港最高相对湿度!”，借用天气报告的形式，也是非常精彩的新闻标题。

又如“革命性的新排水管清洁剂现已面世，一秒钟内就打通了堵塞的管道。”、“中国迅达电梯有限公司蝉联五届全国十大合资企业称号”、“可口可乐红色足球热”等。人们阅读这种广告标题，就好像在阅读一条新闻消息一样，知晓了有关宣传内容。

3. 对比式　即寻找诉求对象司空见惯的事物，与广告诉求重点做贴切、生动的类比，以突出产品的独特之处，加深公众印象。

保时捷汽车的一平面广告标题说：“它就像孩子，你还没有就不会理解拥有的感觉。”这是一则将汽车与孩子做类比的广告。

“就像你恨它一样驾驶它。”这是 VOLVO 越野车一则平面广告的标题，广告以卓越性能为诉求重点，画面中只有一部满身泥浆的越野车。与“恨”这种强烈情感的类比，同时反映了车的卓越性能、坚韧风格和诉求对象的不羁个性。

对比式广告标题的创作应以自身产品质量和品牌形象为基础，表现最富有特征的一面，但不得借此贬低他人、抬高自己，应公平地介绍自己，让公众做出决断。“看楼看尽全港九，太古城更胜一筹”（太古地产公司广告），这一广告就有抬高自己之嫌，而上海市四川路在宣传中称“走走看看其他路，买卖请到四川路”，就比较科学，既达到了比较的目的，显示出自己的商业形象特点，又没有过分夸张地宣传自己。

4. 比喻式　即用比喻的方式撰写广告标题。可以明喻、暗喻、借喻等手法使标题别开生面，通过想像，将抽象比喻为具象，使意念清楚，形象生动。例如“同住一座楼，气味不相投”（冰箱保鲜功能），“地面就是脸面，我们如何保护这张脸？”（地面翻新机）；“法国第一夫人与你同行”（法国雷诺汽车广告）；“×××氧吧，好大一棵树”（氧吧）。通过比喻将比较难以说明的功效，用简明、准确的方式表达清楚，比喻恰当，突出广告诉求重点，使受众形成较深刻的印象。

5. 提问式　这类标题就是借公众的好奇心理，以设问或反问的方式写入或暗示部分信息，去诱导公众从正文中寻求答案。如“看看M&T银行能为您的事业做什么？”（M&T银行）、“VOLVO汽车很长寿，对这一行岂不是件坏事？”都是配合诉求重点直接提问，而且在提问中包含信息。

提问式标题也可以加入更多趣味性，以激起诉求对象更大的好奇心。“鞋上有342个洞，为什么还能防水？”这是一则以精湛的制造工艺为诉求重点的Timberland野外休闲鞋的广告，它深具趣味的标题吸引着读者阅读长文案。又如“平凡的大华人家始终热销，为什么？”（房地产广告）；“星期天哪里去？”（郑州亚细亚商厦广告）等。

6. 悬念式　这类标题就是在标题中设置某种悬念，引发诉求对象的好奇心理。如在英国耳鸣学会的一个募捐广告中，左边大幅画面显示一些稀奇古怪的东西；医用托盘里盛着水龙头、哨子、锉刀、自行车铃铛、锈迹斑斑的合页、几只苍蝇。接下来是同样让人不解的标题“我们从人们的耳朵里驱除来的东西”。强烈的好奇心一定会驱使读者继续看下去，仔细阅读正文才会发现，原来画面和标题说的是患耳鸣的人们被各种各样的声音困扰。

上海永安堂大药房专门经营“虎标万金油”，它的广告标题是“张飞都怕”，而“虎标万金油”的功效被印成小字，放在这个标题的下方。广告一出，每天永安堂门前都聚集很多人，人们想弄清楚历史上骁勇善战的猛张飞还怕什么，看完全文才知道，原来张飞也怕跌打损伤，而“虎标万金油”可以治病。

《福州晚报》上刊登过一则吉林通化制药厂的广告，广告采取悬疑式标题：第一天，该报整版只有一个醒目的标题——“请看明天版”，第二天，仍只有标题“喜讯就在明天”，到了第三天，才是整版的“镇脑宁”广告内容。

7. 颂扬式　即从正面角度出发以赞誉的文字直接表达商品的优点、特点。这样的标题要实事求是、合情合理，中肯贴切，不可夸大失实，否则就会使人产生反感，降低广告的宣传效果。如“不一样的公司，不一样的汽车”（Saturn汽车广告）；“制造美味的艺术大师”（味精广告标题）；“爱书的人，不能不读的一份报纸”（《文摘》广告标题）。颂扬式标题多适用于名牌优质产品，需要产品具有一定的知名度。

8. 号召式　即用鼓动性的词句，号召消费者迅速作出购买商品决定的标题。这类广告标题要注意通俗、易记、有号召力，但同时语言也要委婉。例如：“到名店看奥普浴霸”。又如：“同样的钱，为什么不买环线内的精品公寓？”

9. 故事式　即具有一定故事情节的标题。如某公益广告的标题“我爱上了一个叫 Cathy 的女孩。我杀了她。”这是一则劝告人们不要酒后驾车的广告。标题暗示了某种故事情境，使读者急于知道这位男士为何杀了她心爱的女孩，从而引导读者去阅读，了解悲剧故事的前因后果。

除以上几种形式外，还有说明式、抒情式、庆贺式、致谢式、承诺式、告诫式、祈使式等方式。优秀的标题可以说是整个文案的灵魂，也是整篇文案创造力的凝聚点。在创作中不应该遵循常见套路，而应该思路开阔，并尝试多种多样的语言表达，才能写出有效传达或有效吸引读者的标题。

### 3.2.2　广告标题写作要点

广告标题虽然千姿百态，但是，无论使用什么样的广告标题，选择怎样的表达方式，都必须遵循一定的原则，有一定的创作要求。

1. 主题突出　广告标题必须让人们十分明了，使人一看标题就能知道广告的类别，知道广告是关于哪一类产品的广告，并能了解企业及产品的特点。另外标题不能含糊其词、故弄玄虚、过于抽象，以免由于费解而使人忽视。例如“宝宝穿得开心，妈妈选得满意”，一看标题就会使人联想到婴儿的衣服、尿布等东西，而不会联想到食品等其他东西，同时也让人们感觉到产品的舒适、柔软……

2. 简洁凝练　为了吸引人注意，标题文字要简洁精练，内容要具体实在。因此字数不宜过多，以 6 ~ 12 个字为适宜，尤其是灯光、路牌广告，必须让人们在很短时间内了解到广告所要传达的商品信息，文字过多，难以读完，文字过少，不能全面反映广告内容。广告标题究竟该多长才合适，要根据广告媒体、广告意图、广告对象而定，不能一概而论。总之标题要尽量简洁凝炼，让诉求对象一目了然，冗长烦琐、不知所云的标题令人生厌。

3. 引人注目　标题的主要作用是吸引人注意，因此应摆在突出的位置上，注意与正文有所区别，此外，在选用字词、字体、字型、字号及安排文字在广告版面中的位置，都要注意到如何去吸引人的注意力。那些带有新闻性以及充满温情的字词，往往会诱发人的好奇心，让人关心广告并产生喜悦、兴奋的感觉。如“惊人、新、划时代、从速、就在此地、当今、重大发现、轰动、免费、价廉……”等。

4. 独具特色　广告标题从遣词造句、表达方式的运用到情感色彩的融入，都要具有独创性，充分显示自己的个性和活力。标题要与诉求对象的利益、兴趣、情感活动产生联系，引起他们的共鸣，激发他们的购买欲。标题千万不能生搬硬套，模仿抄袭，平淡庸俗。如“晕了吗？蚊子也会有相同的感觉”，这是雷达黑蚊香广告标题，口语化、简练而具有幽默感的语言，让广告大大增色。

## 3.3　广告语的写作

### 3.3.1　广告语的特征

广告语又称广告标语、广告口号等，是为了加强诉求对象对企业、产品或服务的印象而在广告中长期、反复使用的简短口号性语句。

广告语，是广告文案中出现频率最高的宣传用语，可以独立使用，也可以与标题正文组合使用。它基于长远的销售利益考虑，用一种富有鼓动性的、简练有力的语言，并以强烈的情感倾向向诉求对象宣传一种长期不变的观念。应注意广告语用字要通俗，口语化，便于流传；形式要生动，具有流行时尚特色；功能上要形成一定的消费观念，引导消费时尚，达到广告促销目的。

广告语与广告文案中的其他要素相比，变化要小。广告文案中的其他要素，在每次广告活动中都可能做适当的调整，而广告标语一经采用，总是要运用相当长一段时间。作为现代社会大众文化的一个组成部分，广告在提供产品信息的同时，也成为媒介受众的一种娱乐和谈资。富有个性和新意的广告语往往脱离对产品的依赖，迅速地深入消费者的日常生活，被赋予新的生命、广泛地使用和传播，成为一个时期的“流行语”。如蓝天六必治牙膏生动诙谐的广告语“牙好，胃口就好，身体倍儿棒，吃嘛嘛儿香！您瞅准了，蓝天六必治！”被人们广泛使用。

广告语的作用首先在于把企业的宗旨、商品的特点等以最精彩的文字表达出来，给人以强烈的印象，使消费者理解和记住一个确定的观念；其次，广告语是主要广告信息的浓缩，可以直接为促进商品销售服务。再次，部分广告语吸收了诉求对象的人生理想、价值观念的内容，并且将它们进行了高度典型化的处理，从而概括出具有很强的代表性和感召力的观念，进行非消费的观念渗透，具有突出的社会性作用。如IBM公司的PC产品曾经使用的广告语“先天下之优而优”，杉杉男装的广告语“立马沧海，挑战未来”，实际上都在传达一种追求成功、追求卓越，并以其为理想人生最高境界的观念。安踏运动鞋“我选择、我喜欢”所传达的是我行我素张扬个性的观念。铁达时表则以“不在乎天长地久，只在乎曾经拥有”集中于爱情内容的感性诉求，与青年消费者进行爱情观念的沟通。这些广告语都在进行非消费的观念渗透。消费者对品牌的认同感越强烈，这些观念对消费者的影响就越深远。

此外，广告语的作用还在于使广告活动具有连续性，使整体广告活动的不同广告之间有共同的标志。广告语由于在广告文案中经常反复使用，因而被称为广告的“商标”。并以其特有的作用被看作是一种“低投入、高产出”的文稿形式，某些经久不衰的广告语已形成了企业巨大的无形财富，世代相传。如美国可口可乐公司的广告语“请喝可口可乐”，使用了近半个世纪，至今仍沿用不衰。麦氏咖啡“滴滴香浓，意犹未尽”，丰田公司“车到山前必有路，有路必有丰田车”，雀巢咖啡“味道好极了”等广告语也都为世人所熟知。在一些国家，广告语常常同商标一样注册登记，并受到法律保护。

### 3.3.2 广告语与广告标题的区别与联系

广告语与广告标题在广告作品中都非常重要，都是广告文案中引人注目的简短语句，有时也可以转化，但在功能、形式和表达内涵上却绝然不同，有本质的区别：

1）广告标题是一则广告题目，起着概括广告内容，引导阅读正文的作用，具有吸引消费者注目和表达广告文稿主题及主要内容的功能。而广告语则是使消费者建立一种观念，用以指导消费者的购买行为，是企业广告的普遍标志和产品观念的长期输出形式。

2）从传播目标上看，广告标题目的在吸引和引导诉求对象继续接触广告内容，注重即时的作用。而广告语则传达企业与商品长期不变的观念，注重消费者观念和品牌形象的长期效果。

3）广告标题是用来区别其他广告的特定标志，有着与广告正文不能分割的相辅相成的关系，具有与广告内容统一的整体特征。所以广告标题可以是一句话，也可以是一个词或词组，而广告语则一般是意义完整的一句话。因为广告语与广告中的其他要素没有必然的依附关系，它可以在较长时期内持续、单独使用，而完整的句子可以表达出明确的意义。不像广告标题是一则广告文案的有机组成部分，它必须和广告正文、插图等配合使用，具有依附性、短期性的特点，只在一则具体作品中使用。广告语适合于任何媒介、任何形式的广告。

4）广告标题要求鲜明、生动、富有刺激性，可用复合补充形式。广告语一经形成不宜变换，相对稳定。好的广告语可以成为商品品牌的代用词。广告语要求字句通俗、朴素、自然，还要口语化，简短上口，俗不伤雅，贴近生活，语调亲切。

5）广告标题的位置比较固定，一般放在广告作品的开头或其他最醒目的地方，位置多是固定的，且通常与广告具体内容以及图片等有机结合在一起。而广告语却可以单独使用，在版面上位置也十分灵活，不局限于某一特殊位置上，多见于广告结束的位置。

广告标题与广告语之间也存在一定的联系：在一些媒体的广告中，其广告标题就采用的是广告语，这时候广告标题和广告语是一致的，合二为一。而有时广告语与广告标题是可以互相转化的。如“天上彩虹，人间长虹”这一长虹彩电的广告语最初就是由广告标题转化而来的。而广告语“领先一步——申花电器”出现在广告标题中又变为“以领先一步著称的申花洗衣机帮助您领先一步取得成功。”

**3.3.3 广告语的类型**

广告语按其内容及表现形式，可划分为鼓动式、赞扬式、抒情式和标题式等多种形式。

1. 鼓动式　即用带有强烈的祈使、敦促意味的词句，号召诉求对象购买商品、享受服务。这种形式的广告语是一种行动性标语，颇具诱惑力。比如，“清凉夏日每一天”（花露水）、“只服一次，即能显效”（药品）、“早一日拥有，多一份舒畅”（喉宝）、“一分钟使您秀发显示高贵本色”（护发油）、“今天就要你好看”（美体健身仪）。

2. 赞扬式　即对企业的形象与产品的性能、特点、功用及优势等以赞扬的口吻进行宣传。这种直接陈述的方法，一方面强调了商品的特性，另一方面也使消费者牢牢记住了商品的优点。比如：“质高款新寰宇颂，国际名表西铁城”（西铁城表）；“奇力洁，除垢去锈不费力”；“给您清洁、芳香”（洗衣粉）、“嘉士伯，可能是世界上最好的啤酒”。

3. 抒情式　即使用富有人情味的、引人联想的词语来显示商品的优点。这种形式的广告语能营造一种氛围，使诉求对象的情感受到冲击。比如，“你我无需天天见，心意随时看得见”（移动电话）、“情浓酒更浓——野力干红”（野力干红）、“孔府家酒，让人想家”（孔府家酒）。

4. 标题式　即没有广告标题，直接把广告语放在广告标题的位置上，替代广告标题。如丽珠得乐的数则广告，广告没有标题，都是只出现“其实男人更需要关怀”这样的广告语，再配上插图与文字。

5. 省略式　为突出表达重点省去句子中的主语的广告语。如：不打不相识（打火机）；“剪裁春夏秋冬，风行东南西北”（上海服装公司）。

6. 倒反式　不直接说出所要说的正面话，而是故意说它的反面，让人们自己去体会它的真意和用心的广告语即为倒反式广告语。如：“令人不解的是别的公司为什么总爱模仿我们的产品”。

7. 回文式　两个句子并列使用，第二句从后读起来，又与第一句仅仅调换了词序。如：“人来交易所，所易交来人”（某交易所）；“客上天然居，居然天上客”（北京天然居饭店）。

广告语的类型很多，除上述外还有采用各种修辞手法撰写出的广告语以及祈使式广告语、押韵式广告语等等。如：燕舞，燕舞，一曲歌来一片情（反复式）；星聚银河系，人聚不夜城（对偶式）；关心你的人是我——夏利汽车（拟人式）；三人行必有我师，三人行必有我鞋（引用式）；我们扫遍全世界（夸张式）；长城电扇，电扇长城（顶针式）；康师傅方便面，好吃看得见（押韵式）。

### 3.3.4 广告语创作要点

在广告文案写作中，广告语是广告作品极为重要的组成要素，广告语在广告作品中反复使用，在不同的媒体中都会出现。广告语对一则广告来说最具影响力。一个好的广告语可以流芳百年，而一个平庸的广告语，即使重复的次数再多，也未必产生好的效果。广告作者绞尽脑汁，就是希望想出一鸣惊人的广告语。只要是赫赫有名的广告，必然有价值千金的广告语。所以，广告主们常常花几万，十几万元悬赏征集几个字的广告语。

广告语最忌讳人云亦云，落入俗套。大卫·奥格威说：他每写一则广告至少要写16个广告语供挑选。可见，创作广告语，一定要有语不惊人誓不休的决心。

威廉·伯恩巴克，被称为“广告界的伟人”的广告制作家，他要求自己所做的每条广告都要新奇，都要体现创造性原则。他创作了许多成功的广告文案，使许多广告语变成了家喻户晓的流行语。其中威廉·伯恩巴克为奥尔巴克百货公司创作的“慷慨的旧货换新货”和“我寻出了‘琼’的底细”这两篇文案的广告语都是：

“做千百万的生意，赚几分钱的利润。”

一句口号，塑造了做百货生意的奥尔巴克百货公司的形象。

一句口号，使这家百货公司的生意十多年长盛不衰。

一句口号，使广告公司、广告撰稿人与广告客户成了十几年的老朋友。

优秀的广告语要符合以下要求：

1. 口语化，便于流传　广告语要在人们中间传开，一定要口语化。雀巢咖啡的广告语“味道好极了”，真正做到了家喻户晓，无论大人小孩随口就能说出来。可口可乐的广告语“挡不住的感觉”也极简单，不作修饰，直接表现人们的情绪。用最简单的口语，表现复杂的心情。口语生动活泼，语气鲜明，如“更干、更爽、更安心！”、“清新爽洁，不紧绷”、“味道好极了！”和“今天你喝了没有？”等等。

2. 简短易记　广告语宣传的是要人们长期牢记的观念，为了便于记忆，一定要力求语言精炼，句式简短，去掉所有不必要的修饰、没有意义的虚词和衬字。同时，广告语还要讲究对称美与音韵美，有节奏韵律感，读起来上口，听起来优美悦耳。如“人头马一开，好事自然来”（酒广告），“好马配好鞍，好车配风帆”（蓄电池广告）。

3. 诗化，营造气氛　在传达情感性信息时，广告语可以用稍具文学性的语言风格营造氛围。如“车到山前必有路，有路必有丰田车”、“维维豆奶，欢乐开怀”，利用广告语营造了一种欢乐、自信的气氛。又如“钻石恒久远，一颗永流传”、“不在乎天长地久，只在乎曾经拥有”、“四十年风尘岁月，中华在我心中”等。

4. 牌名原则　企业名称和品牌名，是企业和商品的重要标志，在广告语中要使用企业名称和品牌名，以利于人们识别和记忆，避免产生误解。许多广告语都直接或间接采用了品牌名或企业名称。如“孔府家酒，让人想家”、“穿上双星鞋，潇洒走世界”、“真心实意，吉诺尔电器”等，将企业名称或品牌名引入广告语起到了有效的识别作用。

5. 利益原则　广告语要尽量突出产品给消费者带来的利益。消费者购买商品，就是为了从中得到某种利益或满足。突出广告产品的利益，能够引起消费者注意，增强广告产品的吸引力。如“505 神功元气袋，健康的卫士”、“神州牌热水器，安全又省气”、“三九胃泰，健康的承诺”，这些广告语都突出地说明了产品对消费者的利益。

6. 贴近大众，说心里话　广告语要让诉求对象喜欢，就要贴近、讨好诉求对象，说出他们想说的话。“人头马一开，好事自然来”，人头马的价格不菲，不是家庭随时可以享用的，说开人头马的心里话，就是祝贺“好事”的到来。“牙好，胃口就好”更是贴近生活的大实话。

另外广告语写作还要使用单纯明确、流畅的语言，避免空洞的套话，虚假的大话。不要在一条广告语中写进两层意思，语句不要晦涩难懂。应使用诉求对象熟悉的词汇和表达方式，使句子流畅，语义明确。避免生词、新词、专业词汇、冷僻字眼、流传不广的俗语，避免语病、词性的误用、错字、别字、容易产生歧义的字词，避免文字游戏，不能勉强追求押韵。广告语要包含确定的信息，“祝您成功”、“永远是朋友”之类的套话空洞乏味，要避免使用，以免本来专属一个企业、一种产品的广告语，变成了人人可用的“万金油”。“第一”、“最好”之类自我吹嘘的语言和“美好未来”、“成功人生”等不切实际的承诺都不能给诉求对象留下良好印象。广告语要长期使用于广泛的市场，还要避免时间和地域色彩。“味道好极了”这样的广告语就可以长期用于世界各地。再则广告语要适合在多种媒体的广告中使用，要考虑“说”和“听”的效果，以保证读起来和听起来同样流畅，而且不会产生歧义。广告语的内容、句式、语气、用词等方面还应该尽量追求个性，以能够在众多广告语中脱颖而出。

附：优秀广告语欣赏

味道好极了。

——雀巢咖啡

滴滴香浓，意犹未尽。

——麦氏咖啡

车到山前必有路，有路必有丰田车。

——丰田汽车

质量第一，用户第一。

——金星电视

燕舞、燕舞，一曲歌来一片情。

——燕舞收录机

百事，新一代的选择。

——百事可乐

上海大众永远和您在一起。

——大众汽车

威力洗衣机，献给母亲的爱。

——威力洗衣机

大宝，天天见。

——大宝护肤品

万家乐，乐万家。

——万家乐电器

中原之行哪里去？郑州亚细亚。

——亚细亚商城

今年二十，明年十八。

——白丽美容香皂

东方航空，飞向世界。

——东方航空

容声，容声，质量的保证。

——容声冰箱

嘉士伯，可能是世界上最好的啤酒。

——嘉士伯啤酒

只溶在口，不溶在手。

——M&M 朱古力

喝了娃哈哈，吃饭就是香。

——娃哈哈饮料

一股浓香，一缕温暖。

——南方黑芝麻糊

用了都说好。

——达克宁霜

领先一步，申花电器。

——申花电器

要开一流车，江西五十铃。

——江西五十铃

天磁杯，天磁杯，你一杯，我一杯，一杯一杯又一杯。

——天磁杯

人头马一开，好事自然来。

——人头马酒

亚细亚，太阳升起的地方。

——郑州亚细亚

新飞广告做得好，不如新飞冰箱好。

——新飞电冰箱

康师傅方便面，好吃看得见。

——康师傅方便面

岁岁平安，三九胃泰的承诺。

——三九胃泰

何以解忧，惟有杜康。

——杜康酒

省优，部优，葛优？

——双汇火腿肠

汽车要加油，我要喝红牛。

——红牛饮料

羊羊羊，发羊财。

——恒源祥毛线

喝孔府宴酒，做天下文章。

——孔府宴酒

今天你喝了没有？

——乐百氏饮料

海尔，真诚到永远。

——海尔电器

不要太潇洒噢。

——杉杉西服

走富康路，坐富康车。

——富康车

好马配好鞍，好车配风帆。

——风帆蓄电池

中国名车，嘉陵摩托。

——嘉陵摩托

拥有健康，当然亮泽。

——潘婷洗发水

让生命尽显健康本色。

——太阳神口服液

有多少南方摩托，就有多少动人的故事。

——南方摩托

望子成龙，小霸王学习机。

——小霸王电子学习机

柔美皮肤，从旁氏开始。

——旁氏化妆品

要想皮肤好，早晚用大宝。

——大宝护肤品

孔府家酒，叫人想家。

——孔府家酒

农夫山泉，有点甜。

——农夫山泉

华龙面，天天见。

——华龙方便面

一旦拥有，别无所求。

——飞亚达手表

聪明不必绝顶。

——上海美加净颐发灵

“闲”妻良母。

——台湾洗衣机

“口服”“心服”

——台湾矿泉水

专食人间烟火。

——深圳奥海家电五金总厂抽油烟机

在最需要的地方，助您一臂之力。

——南京起重机

您的忠诚卫士。

——温州永久锁厂

反正要买，何必再熬上一个酷暑。

——北京某五金商店电扇

SONY 这是你第一次见到的名字吗？

——SONY

第一流产品，为足下增光。

——上海鞋油

伊思丽使我更美丽。

——伊思丽化妆品

每天送你一位新“太太”。

——太太口服液

让我们来充分掌握能多快好省地运输货物的拖车头吧！

——五十铃汽车

最适合中国民航客运的机种——波音 757 客机。

——美国波音

力波啤酒，的确与众不同。

——力波啤酒

质高款新寰宇颂，国际名表西铁城。

——西铁城手表

上海桑塔纳，汽车新潮流。

——桑塔纳汽车

高高兴兴上班去，平平安安回家来。

——公益广告

她工作，您休息。

——凯歌全自动洗衣机

明天将发生什么？

——联想集团

中意电器，人人中意。

——中意电器

今年夏天最冷的热门新闻。

——西冷冰箱

戴雷达，闯天下。

——雷达表

一切为用户着想，一切为用户负责。

——海信电视

坚刚灿烂，光彩永恒。

——雷达表

飞利浦——尖端科技的标志。

——飞利浦

精美耐用，全球推崇。

——西铁城表

当太阳升起的时候，我们的爱天长地久。

——太阳神

精心创造，精心服务。

——金星电视

聚科技群星，创电子先河。

——星河音响

挡不住的感觉。

——可口可乐

城乡路万千，路路有航天。

——航天汽车

妥贴保护，伸缩自如。

——邦迪创可贴

雪中之豹，雪中之宝，雪中送宝。

——雪豹皮革行

喝贝克，听自己的。

——贝克啤酒

专业保健，至精至诚。

——太阳神口服液

叩开名流之门，共度锦绣人生。

——上海精品商厦

一呼天下应。

——润迅通信

青春宝，使你永葆青春。

——青春宝

燕京啤酒，清爽怡人。

——燕京啤酒

赢家的风采。

——切诺基

## 3.4 广告正文的写作

### 3.4.1 广告正文的特征

广告的标题无论写得怎么简洁、鲜明、生动而且令人回味，毕竟不能把商品或服务的物质结构功能、使用方法、保质期、售后服务或服务范围、承诺等信息全面表达出来，因而在标题之后需要有一段说明文，以向诉求对象全面介绍商品或服务信息，这段文字就是正文。正文是广告作品中承接标题，对广告信息展开说明、对诉求对象进行深入说服的语言或文字。

广告正文是任何媒体广告所必不可少的部分，只是称谓不同，如印刷广告中称文稿，电视广告中叫故事版或脚本等。

广告正文是广告文案的中心部分，它起着介绍商品、树立形象的作用。广告正文的目的在于为标题中所列的内容提供证明材料，阐述购买产品的客观理由和主观原因，促使消费者购买决策并付诸行动。

### 3.4.2 正文的作用

广告标题虽然是广告文案的关键点，但标题只能传递简单明了、容易理解的信息，完整的广告诉求主要靠正文完成。正文所起的作用包括：

1. 配合标题　如果说广告标题是广告文案的“眼睛”，那么正文就是广告文案的“躯体”，也就是说广告标题揭示了广告的“初衷”，而广告正文则是对这一“初衷”作进一步的说明。也就是说正文不仅承接了标题的话题，而且给标题的承诺以有利的支持。例如：

香港犀飞利钢笔广告

标题：一支犀飞利，尽显心中情

正文：从个人书写的字可看出您的心意，从所选用的笔可知您的个性及品味。犀飞利，挥出格调高雅的一笔。

2. 完整地传达信息　正文可以更为具体地反映商品的各种信息，如特点、性能、质量、产地、服务方式等。诉求对象可以通过正文更多、更全面地寻找自己的需求。例如：

广州名粤花园广告

标题：名粤花园，广州真正的花园

正文：在众多的楼宇中，我为什么选择了名粤花园？因为她惟一感到不便的是紧贴广州大道、离地铁出口太近，因为亲朋好友会轻易找上门来。

唯一需要承受的心理压力是意想不到的升值，因为她坐落在广州市重点发展区中心。

唯一缺少的东西是污染，孩子认识的第一种颜色是绿色，因为数百亩受重点保护的果树园林环绕周边，教人不看也难。

这就是名粤花园，令人神往的花园！

集别墅、住宅、写字楼、商场于一体，宝蓝玻璃幕墙、快速电梯、自动扶梯、送 IDD 电话、空调器、抽油烟机；每平方英尺仅357元起，一次性付款8.5折优惠（15天内有效），每10套房设大奖一份。免一切代理费和转让费。我是生意人，打惯了算盘，算来算去，还是这里最划算。

3. 培养购买欲望　广告是通过向消费者传递商品和服务信息，激发他们的购买欲望并实施购买行为而达到推销产品和服务的目的。一位广告大师说过："我们做广告是为了推销产品，否则就不是做广告。"实现了推销产品的目的就实现了广告的经济效益，广告促进了社会的物流，满足了人们的物质文化需要，这也是广告实现的社会效益。当商品质量与广告宣传的内容一致时，当广告中的主观感情诉求同生活中消费者的真实感受产生共鸣时，广告获得的效应就可想而知了。广告与消费者的情感沟通，广告对消费者的理性说服，主要在正文中展开。在正文中，要尽力采取各种说服手法，培养诉求对象的信任感，培养诉求对象的购买欲望，号召并促使诉求对象采取购买行动。

### 3.4.3　撰写广告正文，应注意以下几项要求：

1. 真实可信　广告推销产品的目的要求广告文写作者不要表现自己，更不要凭兴趣写作，而应该表现产品和服务、表现企业和企业精神，因而应该实事求是地宣传产品，明白无误地介绍产品的性能和价格，既不能用华丽不实的语言，又不能含糊其词，提倡诚实和谦逊，尽量避免"誉满全球"、"功能独特"、"大减价"、"大优惠"、"大甩卖"、"跳楼价"、"无与伦比"、"药到病除"、"疗效最佳"、"厂价销售"之类的不实用语。真实性是广告正文写作的根本，惟有真实才可信。无论采取什么体裁、形式、技巧与方法，内容一定要真实，本着为消费者考虑，对消费者负责的态度，真实可靠地传达企业或产品的真实情况，切不可主观臆断，信口开河。具体来说，当标题提出的吸引人的承诺，在正文中得到确信时，对于消费者来说，剩下的问题是到哪里购买。

另外还应避免"王婆卖瓜，自卖自夸"，特别要杜绝夸自己同时贬别人的广告宣传。

2. 重点突出　任何手法与技巧的使用都是为了传达诉求重点。广告商品或服务可能有很多优秀的功能，一则广告不能面面俱到地把所有的信息都传达出来，应当抓住其最突出的特点重点介绍。有些广告文稿中心较多，看上去能满足消费者很多需求，事实上就成了无的放矢了。如一品牌的衬衫广告，"典雅、卓越、永恒、千锤百炼、精品中的精品，有品位的选择，甜蜜的选择……"卖衬衫成了卖高档首饰，不如××衬衫耐脏免烫，××衬衫领子永久平挺，产品特点明确、实在，广告重点突出。

3. 简明扼要　广告正文无论长短，都要使用精炼、准确、清晰的语言，明确传达信息，要开门见山，直截了当。可有可无的话应一律删掉。因为没有人去花大量的时间、大量的精力去阅读繁琐、复杂、深奥或过分含蓄的广告文。介绍产品的生产厂家、工艺流程、加工方式、各项性能、指标功能、产品的最大特征以及获奖、鉴定与荣誉等方面信息的用语一定要简洁、明了、通俗、朴实。例如：

西铁城表广告

标题：西铁城凯旋系列，独有“HVI”超薄防水系统，发挥卓越防水功能，准确耐用，乃成功人士必定拥有的手表，表身设计纤巧流利，华贵气派，表露无遗！

口号：西铁城，精美耐用，全球推崇！

这是将标题、正文与口号集于一身的广告。

4. 通俗易懂　正文的篇幅也应尽量短小精炼，用词准确、新颖，不落俗套，不求华丽，但求能使诉求对象能听懂、看懂、读懂。因此广告创作者在撰写广告正文之前必须做好一件事，就是认真调查分析与研究广告影响地区的消费群体的消费心理，力求做到急消费者之所急，写消费者之所需，用最通俗易懂的语言，简明扼要地介绍商品或服务。避免使用过于严肃的书面语。少用专业术语、新产生的词语、含义深奥的词语、含义和读音生僻的词语或使用范围不广泛的外来词语、不规范的缩略语。同时还要注意语言的艺术性，可采用多种体裁，如小品、戏剧、快板、对话、幽默等，使广告正文富有趣味性，增强对消费者的吸引力。

1961 年，乔治·路易斯为小儿感冒药“咳定”（Coldene）所做的广告中，既没有产品、包装、商标，也没有成分和用来惊醒人的“铁锤”，黑漆漆的画面上只有黑底白字两句简单的对话：

“约翰，是比利在咳嗽吗?”

“起来喂他吃咳定”

就是这简短的对白，既表达了父母对儿童成长的关切，又表达了父母为儿童消除病痛时的胸有成竹的心态。这远比直接歌颂药品疗效、列举药品成分等方式来得朴实而又显生动。

5. 多提供有关咨询和服务等信息　经验表明，提供这种信息的广告正文比单纯讲产品本身的广告正文多吸引75%的读者。

### 3.4.4　广告正文类型

写作广告正文的方法，可以是叙事体，也可以说明、论理，可以是诗歌、抒情散文等各种文学载体和艺术表现手法，多种多样的表现手法会使广告正文生动别致、新颖活泼、富有艺术感染力。

1. 说明式　即以说明为主要表达方式而撰写的广告正文。这种文体的广告以人们对事物的理性认识规律为基础。或平铺直叙地介绍产品的特点和功能，或用逻辑推理的方式阐明事理，来说服人们购买。这种方式重事实、重证据、重论证，不加任何修饰。这种表达方式广告不是以技巧和独特性取胜，它的魅力在于其内容本身。这种文体的广告非常多。

创作说明型广告正文时，必须做到：①用准确简洁、通俗易懂的语言文字实事求是地介绍产品或某项活动；②把文字与照片、图样、表格等各种形式有机地结合起来，既可以增加直观效果，又可以缩短篇幅。

例如“英达利蒸馏水”的正文：

“英达利蒸馏水”采用名扬四海的台山石花山泉水为原料，用美国最先进的设备生产，从意大利引进设备进行全封闭、无菌、全自动罐装。

2. 证明式　由证人出面，以其亲身体验发出议论、感叹或评价。如“万家乐”牌热水器广告请香港影星汪明荃作证人：“告诉你吧，我用过很多热水器，万家乐是最好的”。

3. 公告式　这是一种应用文体形式，用简洁的语句将广告项目、条件、事由、注意事项等交待清楚。常用于企业招聘广告、学校招生广告、企业更改商号启事、道歉声明、开业典礼、业务活动海报等。这种文体的广告，要求以事实为依据，文字简明，具有新闻性。例如九江中视广告有限公司在《现代广告》杂志 2003 年第十期上刊登了这样一则广告：

标题：意料之外　情理之中

正文：九江中视广告公司是一家专业的整合营销传播机构，主要代理中央电视台、国内各省市电视台、电台、报纸、杂志的广告发布，企业形象（CI 体系）设计咨询，产品营销策划，工业造型及商品包装设计。先后代理了昌河、解放等十余个汽车品牌的广告业务。2000 年，在五粮液集团公司产品广告代理招标中中标，成为五粮液集团公司的广告代理公司之一，是天地春、好酒、火爆、友酒、逍遥醉酒的广告总代理。

4. 描写式　通过对商品或劳务的特征进行具体而形象的描绘与摹写，使商品或劳务显得有声有色，有形有情，给消费者留下生动而深刻的印象。

如新时代生活丛书《自然文库》的广告正文：

很久以前，在我们生活环境里，已不容易看到大片绿油油的草地以及飞舞的蝴蝶、点水的蜻蜓，连鸟语花香都成了生活里一种稀奇的经历，美丽的夕阳也总滑落在无数栋大厦之后那遥远的视野之外。

孩子渐渐长大，现在正是他的重要启蒙时期，大自然能引发他无穷的好奇与喜悦，时代生活丛书的“自然文库”把大自然的灵魂再现于一页美丽的图书和吸引人的叙述之中……

5. 曲艺式　曲艺是文学、音乐、表演相结合，而以文学为主的生动活泼的说唱艺术。许多广告方案的写作采用曲艺形式，借演员之口，将商品或劳务的特征生动形象地表现出来，曲艺广告文案包括故事型广告、相声型广告、快板书型广告等形式。例如在第五届全国广告作品展广播广告银奖作品“黑颈风牌吹风机”就是采用了相声型广告的这种曲艺形式来撰写的正文：

甲：问您一个问题，您喜欢“吹”吗？

乙：你才喜欢吹呢！

甲：您算说对了，我的名气就是“吹”出来的，我能横着吹，竖着吹，飞着吹，反着吹，能把直的吹成弯的，能把丑的吹成美的，能把老头吹成小伙儿，能把老太太吹成大姑娘。

乙：噢，都吹玄了。

甲：我从广东开吹，吹过了大江南北，吹遍了长城内外。我不但在国内吹，我还要吹出亚洲，吹向世界！

乙：啊！你这么吹，人们烦不烦哪？

甲：不但不烦，还特别的喜欢哦。尤其是大姑娘、小媳妇抓住我就不撒手。

乙：好嘛，还是大众情人儿，请问您尊姓大名。

甲：我呀，黑颈风牌电吹风。

乙：嘿，绝了。

这则相声型广告与一般的精彩相声没有什么大的区别，只是它多了传递产品信息，为产品推广服务这样一个功能。

6. 诗歌散文式　以诗歌、散文的形式来宣传广告产品的广告正文形式，即称作诗歌散文式广告正文。这类文体的广告往往想像丰富，感情浓重，富有意境，语言优美，宣传效果亲切感人，因而是高品味的广告常用的形式。

例如：东莞市华美食品有限公司生产的华美牌牛奶搭档（粗纤维蔬菜饼）的包装广告正文就是采用的此类正文的形式：

喝牛奶时不要忘记牛奶搭档哦
像我这种搭档很少见
喜欢与牛奶结伴是我的天性
有时也忍不住其他饮料的诱惑

无法停止爱的幻想
粗麦纤维和纯牛奶的缠绵
矿物质与纤维素的拥抱
绿叶与蛋白的亲吻
健康的搭档，野菜清香
在唇齿间弥漫！

我，就是喜欢健康

我，就是牛奶搭档

这则牛奶搭档的广告正文在采用诗歌的形式的同时，全文都采用了拟人化的手法来写，把牛奶搭档饼干的特点，营养的组成等特点都巧妙地表达出来了。

广告正文的形式，除以上几种外，还有其他类型，如幽默型、对联型、证书型、布告型、通信型等。

7. 例证式　举出实际生活中的例子来说明产品的功效，推销广告产品。

例：标题：借充气袋而得以活下来的人们

内文：奇科门德斯，加利弗尼亚

……（略）

这里的每个人都借充气袋而得以活下来，像这样的人有许多。从1969年起，Allstate公司就一直主张司机及汽车制造厂在车中安装充气袋。我们很高兴这一主张得到了认可。我们还将继续努力，直到每个人都愿使用这种充气袋（记住：安全带加充气袋是保障安全的最佳办法）。

请访问或写信给你的Allstate代理，索要一份带有司机与乘客充气袋的汽车的免费目录。

从生命中得到更多。

8. 故事式　通过构筑与产品相关的情节性内容来介绍产品的广告正文形式。

例：美国保德信人寿保险公司广告内文

标题：智子，请好好照顾我们的孩子

内文：日航123航次波音747班机，在东京羽田机场跑道升空，飞往大阪。时间是1985年8月18日下午6点15分。机上载有524位机员、乘客以及他们家人的未来。

45分钟后，这班飞机在群马县的偏远山区坠毁，仅有4人生还，其余520人，成为空难记录里的统计数字。

这次空难，有个发人深省的地方，那就是飞机先发生爆炸，在空中盘旋5分钟后才坠毁。任何人都可以想见当时机上的混乱情形：500多位活生生的人在这最后的5分钟里面，除了自己的安危还会想到什么？谷口先生给了我们答案。

在空难现场的一个沾有血迹的袋子里，智子女士发现了一张令人心酸的纸条。在别人惊惶失措，呼天抢地的机舱里，为人父、为人夫的谷口先生，写下给妻子的最后叮咛："智子，请好好照顾我们的孩子！"就像他去远行一样。

你为谷口先生难过吗？还是你为人生的无常而感叹？免除后顾之忧，坦然地面对人生，享受人生。这就是保德信117年前成立的原因。走在人生的道路上，没有恐惧，永远安心，如果你有保德信与你同行。

### 3.4.5 广告正文的结构

广告正文一般由“起、承、合”三个部分构成。

起，就是正文的开头部分，它有如人的颈脖。在标题和正文之间起承上启下以及继续引起诉求对象的兴趣的作用，广告标题提出的诉求与问题要在正文的开头部分衔接性地说明和解释，紧接引出后文的具体诉求说明内容，创作时要注意“上能归一，下能展开”，即既能够衔接标题，又要有利于下文的展开，结构上要紧凑，文字上要概括，手法上要灵活多变。

如美国的一则猪排广告。

广告标题：“肉使得你所需要的蛋白质成为一种乐趣。”

正文：“你能不能听到它们在锅里丝丝的响？……是那么好吃……”

这段开头衔接性强，形象生动地回答了标题上中心段对肉的说明“……是那么的好吃。那丰富的 $B_1$，那么合适的蛋白质。这类蛋白质对正在长大的孩子会帮助发育，对成年人能再造你的健康。像一切肉的蛋白质一样，它们都合乎每一种蛋白质所需要的标准。

承，是广告的中心段，是阐述广告主题或提供产品的论据的主要部分，要求内容充实，重点突出，要根据广告的意图，准确地阐述商品及劳务的品质、特色及优点等。

如上文所提到的猪排广告用的连续三个“那么好……，那么丰富……，那么合适……”将产品特点表达出来，是重点的层层推进，阐明商品的与众不同，揭示其功能作用，指明消费导向。“……对正在成长的孩子会帮助发育，对成年人能再造你的健康。”最后推出一个符合逻辑的结论：“它们都合乎每一种蛋白质所需的标准”。条理清晰，目标明确，阐述逻辑性强，结论肯定。最后，通过美国医学协会食品委员会，对广告的宣传内容确认的图章来说明广告的承诺，打出鼓动性的广告口号：“美国最高级猪排”。这是20世纪30年代的美国广告。这则广告的陈述文字几乎没有用形容词，仅仅是“丝丝的响声”、以及“那么……”，已经生动、形象地说明清楚，文字似乎简单，但蕴意深刻，说明有力，鼓动性强。

合，是广告正文的结尾，是对上文的小结，要求开门见山突出主题思想，同时还要加以情绪上和情感上的升华，提出倡议、发出号召，从而促使消费者购买。结尾部分要保持或继续激发消费者的兴趣，使之有意犹未尽的感觉，在广告中心段的基础上，形式上再提示，文字上加强感染，经常伴随广告语对消费者再次鼓动，促使消费者下决心，从而形成购买。

如：美国的奥尔巴克百货公司的广告。

标题：慷慨的以旧换新

副标题：带来你的太太

只要几块钱

……我们将给你一位新的女人

正文：为什么你硬是欺骗自己，认为你买不起最新的最好的东西？在奥尔巴克百货公司，你不必为买美丽的东西而付高价。有无数种衣服供你选择——一切全新，一切使你兴奋。现在就把你的太太带给我们，我们会把她换成可爱的新女人——仅仅只花几块钱而已。这将是你有生以来最轻松愉快的付款。

奥尔巴克

纽约·渥太华·洛杉矶

广告语：做千百万的生意，赚几分钱的利润

正文处处都是敦促消费者的语言，广告充分利用消费者求廉求实惠的心理，让消费者感到优惠多多，机会多多，错过时机，后悔多多。最后的口号让人感到很实在，有诚意。整个结尾鼓动性的语言将广告推向高潮，起到了有效的促销作用。

总之，广告正文从总体上来说，要做到“风头、猪肚、豹尾”，即：开篇引人入胜，中篇内涵充实，尾篇惜字如金，毫不拖泥带水。

一般来说，广告正文篇幅不宜太长。但过于精简的文案势必要过滤掉商品传达的信息量，所以广告正文的长短由具体的广告来决定，比如家用电器等耐用消费品通常使用较多的文字来详细介绍产品的性能特征，而口香糖等小食品的广告文字就十分简单。一般认为，理智型消费的商品广告，正文文字较多，需详细介绍商品性能；而感情型、冲动型消费商品的广告，正文应该简短，叙述恰如其分。

当然，无论正文长短，它都应该是一幅完整的作品，即全面地传达广告所要表达的商品信息，不能为省略文字而有损信息的清晰、完整。有人认为正文文字越少越好，太多会令人生厌，以至不能读完全文，其实不然，美国纽约大学的查尔斯·爱德华博士曾通过研究得出：广告讲的事实越多，销售的商品也就越多；大卫·奥格威经过广泛调查和研究表明：广告正文增加到50个字之前，读者会随着文字的增加而减少，但是，从50个字增加到500个字之前，读者会随着文字的增加而减少的幅度却很少，也就是说，能够读到第50个字的人，就多数会把广告继续读下去，以至读完全部广告。他指出，长文案广告总比短文案广告更具有推销力。这种说法用于所有广告，未免过于偏激，但对于以理智型购买居多的产品，如耐用消费品、大型机器设备等，由于它们使用周期长，费用较高，消费者在购买时总是希望更多地了解商品的功能、效用、质量等有关信息，因此广告介绍越详细，对目标消费者越有吸引力。

## 3.5 广告随文的写作

### 3.5.1 广告随文的特征及构成

1. 随文定义及作用 随文又称附文，指广告中传达购买或接受服务的方法等基本信息，促进或者方便诉求对象采取行动的语言文字。

广告随文一般出现在广告的结尾。往往标明广告主的具体情况，如厂牌、厂址、经销单位、联系人、通信方式（电报、电话、邮编、传真、通信地址、网址、银行账号……）等，并对广告信息作必要的补充。广告随文的作用：首先，说明广告主的身份或提供一些附加信息；其次，起到对正文的附加说明作用。

广告随文文字篇幅不大，但十分重要，是广告文案中的一个有机组成部分。标题、正文、广告语虽然包括了一则广告所要传达的最主要的信息，但是它们很难把一则广告所要传达的所有信息，尤其是企业名称、标志、联系方式等固定形式的信息融进去，起补充说明作用的随文就担负起这一任务。另外，如果取消一则广告文案的随文部分，把它融入到标题、正文、广告语部分，那必然会使这几部分信息繁杂，缺乏重点，而且会淹没商品、企业或服务的基本信息，从而影响广告信息的传播效果，失去广告的意义，那么被广告激发出来的消费者的购买欲也将失去意义。

2. 广告随文的构成

(1) 商品情况：指广告宣传的产品或服务方面的有关信息，如广告文案内容中必须出现的产品的商标、品牌名称、产品特色名称等。

(2) 企业情况：指广告产品相关企业有关信息，包括企业名称、企业标志、企业专用字体等。广告产品相关企业的名称、尤其是著名企业的名称传播，有助于加强诉求对象对广告产品的可信度与信任感，增强广告的促销力。随文中的企业名称应是企业的全称或规范的简称。

(3) 联系方式：这是广告受众与广告主进行必要的通讯联络的有关内容，包括企业地址、电话、邮政编码、联系人和联系方式等，有助于在消费者实施购买行为时为他们提供帮助。

(4) 购买商品或获得服务的方法：随文中应明确说明通过何处购买商品（如指定的销售商、指定的商场）或获得服务，包括服务机构的名称、地址、联系办法、联系人等。如果有直销、邮购等特殊销售方式，也应该明确说明。

(5) 权威机构的证明标志或获奖情况：有些广告为了增加商品或服务的可信度，往往引用或列举权威机构的证明。广告随文中一定要把相关的证明列出来，如专利认可证、环保许可证、卫生许可证、国际 ISO 认证、大型活动赞助认可等。

(6) 网址：如果企业或产品申请有网站，在随文中标明，以方便、鼓励消费者访问网站获取更多的相关的信息。

(7) 热线电话：热线电话可以获得消费者对商品或服务的第一反应。随文中应醒目地标明“咨询热线”、“服务热线”、“销售热线”、“免费咨询电话”等。

(8) 特别说明：如果正文中有有奖活动、折价、优惠方式等信息，而又在正文中无法具体说明，应在随文中进行补充说明。另外，如果广告信息因消费者的理解差异可能引起消费者权益方面的法律问题，应做预防性的声明。可能出现的情况包括：①如果广告中提供的产品图形或颜色可能与实物不符，应注明“产品以实物为准，图形、颜色仅供参考”；②降价、赠品、抽奖等促销活动的广告最好注明广告主“保留活动解释权”；③如果广告中的演示或示范过程比实际需要的时间短，应注明“实际××分钟”。

广告随文内容的多少应视广告文案正文要表现的内容以及广告活动的具体目标、广告媒体的不同等实际情况来确定。因此一则随文中不一定包括上述的全部内容，而应根据广告运作的需要，以突出最需要传递的信息，应有所取舍。

### 3.5.2 广告随文的类型

根据广告随文的表现形式，可将广告随文分为以下几种形式。

1. 常规型　不加任何修饰，直接写出广告随文的各项内容。商品标志、企业名称及联系方式等一般都属于常规型广告随文。如“天津地区销售商：……”、“××、××、××商场有售”、“公司地址：北京××路××号；联系电话：……”。常规型随文优点是简洁、明了，缺点是生硬刻板。

2. 附言型　附言型随文一般是针对某种联系方式向诉求对象提出建议。例如，大卫·奥格威为“舒味思”奎宁柠檬水撰写的广告随文：

附言：如果你喜爱这篇文字而没有喝过“舒味思”，请以明信片通知，我们即作适当安排。函寄：纽约××街××号舒味思收。

又如：“如果您在××日以前购买××产品，我们将有特别的礼物送给您”。“如果您想了解有关××的详细情况，请按以下地址给我们写信，我们将××”。

这种类型的随文给人一种悬念，充满趣味，具有亲切感和人情味，丝毫不感生硬，鼓励消费者采取消费行动的目的也不言而喻。

3. 标签型　广告如果希望读者特别关注随文中的购买方法、咨询电话等信息，可以将随文制成一张简短、明确的标签，通过方格、虚线等形式标明，可以是一张回寄单，也可以是其他内容。这种方法可以提高随文的阅读率，常见于平面印刷广告。标签型随文鼓励诉求对象直接进行联系或做出信息反馈，鼓励的形式一般为免费赠送礼物或抽奖。

4. 表格型　如果一些信息不适合语言来表达或用语言表达不明确，可以通过表格来表达。比如“参加抽奖活动报名表”、“消费者意见表”等都属于这种情况。有时也可以是征求企业名、企业形象语之类的登记表。这种形式的随文一般比文字叙述的随文要醒目。

### 3.5.3 广告随文的写作要点

一般广告的撰写者对广告标题、广告语、广告正文的写作颇费心思，而对广告随文的写作不大在意。事实上，广告随文的写作十分重要，也是一个艰巨的工作。这个重要性和艰巨性是由它所具有的广告文案其他部分不可替代的作用所决定的。如果随文内容有误或撰写得不够周全、具体，会对广告产品的销售产生不利的影响。因此，对广告随文，要保持与广告标题、广告语、广告正文一样的态度，切不可厚彼薄此。

广告随文的写作应注意以下几点：

1. 突出关键条文，防止遗漏重要内容　广告随文最忌讳的是信息内容罗列过多，出现许多不必要的条文，使得信息繁杂凌乱，使得读者无法从中获得有价值的东西。要想使广告随文有效，必须抓住重点，突出关键性的内容，可说可不说的话坚决删去。另外，随文也要防止遗漏一些项目，如权威机构的认证等，这些信息有较强的说服力，要以醒目的字体告诉读者。有时一则广告中真正能说服消费者的，很可能是随文中的一些内容，因此，在写广告随文时，要抓住、突出真正具有促销作用的项目内容。

2. 鼓励消费者对广告作出反应　必须注意的是，有时真正促使消费者采取行动的很可能是随文中有实际效应的具体内容。因此随文在撰写时，要设法通过策略来鼓动消费者采取有关的信息沟通行为，如索取免费资料、邮寄回邮单参加抽奖、信息反馈、凭广告购买商品折扣、凭广告随文获取赠券等等。要知道消费者对这些实利性信息，远比对广告本身的兴趣大得多。广告随文这种鼓动性的活动，常常诱使消费者进一步采取行动，表明随文本身所具有的不可忽视的促销作用。

3. 保持与正文一致的风格　有些广告随文与广告标题、广告语、广告正文风格脱节。随文写作的风格应与广告标题、广告语、正文的风格保持一致，在写作时应根据文案的整体风格来写作随文，使广告文案呈现出前后一致的整体风貌。

4. 尽量简短，以免喧宾夺主　随文在整个广告文案中并不居主体地位，因此随文一般比较简短，这就要求随文要使用精炼的语言，简洁的表述，不占过多的篇幅，以免喧宾夺主。

5. 地址、电话、网址等信息准确无误　随文中常常要列出企业名称、企业地址、电话等具体信息，在写作随文时要认真核对，千万不要在有关全称与简称、地址、电话等具体的信息上出现错误。

6. 加入直观易记的辅助说明　随文的撰写要尽可能具体直观，便于识别记忆。在写作过程中，文案人员常常不够细心，有些随文的条目写得不够具体直观，缺乏明显的识别特征，如一些服务性广告，公司地址、维修地址虽有某街某号，却没有必要的辅助说明，缺乏明显的识别特征，使顾客不便寻找。因此，随文应加入一些直观易记的辅助说明，帮助消费者对广告信息有一个具体完整的了解。比如，写地址时，可加入大家熟知的地点作参照物，比如环球大厦斜对面 100m 处等。有的广告文案作者干脆画下简单易识别的地图，并在地图上的十字路口的空白处写上手机号永不变 139××××××××的字样。像这样的随文都是很有特色、直观易记的随文形式。因而撰写广告随文应根据实际情况和广告的需要来灵活运用。

**附录：**

## 大卫·奥格威的创作经验

在《一个广告人的自由》中，大卫·奥格威给我们很多忠告，列举出来以供参考。

**1.1　关于广告标题**

1.1.1　每个标题都应有给潜在买主自身利益的承诺。

1.1.2　在标题里加进一些充满感情的词汇，就可以起到加强的作用。比如亲爱的、爱、怕、引以为傲、朋友、宝贝等等。

1.1.3　标题好比商品价码标签，用它来向你的潜在买主打招呼。

1.1.4　始终注意在标题中加进新的信息，因为消费者总是在寻找新的产品或者老产品的新用法，或者老产品的新改进。

1.1.5　有些撰稿人常写一些故意卖弄的标题：双关语、引经据典或者别的晦涩的词句，这是罪过。

1.1.6　调查表明在标题中写否定词是很危险的。

1.1.7　读广告标题的人是读广告正文的人的 5 倍。因此至少应该告诉这些浏览者，广告宣传的是什么品牌。标题中总是应该写进品牌名称的原因就在这里。

**1.2　关于广告正文**

1.2.1　避免唱高调。

1.2.2　不要贪图那种获奖文案。

1.2.3　不要用高级形容词、一般化字眼和陈词滥调。要有所指，而且实事求是。要热忱友善并且使人难以忘怀。别让人厌烦。讲事实，但是要把事实讲得引人入胜。

1.2.4　不要旁敲侧击，要直截了当。避免那些“差不多，也可以”等含糊其词的语言。

1.2.5　除非有特别的原因要在广告里使用严肃、庄严的词，通常应该使用顾客在交谈中用的通俗语言写文案。

## 复习思考题

1. 广告文案各要素之间的关系是怎样的？

2. 简述广告语与广告标题的联系和区别。

3. 广告随文在写作中应注意哪几个问题？

4. 为你所在的城市构思一则公益广告，采用你认为最佳的形式写出它的广告文案。

5. 请你向大家推荐几则你认为最优秀的广告语，并说明推荐的理由。

6. 广告标题的写作非常重要。试比较下面两组减肥广告标题用词的特点，从而分析优秀广告标题的特点。

①普通用词：恢复苗条身材，还我自信，创造魅力。

②较优用词：最佳女主角，清秀佳人。

7. 根据所提供的材料，写一则报纸广告文案。要求广告标题，广告语，正文，随文格式完整，正文字数不少于200字。

复方银黄口服液说明书：复方银黄口服液为清热解毒之传统剂型，经现代科技手段精制而成。方中以连翘、金银花为主药，清热解毒。辅以栀子、牛黄、玄参解毒、泻烦、润燥。知母、生石膏、龙胆清热泻火。地丁则清热利温，解毒消肿，配以麦冬、生地黄养阴生津，清热凉血。诸药合用，清热解毒，泻烦祛燥，养阴凉血。

[主要成分] 连翘，板兰根，金银花，牛黄，生石膏等。

[功能与主治] 清热解毒，用于治疗流感，上呼吸道感染及各种发热疾病。

[用法与用量] 口服，一日3次，一次10～20mL（或遵医嘱）。

[规格] 每只10mL。

[贮藏] 密封，置阴凉处。

中外合资东海百灵制药有限公司

厂址：东海市黄石沈下路50号。

电话：1234 22222

# 第 4 章　印刷类广告文案的写作

不同的媒体载体形式，由于具有不同的特征，促使广告在策略与制作以及披露方式上，应采取具有针对性的、差异的表现方法。广告文案要针对不同的媒体，要适用于不同的媒体特征和优势条件。虽然从承载形式上来讲，可以披露广告的媒体形式很多，但报刊、广播、电视和网络却是负载广告的主要媒体，也是消费者获取广告信息最多的媒介形式。在本章节，我们在对印刷类媒体广告文案的特点、类型，印刷类广告文案的构成要素和组合形式以及其写作要求等进行讲解之后，还重点讲解了报纸广告和杂志广告这两种主要的印刷类广告的特点及写作要求等。通过本章学习，要求同学们主要掌握报纸及杂志这两种最主要的印刷类广告的写法，同时，对其他种印刷类广告的特点及写法也能有一初步的了解。

## 4.1　印刷类广告文案概述

### 4.1.1　印刷类广告文案概述

广告文案具有不同的划分标准。往往因承载媒体的不同而不同。传统上主要有两种分法：

一种是按其表现形式进行分类，传统的广告表现形式可以分为印刷媒体与电波媒体。所谓印刷媒体，指的是运用印刷手段来作为传播广告信息的工具。在印刷媒体中，又可以分为大众印刷媒体和一般印刷媒体。大众印刷媒体主要包括报纸、杂志，这是最主要的两种印刷媒体。一般印刷媒体主要包括：招贴、产品说明书、邮件、海报、传单、月历、黄页等等。

报纸和杂志合称报刊，是媒体形式中人们最为喜爱的广告文案载体和传播途径，因为报刊以语言披露信息为主要媒体手段，能使广告文案人员最大限度地发挥其创意和体现其广告才华，同时，也是广告完全依赖广告语言的媒体形式。虽然现在报刊广告也强调视觉的意义和作用，并在报刊设计中显示图案和色彩的作用，但在广告信息的披露上和广告效果的实现上，广告文案还是起了决定性的作用。

报纸的普及率这几年越来越高，显示出对阅读者具有的高度的渗透度，成为对一般大众的商品诉求不可缺的媒体。不论地域、阶层，报纸的浩瀚种类及其广大的读者，为其他媒体所不及。尤其对唤起潜在消费者的购买动机，及对公共关系的发挥，是最适当的媒体。报纸的更新快，大多数报纸是日报，这要求报纸广告的设计具备高效率，电脑辅助也为报纸广告设计提供了最好的解决方法。值得注意的是，目前各个报纸都向彩版发展，且纸张和印刷质量都不断提高。DTP 技术（Desk Top Publishing，即彩色桌面出版系统）已广泛应用于报纸的编辑和出版。这更要求报纸广告的设计制作人员，必须熟练掌握 DTP 电脑图文制作技术。

杂志也称期刊，其种类繁多，从内容上分，有文学、艺术、教育、政治、经济、科技、青年、儿童、妇女等类别。这其中有高层次学术刊物与普及刊物之分。从形式上分，有画册型、文学型、综合型等。从发行时间上分，可分为月刊、半月刊、双月刊、季刊、年鉴等。从作为广告媒体的属性上看，杂志具备较高的文化性，对于读者的传阅和保存期较长，因此杂志广告的内涵更为丰富，效果更为持久。与报纸广告相比，杂志广告的设计要求更精美，制作更优良。杂志广告通常都是彩色印刷的。杂志广告设计更需要高超的 DTP 电脑图文制作技术。

在这两者之中，报纸比杂志影响更大。其他形式的一般类印刷类广告，诸如电话簿、画册、样本、火车时刻表、票证、标签广告、商品目录、商品说明书、宣传小册子、明信片、挂历、海报、传单、招贴等，也随着我国广告业的不断发展，以其各自不同的特点逐渐深入到社会生活的各个领域，成为印刷类广告不可缺少的组成部分。

这一切形式的印刷类广告要想达到预期的广告目的，就必须通过与其形式特点相适应的广告文案来实现。

运用印刷媒体来传播有关商品信息的广告，就叫印刷广告。印刷广告是世界上出现得最早、也是当今世界上使用最广泛的广告形式。由于是采用印刷手段来传播广告信息，决定了印刷广告具有一系列独特的特点。

另一种是按其功能分类，可分为三类：视觉媒体、听觉媒体和视听两用媒体。

1. 视觉媒体（印刷类）包括报纸、杂志、电话簿、画册、样本、火车时刻表、票证、标签广告、商品目录、商品说明书、宣传小册子、明信片、挂历、海报、传单、招贴、售点广告以及户外广告、橱窗布置、实物和交通广告等媒体形式。其主要特点是通过对人的视觉器官的信息刺激，影响人的心理活动中的感觉过程，从而使人留下对所感知的事物的印象。

2. 听觉媒体包括无线电广播、有线广播、宣传车、录音和电话等。其主要特点是通过对人的听觉器官的信息刺激，激发人的心理感知过程，使人留下对所感知的事物的印象。

3. 视听两用媒体主要包括电视、电影及其他表演形式等。其主要特点是通过对人的听觉和视觉器官的双重信息刺激，激发人们的心理感知过程，从而使广告宣传在观众中留下深刻的印象。

从目前广告费和效果来说，电视、广播、报纸、杂志被誉为四大媒体。

不同媒体在广告活动中所发挥的作用是不同的，原因是多方面的。①是媒体的传播范围和传播对象的差别。不同媒体在传播范围和传播对象方面是有差异的，如报纸、电视和广播就有全国性媒体和地方性媒体之分。此外，如杂志等还有不同阅读对象的分别。②是媒体的传播效率也有相当大的差异。电视、广播的传播速度比其他印刷媒体要快捷得多，而在印刷媒体中又以报纸的传播速度最快，效率最高。这种媒体传播效率的不同，也是广告活动中影响媒体选择的一个要素。③针对不同的消费市场和不同层次的消费者的需要，广告活动对传播媒体的选择性也具有不同的要求。针对大众化的生活用品的广告活动，必须选择传播面宽、传播效率高的大众化媒体，而针对一些具有特定的消费阶层的商品的广告宣传，则需要选择专业性的、趣味性的、商业性的或地方性媒体。④媒体的费用也会影响广告主的媒体选择。

**4.1.2 印刷类广告的特点**

1. 形式灵活

（1）编排灵活：印刷广告可以横排，也可以竖排，字号可大可小，字体可方可圆。灵活的编排能够增加版面的美感，吸引目标受众阅读。

（2）接收灵活：电波媒体广告必须具有一定的设备才能接收，而印刷媒体广告不受此限制，它可以通过邮寄、订阅、专送等方式到达受众手中，对受众来说，无需花费太多的经费（有时甚至不用花费）就可以阅读。

2. 阅读方便　印刷广告在接受方面非常便利，受众可以当时就看，也可以放在口袋里待会儿再看；可以在候车室看，也可以带回家看；可以一口气看完，也可以分几次看完。接受的主动权在广告受众方面，而不像电波媒体广告那样，受众在接受方面毫无主动权。

3. 便于存放　电波媒体广告所传送的信息都是转瞬即逝的，没有特殊的设备难以保存，而印刷媒体广告却很方便存放。便于存放也就意味着广告有可能再次进入受众的视线，充分发挥广告的效益。

4. 价格低廉　绝大多数印刷媒体广告的费用都比电波媒体广告的费用低廉，这为中小企业提供了一个很好的传播产品信息的场所，也是印刷媒体广告与电波媒体广告竞争的有力条件。

5. 内容丰富　印刷媒体广告的容量很大，由于不受阅读时间的影响，印刷广告可以安排丰富的内容，具有很大的容量。比如一张报纸，可以拿出一整版来刊登一则广告，在这一整版中容纳的信息量，是广播电视媒体难以比拟的。

印刷类广告也具有以下的局限性：

（1）它只能诉诸受众的视觉：电波媒体广告有的可以诉诸受众的听觉（如

广播)，有的可以同时诉诸听觉与视觉（如电视)，而印刷类广告则只能诉诸受众的视觉。如果受众看不到这则广告，也就无法受到这则广告的影响。

(2) 它只能对具有一定文化水平的人才能发挥作用：印刷类广告一般都少不了文字，即使是一些以画面为主的广告，也必然要辅以文字，否则无法表达完整的商品信息，因此，对不识字的人来说，印刷类广告的作用极其微弱。

(3) 到目前为止，印刷类广告都还只是静止的：虽然印刷类广告中可以有连环画，但是它毕竟不能使人感觉到物体的运动。

### 4.1.3 印刷类广告文案的特点

1. 文本极为简短　因为受众在通常情况下只是以很短的时间接触广告，而且广告媒体租用费也是比较贵的，所以印刷类广告文案要尽可能简短，这样既节省经费，受众接触广告的可能性也会增大，有时大篇幅的广告文案，受众可能不想看或没有时间去看。

2. 文本内容精彩　文案的内容是由语言文字组成的，必须增加其趣味性，或妙语连珠，或藏巧于拙，或投机取巧，总之，应该是字字珠玑，包含智慧。只有内容精彩才能更好地吸引受众去阅读广告文案。

3. 文本图案相一致　配以图案的广告其文案制作必须与所搭配的图案相一致，做到图精文美，图文并茂。

### 4.1.4 印刷类广告文案的构成要素及组合形式

1. 印刷类广告文案的构成要素

(1) 文案：主要是以文字形式出现。

(2) 画面：包括图片、照片、标示等。

2. 广告文案的组合形式

(1) 单纯的文字形式：这种形式的广告常见于产品说明书、宣传单，在报纸、杂志中也时有所见。像招生、招聘、招租之类，不少都采用这种纯文字的广告形式。这种广告的最大优点是制作方便，缺点是缺少形象性，不够直观。因此，应该利用文字的特点来进行创意，并尽量利用文字的字体、字号及其组合来使广告的视觉形象多样化、艺术化。如获第六届全国优秀广告作品展公益广告类铜奖的《请您现在就戒烟，为了明天》，就是纯文字形式，广告左边为黑底，上写“5月30日世界无烟日，请您现在就戒烟，为了明天……”，右边为白底，上写“6月1日，国际儿童节”，由于构思巧妙，布局精到，取得了很好的效果。

(2) 单纯的画面形式：这种形式的广告很少见。由于广告画面并不是纯粹的艺术创作，而是要传递一定的商品信息，故而单纯画面形式的广告很难完成这一任务。即使是电影招贴这类以画面为主的广告，也还是少不了文字，最少也得把片名点出。不过，在一些产品广告或商场广告中，由于有特定的场景，有些广告可以省掉文字。如服装店门前面一幅服装的广告画，不用文字也能起到广告宣传的作用。但是这种广告是不完整的，因为它没有品牌名称和企业名称。

(3) 图文结合的形式：这种形式的广告最常见。依照图、文所占篇幅的大小以及对受众的吸引作用，又可以分为以下几种：

1) 文字引导受众注意画面。在这类广告中，文字的字体都比较大，比较容易吸引人们的目光，并引导人们去注意画面。如获得大家好评的鱼牌挂锁的广告《一夫当关》，广告正中是几个大字“一夫当关”，引得大家注目，再仔细看画面，原来是锁，恍然之下才觉得“一夫当关”确实是所言不虚。再如获第六届全国优秀广告作品展药品类铜奖的《请你大声念，止痛三字经》，广告最上方是“请你大声念，止痛三字经”几个大字，画面中部是三幅照片，虽然照片的面积比字大，但由于是三幅，骤看之下难以凝聚读者的目光，读者很自然会去注意上面的字，并产生疑问：哪三个字能止痛呢？细看画面才知道：原来是ji、duo、tuo三个字，三幅照片是念这三个字音的人的表情，而ji、duo、tuo正好是品牌“基多托”的读音。

2) 画面引导受众注意文字。在这类广告中，画面所占面积较大，读者受画面吸引，想了解一个究竟，于是进一步去阅读文字。如获得第六届全国优秀广告作品展家庭用品类银奖的《之前，之后》，广告分左右两部分，左边是一双灰暗的男式皮鞋，右边是一双铮亮的男式皮鞋，前面多了一双铮亮的女式皮鞋。也许你光看画面还不能理解广告的妙处，再看左边的文字“之前”、右边的文字“之后”，你就会恍然大悟，原来擦亮的皮鞋有如此神奇的作用。至此，广告所诉求的鞋油信息已经得到了充分的展示。再如，“心随我动，大阳摩托”是洛阳易初集团的摩托广告，本广告由上下两幅画面加中间的这句广告标语构成，也是字体较大，且处在醒目位置，人们首先注意到画面，并在画面的引导下进一步去注意文字。

3) 画面、文字同时引起受众注意。这类广告要求画面与文字都很简洁，都具有很大的冲击力，能同时进人读者的视野，在面积比例上要求画面与文字的面积大致相同。如获第六届全国优秀广告作品展办公类金奖的《网络蚊香》，左边是一盘中心为@形的蚊香，右边是“363在线杀毒”几个字，整则广告非常简明，没有多余的信息，图与文一起扑入受众的视野，给人以很深刻的印象。

### 4.1.5 印刷广告文案的写作要求

为了提高印刷广告文案的质量，其写作应该注意以下几个方面：

1) 在印刷媒体中，除了一些针对性非常强的印刷品（如专门针对计算机专业人员的计算机专业报纸）外，多数属于大众传媒，因此，印刷媒体的广告文案应该照顾普通受众的文化水平。一般的印刷广告文案应该以中等文化水平的受众在阅读时不会发生任何困难为准。

2）书面语言虽然可以使用比较复杂的语汇和句式，并且可以使用数据来使广告信息的传达更加准确，但是由于一般的受众不会主动地寻找广告来阅读，并且在阅读广告时遇到难懂之处常常是跳过去，所以在写作印刷广告文案时，对复杂的语句、数据的使用应该适度。

3）印刷广告虽然可以保留并且反复阅读，但是不能指望受众就会反复阅读你这则广告，因此广告文案的表达应该力求明确，要让受众一次读懂、并且会产生比较深刻的印象。

4）虽然印刷媒体是以阅读为主，在印刷广告中，文案居于比画面更加重要的地位，但是画面对广告传播的效果也有很重要的影响，有所谓“一图胜千言”的说法。因此，在写作印刷广告文案时，要考虑文案与画面的配合、文案与画面的比例。一些用画面表达比用文字表达更有效果的信息，应该让画面来传达，力避画面信息与文字信息之间的相互干扰。

### 4.1.6 印刷广告的图文配合要求

1. 避免画面冗余信息的干扰　在印刷广告中，画面是最直观、最形象的，所传递的信息也是最容易接受的。但是，画面信息应该简明，同时还应该与文字信息相配合，共同突出商品的主要功能特征，而不能过于繁杂，或是与文字信息相抵触。有些冰箱广告，又是保鲜，又是无氟，又是节能，又是数字化，把一个广告塞得满满的，真不知它想要受众在有限的画面中接受多少信息。相比之下，获第六届全国优秀广告作品展家电类金奖的《一鱼三吃》，其画面信息就很简明：在冰箱的三层轮廓中，一条鱼被分成冷冻、微冻、冷藏三种状态，突出地表明该冰箱的“冷冻、微冻、冷藏”三位一体的三制式多功能。整个画面的表述简洁明了，没有一点冗余信息。

2. 避免文字冗余信息的干扰　在印刷广告中，必要的文字说明能够起到画龙点睛的作用，但有时一些文字不但不能起到这一作用，相反地，还对主要的广告信息起到了干扰作用。这一缺点，即使在一些较为优秀的广告作品中也难以避免。例如，获第五届全国优秀广告作品展全场大奖的一则安眠药广告，画面上是两只枕头，一只皱巴巴的，一只平整如新。这两只对比鲜明、截然不同的枕头隐喻了两种睡眠状态，形象地传达了商品信息，诉求非常明确。但是，广告的主标题却是“不用吞服的安眠药”，强调的是使用时的方便，这与画面所传达的信息——药品的效果明显是不协调的。在这里，文字所传达的信息可以说是多余的。再如，获’99亚太广告节平面入围奖的一则戒烟广告，画面的中央是一只烟灰缸，形似卵子，这是从吸烟对影响下一代的健康这一点来做文章，构思非常新颖。但与画面所带来的视觉冲击力相比，文字则显得很弱。画面的表达既已鲜明，何必还要唠唠叨叨写那一片文字呢？这些文字不但无助于受众理解广告传递的信息，相反倒是一种干扰，还不如只写一句简短醒目、与画面信息相一致的广告语。

3. 画面与文字的有机配合　一则好的印刷广告作品，应该能够做到画面与文字的有机配合，画面难以表述的，文字给予说明，文字无法说清的，画面进行展示，两者互相补充、相得益彰。如获得第六届全国优秀广告作品展药品类金奖的《追求完美体态，何必苦苦节食》，画面上一双竖立的筷子被量身材用的软尺紧紧缠住，右边是一排横列的文字："追求完美体态，何必苦苦节食"。图与文巧妙配合，形象地表达了广告主题，突出了广告产品"毕芙力"减肥胶囊的功效。在构图上，这则广告也很有特色，左边的筷子是竖直立着的，右边的一排文字是横着排列的，被软尺缠住的筷子产生的女子的瘦削影子则是斜的，似乎对横排的文字产生某种支撑。整个广告可谓静中生动，摇曳生姿，图与文做到了高度融合。

## 4.2　报纸广告文案的写作

### 4.2.1　报纸广告概述

世界上最早的报纸是中国汉代的"邸报"。报纸是几十年、上百年以来始终高居所有广告媒体首位的广告媒体。报纸本身也有全国性、区域性和地方性之分。按其内容有综合性和专业性之分。按其出版周期，则可分为日报、晚报、周报和旬报等。

报纸广告顾名思义是指以报纸媒体为载体的广告。从内容来看，主要有招商广告、招聘广告、招生广告、开张广告、祝贺或答谢广告、分类广告等。从所占版面来看，主要有跨版广告、整版广告、半版广告、半通栏广告、报眼广告、中缝广告等。报纸广告文案是一种特殊的广告文案表现形式。属于软性广告。它以传播信息全面、费用低廉越来越受到众多企业的关注和喜爱，有许多企业通过科学的软文组合投放策略，以较低的投入，使产品的知名度迅速得以提高，从而为产品销售起到了很大的促进作用。较为经典的案例如脑白金切入市场时采用的科学性软文策略。通过系列可读性、故事性、科学性很强的小文章，在欲打开市场的区域高密度地投放，使消费者在阅读这些小故事的同时，自然地接受了产品的宣传，又不会产生反感，为产品在区域市场内的推广建立了不可磨灭的功勋。

软文作为广告文案的一种表现形式，它的发展有其特殊的市场背景。众所周知，广告在市场营销中对产品的促销及品牌形象的树立有着很重要的作用，但是由于广告的日益泛滥，使人们对其产生一种反感心理。特别是报纸类广告，人们很少去关注它。因此，现在的报纸类广告就着重于画面的表现，突出视觉冲击力，文案只占有很少的部分，更有广告人称报纸文案是广告的"灰色地带”。但是，其反作用是小篇幅的文案不能全面的传达企业或产品想要告诉给受众较为全面的信息。基于这样的市场基础，软文的作用在报纸类广告中突现出来。它可以有多种多样的表现形式，可以是新闻形式的、故事形式的、科学形式的等等，通过这种表现形式，把企业想要传达的信息巧妙地融合在内，让受众在潜移默化中接受这些信息，同时，还使企业的亲和力在受众心目中得以提升。因此，报纸广告文案的写作在报纸广告中起着举足轻重的作用。

### 4.2.2 报纸及报纸广告的特点

1. 报纸媒体与报纸广告的优势

（1）报纸在编辑方面的优势：

1）报纸的版面大，篇幅多，可供广告主充分地进行选择和利用。凡是要向消费者作详细介绍的广告，利用报纸作广告是极为有利的。因为报纸可提供大版面的广告刊位，可以详细地刊登广告内容，或作具有相当声势的广告宣传。由于报纸具有相当强的解释能力，因此，近年来在新产品上市或进行企业形象宣传时，使用全页整版广告的事例增多。

2）报纸的特殊新闻性，能够增加报纸广告的可信度。新闻与广告的混排可以增加广告的阅读率，对广告功效的发挥有直接的影响。

3）报纸的编排灵活，使得广告文稿改换都比较方便。一般在报社开机印报前或在制版前赶到报社，即可对发现有错的广告进行更改或撤换。而且，报纸截稿期较晚，一般广告稿在开印前几个小时送达，即可保证准时印出。报纸在编辑上的这些特点，给广告主和广告专业公司提供了极大的方便。

（2）报纸在内容上的优势：

1）报纸的新闻性强、可信度较高。报纸的新闻性和准确可信度，是其他媒体无法比拟的。由于读者对报纸的信任，无形中也使报纸广告显示出准确性和可信任程度，提高了读者的信心。报纸的信誉，对报纸广告来说是至关重要的。

2）报纸的权威性较高。报纸的权威性使读者产生信赖感。许多报纸都经常为政府或社会团体发布公告，这在无形之中提高了报纸的社会地位，使之更具权威性，从而对公众产生强大的影响力，增加了读者对报纸的信任情绪。

3）报纸具有保存价值。报纸具有保存价值，是因为其内容无阅读时间的限制。读者可以快速阅读，一翻而过，也可以细细品味，甚至加以剪存。

（3）报纸在印刷方面的优势：

1）报纸能够图文并茂。在印刷方面，印刷精细的广告可以把商品和服务的特点逼真地反映出来，尤其是彩印报纸，更能增强广告效果。清晰、整洁的印刷画面对读者具有情感上的影响力。同时，由于画面逼真，因而能对消费者产生强烈的劝诱力，刺激其购买欲望。

2）印刷成本较低。首先表现在纸张价格低廉。其次是报纸广告的制作比较简单、灵活，不需要特别复杂的工序，也不需要过多的人力和物力，只要排版适当，再配以相应的画面即可。再者，如有不当，也可以及时进行内容或图文搭配的更换，费用也不大。

(4) 报纸在发行方面的优势：

1）报纸的发行面广，覆盖面宽。在我国，报纸历来是主要的媒体形式。发行量大，传播面广，读者众多，遍及社会的各阶层。这是因为报纸价格十分低廉，一般家庭都可以承受。报纸又适合于为任何一种商品和服务做广告宣传活动。报纸的大众化特点适合于任何阶层的读者。

2）报纸的发行对象明确，选择性强。报纸的发行区域和接受对象明确，发行密度较大。

3）报纸的信息传播迅速、时效性强。在我国，报纸有旬报、周报、日报、晚报、晨报等形式。报纸的出版频率高和定时出版的特性，使得信息传递准确而及时。

2. 报纸媒体与报纸广告的不足

1）报纸在编辑方面内容繁多，易导致阅读者对于广告的注意力分散。加之由于版面限制，经常造成同一版面的广告拥挤不堪，也会影响读者的阅读。

2）报纸在内容上众口难调，报纸并不是根据人的职业和人的受教育程度来发行和销售的，因此，在不同年龄、性别、职业和文化程度的人那里，报纸的作用是不尽相同的。

3）报纸在印刷上比较粗糙，色彩感差，在我国，报纸多黑白印刷，彩色印刷尚未普及。受到印刷水平的限制，在文字和图片上质量较粗糙，在图片色彩上比较单调。

4）报纸影响时间短，阅读效率低。由于报纸出版频繁，且广告在报纸上所处的位置往往不很显眼，而读者又往往只注意自己感兴趣的事物或话题，这样使每张报纸发挥的时效都很短。一般情况下，许多读者在翻阅一遍之后即顺手弃置一边。

对这些缺点，有些可采取适当的办法进行补偿。如在编辑方面，采用梯形编排法、疏密编排法、同类商品归类编排法和分类广告编排法等，可以相应地提高读者对广告的阅读率。同时，在内容方面，可以通过简洁广告文字、增加广告画面面积、增强广告设计的吸引力来提高读者对广告的阅读率。此外，在印刷方面，可以采用套色印刷或彩色印刷工艺等等。

### 4.2.3 报纸广告文案的特点

报纸广告文案作为印刷类广告文案的一种重要类型，有其自身的显著特点。

1. 内容全面　报纸广告，一般都是由文案与画面组成，而在这两者中广告文案起着主导的作用，画面只是起着衬托作用，起着强化视觉效果、增强吸引力的作用，有关商品信息的传播还是要依靠广告文案。报纸广告文案在传递信息时，包容面非常广泛，它不像电视受时间的限制，也不像广播受听众有限的注意力的限制。它能够伸缩自如，短的可以几个字，长的可以千万言，只要能突出商品，便可在一定的范围内自由挥洒。这样，目标受众便能从文案中较全面地了解有关商品的情况。

大部分的报纸广告文案，都能在一定的篇幅内比较详细、全面地介绍商品特征，当然，这种全面是在突出重点的基础上的全面。

2. 结构完整　前面已经讲过，广告文案的内容结构一般可分为标题、正文、广告语、随文四大部分。而这种结构形式在报纸广告文案中表现得尤为突出，这就是说报纸广告文案基本上是四者俱全的文案结构形式，并且规范、严谨、完整。

3. 通俗易懂　由于报纸这一媒体发布面广，受众遍布各个阶层，各个文化层次的人都可能是报纸的读者，因此，在报纸上发布的广告，一般来说应该具有通俗易懂的特点，只有这样，才能充分利用报纸受众面广的这一优势。可以这么说，对于报纸广告来说，文案写成什么样并不重要，直白浅显还是文采飞扬，都是可以的，但必须是根据受众广泛这一特点来构想。

4. 地域亲情　报纸这一媒体由于具有较广的发行范围，因此在选定了发布该广告的报纸以后，撰写广告文案的时候可以适当地加入当地方言俗语，这样既使文案生动活泼，又拉近了与目标受众及目标市场的距离，带有一种亲和力，使广告效果事半功倍。这类广告主要集中在地方性报纸上，主要是食品、日用品等地方性较强的产品，如火锅店、酒店、饲料、农副产品等等。

5. 综合协调　报纸广告由于是一种视觉的艺术，占据的是人们的视觉空间，而且，在表达创意时，综合了文字、图片、色彩及其布局等多方面的因素，因此，文案撰写不能只考虑文字的因素，还要把这几方面综合协调考虑才能达到最好的广告效果。

6. 想像恣意　报纸广告文案具有广阔的想像空间，可以极尽创意想像之能事。能做到内容新、形式新，而且有百读不厌之感，宛如一首意境深远充满画意、蕴含哲理的诗歌。《羊城晚报》为 2001 年 8 月 1 日起改版而做的这个改版广告是一个整版，有图有文，其中特别显眼的是三句广告语，句句扣人心弦、回味无穷，编排也颇具创意、独具匠心。广告的主体是这三句话：

“今天的，才是新鲜的。”

今晚能看到的新闻，怎能等到明天！（一行小字）

“新鲜的，才是精彩的。”

今天的潮流时尚，怎能是昨天的模样！

“精彩的，才是有魅力的。”

昨天已知其然，今天怎能不知其所以然！

三句话都是用了大小不同富有立体感的字体组成的，下方还各有一句“注释”或曰“说明”，加之旁边三幅画面清晰的照片，产生了图文并茂、生动有趣的效果。

这三句广告语既有独立含意，又浑然一体，而且环环相扣、层层递进，以顶真的修辞手法，每句都把前句中最重要的一个词作为后一句开头，把“新鲜”“精彩”“魅力”三个词串联起来，顺口又顺理。

更为重要的是突出了办报理念。广告首先提出了“今天的，才是新鲜的”，肯定了新闻要“今天的”；“新鲜的，才是精彩的”，即提出精彩的新闻建立在“新鲜的”基础上；“精彩的，才是有魅力的”，道出了新闻要吸引人、有魅力，必须新鲜而精彩。从三句话的推理来看，“今天的”新闻最重要，是合乎逻辑的，有了今天的新闻，版面才有新鲜感，产生精彩的感受，新闻也才能有吸引读者的魅力。

综观这则广告语，其核心是在强调新闻的时效性。任何报纸的新闻都讲究时效性，而晚报的时效性在某种意义上讲显得尤为重要。长期以来，办得成功的许多晚报，都把“时间差”视为晚报的立身之本，即必须将晚上12点以后至上午10点前后这个时间段里的新闻抢到手，这是日报无法得到的新闻，是晚报的“时间差”优势所在，也是形成晚报特性的重要因素。看不到晚报这个重要优势，就很难办好晚报。

可见，一条新闻新鲜与否取决于时效，对晚报来说在“时间差”里抢得的今天的新闻是最新鲜的新闻。抓到了晚报改版的要害，遵循了晚报的办报规律，是改版的重中之重，实现了“全新改版，一切因你而改变”的诺言，让读者读报时有一种春风扑面的全新感觉。

短短的几句改版广告语，除了有很强的可读性外，还寓有办晚报的理念；不仅打破了新闻媒体自我宣传的陈旧模式，还凸显了晚报的基本特性，耐人咀嚼。

7. 手法多样　报纸广告虽然仅仅局限于一个固定的版面面积之间，但是只要运用好了多种表现手法，还是能于方寸间见精华，得到数倍于广告面积的效果。

8. 充满诗情画意　报纸广告文案的制作者为了使文案具有可读性、趣味性，往往采用理性诉求和感性诉求相结合的方法，多运用描写的表达方式，充分表现广告主题，再配之以画面，就能引起消费者情感上的共鸣，最终加深了对广告的印象。

9. 悬念跌宕　报纸广告文案的制作者为了使文案能够吸引受众，往往采用文学作品创作的表现手法，如倒叙、插叙。运用欲扬先抑的写作技巧，设问、反问的修辞手法，从而在有限的广告文案中制造多变的情节。

### 4.2.4 报纸广告文案的写作技巧

要学习和掌握报纸广告文案的写作技巧，必须熟悉报纸广告制作的要求和布局报纸广告画面时应遵循的原则。

(1) 连续刊登：报纸广告要取得更大效果，必须有计划地连续刊登，以适应报纸的时效性和新闻性的特点。连续刊登广告，对没有留意广告的读者增加接触广告的机会，对看了广告的人加深广告印象。连续刊登可灵活运用集中发布和均衡发布策略，广告内容有计划地变动，使读者对广告有新鲜感；也可运用标题系列、图形系列、形式系列、内容系列等设计策略，使静态广告具有动态的连续感。

(2) 版面大小：报纸广告有不同的版面，大致分为全版广告、半版广告、半版以内广告、小广告。小广告多是分类栏中的广告，有的只有两张普通邮票那么大。广告版面的大小，对广告效果有直接影响。一般情况下，版面越大，注意率也会增大，但不是一种等比例关系。广告版面越大，注意率越高，但广告费也按比例增大。因此，广告主或者广告策划者应依据自己的财力，选择广告版面。

广告版面如何运用，除考虑费用以外，还应考虑广告目标制定不同策略。产品作首次广告时，使用大面积版面会经济有效，而后续广告版面则可逐步缩小。也就是说，告知性广告，使用大版面；提醒性广告，使用小版面；节日性广告，使用大版面；日常性广告，使用小版面。

(3) 位置安排：报纸的广告位置，是指广告登在报纸哪一版上以及在一版内放在什么位置。报纸广告位置不同，有不同的广告效果和广告费。

报纸正版（第一版）广告，最引人注目，效果最佳，但收费也最高。

报纸的其他版面，因新闻内容都各有侧重，故同类型广告多登在同一版面上。专业广告版，即全页只登广告，不登其他新闻内容。其好处在于广告免受其他内容的干扰，有利于集中读者注意力，但也因为它没有新闻内容，读者往往忽视，甚至随手翻过，整版不看。

中缝广告，是在两版报纸之间的夹缝登广告。此项广告容易被人忽略，但广告费低廉。

同一报纸版面内有不同的位置，广告效果也不一样。版内位置越符合读者的目光落眼位置和视觉规律，其广告效果越好。

(4) 情境配合：报纸不同版面有不同的报道重点，广告内容要与该版内容协调。例如，报纸的妇女版登时装广告，文艺版登文娱广告、体育版登文体用品和各项运动服装广告。同类广告，最好安排在一起，如食品广告放在一起，方便主妇阅读选择。引起不好联想的内容，要避免与广告相邻，如刊有讣闻的版面，不要登烟酒广告，以免引起消费者联想“尼古宁”、“酒精”对健康的影响，刊有飞机失事的版面，不登航空广告。

**4.2.5 布局报纸广告画面时应遵循的原则**

1. 平衡对称原则 决定报纸广告画面布局平衡的参考点是视觉中心（optical center）。平衡对称就是将一定篇幅内的要素巧妙编排整理，使左边视觉中心对称右边视觉中心，视觉中心以上部分对称视觉中心以下部分。一般人的视觉中心大约在整体报纸版面中心上面的1/8处，或在底线上面的5/8部分。一般来讲，有两种平衡对称形式，即规则性对称与非规则性对称。

规则性对称。纯粹的左右对称是规则性对称的关键。成对的要素置于中央轴的两边，以感觉到广告有相等的视觉分量。这种形式会给受众留下威严的、稳固的以及保守的印象。

非规则性对称。它是指从视觉中心不等距离地放置不同尺寸、不同形状、不同颜色、不同明亮度的要素，但仍可呈现出视觉的平衡感。

大部分的报纸广告画面，偏爱非规则性对称，因为这样可使广告看起来生动而有趣，较富想像力，且更刺激。

2. 视觉移动原则 报纸广告的画面要使媒体受众随广告的内容，乐于阅读下去，这种原则称为视觉移动。在制作报纸广告时，常用的视觉移动方式主要有以下几种：

1）借助对广告人物或动物的视线，使媒体受众的视线移动到下一个重要的要素上。

2）利用机械的设计，例如，利用方向标、长方形、直线、箭头等，引导视线从一个要素到另一个要素。如果有暗示的方向，或者有指向其他广告的表现（如模特的姿态、眼睛的方向等），一定要慎重对待。否则，该则广告的力量会被其他广告侵夺。

3）利用连载漫画的故事情节或图片旁的简短说明，以迫使读者为了了解情节的发展，必须从头依次阅读下去。

4）利用留白及色彩效果来强调象征主题或插图。视觉由一个较暗的要素到明亮的要素，从有色到无色。

5）利用读者阅读时的自然趋向，由书页左上角，随着对角线“Z”而移动到右下角。

6）利用广告画面本身尺寸大小的变化来吸引媒体受众的注意力。因为，读者常被最醒目的要素引入，然后至较小的要素。

3. 空间比率原则 报纸广告的要素应基于其重要性，调和适当的空间，以形成完美的广告画面。最佳的表现方式，在各要素中运用各种比例的空间，以避免每个要素的等量空间，造成单调乏味。

4. 要素对比原则　使媒体受众对报纸广告画面的特殊要素产生兴趣的有效方法，就是利用颜色对比、尺寸对比或其他形式的对比。例如，颠倒方式（反白色），或者将黑色、白色广告镶红边，或者是一个异乎寻常风格形式的广告，这些都可用对比方式提高媒体受众对广告画面要素的注意力。

5. 连续性原则　报纸广告画面设计中的连续性原则是指将全部广告采用一系列的设计结构，相同的版式、相同的表现手法和风格，结合不同寻常的、独特的画面要素，或者经由其他技术调和运用。例如，标准字体、卡通人物或容易记忆的标语等，来宣传商品的特征。

6. 一致性原则　报纸广告是由许多不同部分（要素）组成，但这些要素彼此之间环环相扣，给人一个协调相称的整体印象，平衡、移动、比率、对比以及色彩皆有助于保持报纸广告画面整体的一致性。

7. 清晰简化原则　广告策划者在设计报纸广告画面时应注意，任何与广告内容无关的部分都应该省略或排除。过多不同风格的形式，表现方式太琐碎，太多相反的对比或插图，太多镶框项目，以及无关紧要的文案内容，都会造成布局的复杂与紊乱。它将使报纸广告不易阅读，而且破坏了所欲求的整体效果。

8. 留白原则　留白是指报纸广告画面中不编排任何要素的部分（甚至以黑白或其他颜色为背景而非白色）。利用留白可以使某一孤立的报纸广告要素显得更突出，可以使媒体受众更加集中注意力。如果能在报纸广告文案周围大量留白，看起来广告要素就如同位于舞台的中央，十分抢眼。

### 4.2.6　报纸广告文案的写作技巧

1. 就一般情况而讲，应掌握以下技巧：

1）在报纸上刊登的广告，必须符合该报纸的风格，要把设计原稿，实际贴在报纸上，来初步确定其广告效果。

2）使用新颖、突出、醒目的标题。

3）使用亲切，富有感染力的语句。

4）恰当使用动词，给人以动态之感。

5）运用换位思考，假定自己就是受众。

6）段落要分明，在每一段的前面，最好有标示。

7）尽量缩短“句子”与“段落”，第一个句子不要超过6个词。

8）使用标志、插图、字体、画线，以打破广告文的单调。

2. 不同表现形式的报纸广告文案的写作技巧

（1）报花：它只是一个非常小的版面，除了可刊登企业或商品的名称、电话或“某某企业赞助”之类的内容之外，不可能再容纳其他的内容。因此，报花的文案写作没有什么特别的任务，也不具有广阔的创意空间，只有在窄小的范围之内，将主要内容用词组作简明表现。因此，它的文案表现是重点式的，而不体现文案结构的全部，它一般采用一种陈述性的表述。

（2）报眼广告文案：报眼的版面处于十分抢眼的、重要的位置。一般情况下，如果用做新闻版的内容表现，是将重要的消息放在这里发布的。因此，将它作为广告版时，它的权威性和新闻效果、时效性仍然存在。如何借助文案写作，达到在报眼位置恰当的广告效果，是广告文案写作要着重研究的。

在报眼位置的广告文案，因为所占的版面面积不大，所表现的广告文案在字数上要比报花多，但比单通栏以上的其他的版面制式又相对要少。而报眼所处的位置，除了在其中表现广告主体的标准形象或象征形象之外，不能有其他的图片来干扰受众心目中对媒体本身特点、版面特定位置的特定印象。因此，报眼广告的广告文案写作占据核心地位。在报眼位置的广告文案写作，应做到：

1）广告信息的选择和表现要体现具有新闻价值的信息内容。

2）文案写作的语言风格要相对体现理性的、科学的、严整的倾向。

3）广告标题和正文的写作类型可以倾向于新闻形式和新闻笔法。

4）选择醒目的标题，标题的表现类型以选用新闻式、承诺式、实证式为最佳。

5）选择短文案，不用长文案，少用感性诉求方式，特别不能用散文体、诗歌体、故事体等形式，以免冲淡报眼位置本身所具有的说服力和可信度。

（3）半通栏：在目前我国的报纸类型中，半通栏一般分大小两类：约65mm×120mm或约100mm×170mm。在广告版面运用中，这是相对较小的一种制式。因为它的版面小，又处在众多的广告作品之中，广告是否能从其中跳出来，以醒目的标题和醒目的图片、特殊的文案和编排来吸引受众，是一个关键问题。半通栏中的标题制作比其他制式类型的广告标题制作更显重要，文案的特殊性表现也更显重要。因此，半通栏广告文案写作应特别做到：

1）制作醒目的广告标题。标题字数短少字数层级大，以弥补版面小的问题，扩展版面效果。

2）用短文案，甚至可以将广告信息的重点诉求用分列形式进行表现，将重点信息作提纲挈领的文字表现。绝不能用长文案，将半通栏的版面塞得满满的。小版面大内容、小版面多内容并不是用多文字来表现的。可以运用书面语言，用典雅凝炼、简洁严密的语言表现来达到小版面多内涵的表现意图。

3）广告文案的写作要注意与画面编排的有机结合。多文字的广告文案会给半通栏这样的小版面广告的有效编排带来相当的困难。编排是赋予报纸广告以独特生命的一个重要环节，同样的文案内容和广告信息点，在不同的编排意图和编排风格中，会体现出完全不同的风格和诉求意义。半通栏由于在版面上的先天不足，只有在编排上体现独特性，才能扩展版面的内在容量。从某种角度讲，半通栏广告的文案写作要在编排先行、编排为主的制作意念中进行。

（4）单通栏：一般是约100mm×350mm和65mm×235mm两种类型。单通栏和半通栏相比，其版面面积大了一倍。在目前报纸广告的版面运用和媒体组合中，单通栏广告是最为常见的一种。因为这样的版面运用，其篇幅大小处于人们感觉中的正常状况，有一定的版面说服力。单通栏与半通栏比较，主要是在长和宽的比例上出现了较大的变化。这个变化，可以使广告文案写作的一些方面产生相应的变化：

1）文案写作可以作为单通栏广告的核心部分，文案的对应性诉求可以起主要作用。

2）广告标题的制作在运用短标题的同时，也可以运用理性诉求的长标题形式；但由于版面篇幅，用单标题比用复合标题可能更能与画面的编排合拍。

3）文案中可以展开比较细致的广告信息介绍和多方位的信息交代、信息表现。一般在报纸广告中能运用的表现形式，诸如消费者证言体、名人推荐体、对比体、对联体、散文体、故事体、说明体、简介体、自述体、论证体、新闻体、诗歌体都能作对应性表现。但文案正文字数不得多于500个汉字，否则整个广告中文案拥挤，版面编排效果差。

4）文案的结构可以有充分的运用自由度，各构成部分都可以自由表现，可以体现文案最完整的结构类型。

（5）双通栏。双通栏制式的报纸广告一般有约200mm×350mm和约130mm×235mm两种类型。在版面面积上，它是单通栏的一倍。版面面积增加一倍，使版面的自身分量也增加了一倍，而如果在版面的用色和编排上能体现其视觉扩张、内涵渗透的话，其内在分量增加就不止一倍了。

这样的版面运用，给广告文案写作提供了较大的驰骋空间，创意的空间、表现的空间也在此时豁然开朗。只要符合报纸广告表现的语言风格、表现形式、表现结构都可以在这里进行。采用双通栏的广告文案写作，应做到：

1）诉求广告主体的立体信息、综合信息。

2）广告标题多采用多句形式和复合形式，立体而创意地体现标题的吸引力和与正文之间的对应性。

3）多采用论辩性文案表现形式，体现报纸广告的文字说服力，并在其中运用一些小标题形式，达到引发阅读的目的。

（6）半版。一般是约250 mm×350mm和170mm×235 mm两种类型。半版的版面面积使得它的版面运用分量发生了显著的变化。一般将半版和整版、跨版等一并称之为大版面。利用版面运用的实力，并运用编排而营造气势，是半版广告表现的重要立足点。

在这个立足点的前提下，广告文案的写作应做到：

1）虽然是大版面，但不要用多文字的广告文案，可以运用创意发想，充分利用受众的想像力。

2）同时适合感性诉求和理性诉求。感性诉求时，要用大标题、少正文文案，可以采用新闻式、悬念式、承诺式、问答式等标题形式，正文在这里可以只是标题的辅助表现。理性诉求时，一般是对大企业的介绍，对某产品或服务的全方位的体现，要着重于对广告主体逻辑的、有序的文案表现。

（7）整版：是目前我国单个广告版面运用中的最大版面。一般可分500mm×350mm和340mm×235mm两种类型。整版的版面空间以宏大的气势给人以一种内在的震慑力。整版版面给予广告表现以最大的创意空间和表现空间。

整版广告主要有三种用法：

第一种用法，也是基本的用法，就是在整版的版面上运用介绍性的文体来对产品系列或企业的各个方面作介绍。这种用法，以广告文案为诉求的基本角色，只有少量的画面陪衬甚至没有画面表现。文案运用介绍性的形式和笔法对广告主体作较为详细的、全方位的介绍。这种表现形式和笔法，对一个广告主体刚刚介入市场、刚刚进入公众视野，有着一种需要公众和目标消费者详细了解的广告信息和阶段性广告内容而言，是恰当的。但如果在品牌形象已有一定的位置，产品已进入成长和成熟期的时候，就不是一种恰当的表现形式。因为，这时候的主要诉求期望是品牌的记忆和品牌忠诚的唤起，所以广告文案表现可以感性、简洁一些。

第二种用法，是以创意性的、大气魄的大画面、大标题、大文字来进行感性诉求。运用这种方法的一个关键因素，要使广告文案具有点睛作用，广告文案与广告画面风格要协调。

第三种用法，是运用报纸的新闻性和权威性，采用报告文学的形式来提升企业的形象。这种形式也是以广告文案为主要角色的。

整版广告文案的写作，只要是适合报纸广告的语言风格、表现形式、表现结构的，都可以运用，在表面上没有任何的版面禁忌。

（8）跨版：就是一个广告作品，刊登在两个或两个以上的广告版面上的版面运用。跨版广告，有时是全页跨页，是相邻版面中的某一部分的跨版表现，一般有全页跨版、半页跨版、大四分之一跨版等几种形式。

跨版广告文案运用版面，将商品大而全的重要特点用直观的形象进行了表现。文案体现文字的特性，采用理性诉求来进行主要特点的介绍，应充分体现报纸广告文案以文字的理性诉求见长、与感性的画面配合表现的优势。

## 4.3　杂志广告文案的写作

### 4.3.1　杂志广告概述

杂志与报纸同属于视觉表现形式，它的表现要素也是版面空间、文案和画面（图片和编排）。因此，在广告文案的表现结构、表现形式、语言风格等方面，都有共同之处。但由于杂志在印刷媒体中的出色位置，使它有了印刷媒体中的王者之称。因此，“在大图片、少文字、小文字的现代杂志版面视觉设计趋向中，设计者们已经有意识地将文字的间接诉求转化成视觉形式的直接诉求进行表现，用视觉语言（真实的可信赖的照片，用直觉便可感知的图片、画面，用文字级数及字色的浓淡，用不同的形式构架）表现有形的成分。广告文案中的广告标题和广告正文等只是画龙点睛，点出视觉语言表现不到的或表现的核心因素。因此，杂志广告文案比报纸广告文案更为简洁，更为独到。”

杂志是视觉媒体中比较重要的媒体。按其内容分为综合性杂志、专业性杂志和生活杂志；按其出版周期则可分为周刊、半月刊、月刊、双月刊、季刊及年度报告等；而按其发行范围又可分为国际性杂志、全国性杂志、地区性杂志等。

### 4.3.2 杂志广告的特点

杂志媒体的知识性、娱乐性、专业化特征及目标受众群体的相对明确、稳定和较高的文化水平，决定了杂志广告特点。

1. 杂志广告面向的对象明确，针对性较强　杂志一般是针对某一专业、某一读者群进行宣传、出版，其内容不同于报纸、电视、广播那样包罗万象。各类杂志都有不同的办刊宗旨和内容，有着不同的读者群。通过杂志发布广告，能够有目的的针对市场目标和消费阶层，减少无目的性的浪费。尤其是专业性杂志，消费者的状况和喜好特点容易把握，消费市场也易于调查分析，因此广告针对性强，易于抓住受众的消费心理，广告效果也明显。

2. 杂志广告的编辑精细，印刷精美，图文并茂　杂志广告的编辑极少不规则地划分面积，力求整齐统一，编辑较报纸精细。杂志广告可以刊登在封面、封底，封二、封三、中页版，以及内文插页。以彩色画页为主，印刷和纸张都很精美，能最大限度地发挥彩色效果，具有很高的欣赏价值。杂志广告面积较大，可以独居一面，甚至可以连登几页，形式上不受其他内容的影响，尽情发挥，能够比较详细地作商品的内容介绍。

3. 杂志广告的有效使用期较长，保存期久　在四大媒体中，杂志广告的寿命最长。杂志作为期刊，有一个较长的时间区间，受众有充裕的时间来逐渐接受信息内容，同时在反复接触杂志的过程中，有意无意地多次接触到广告，注意到广告内容。杂志一般会被受众保留一段时间，以便于查阅和重复阅读。客观上杂志广告也被保留，隔一段时间广告会被受众查阅杂志时重新看到，因此广告又一次被受众注目。虽然杂志广告刊登一次，但杂志的反复阅读客观上形成“暴露”多次的效果。

4. 杂志广告读者比较固定，易接受杂志宣传　杂志具有明确的稳定的读者群体。一般来说，其读者文化层次较高，对于杂志有比较持久的兴趣。

5. 杂志的周期较长，灵活性较差　杂志的时效性不强。因为其出版周期长，少则七八天，多则半年，因此，不能刊载具有时间性要求的广告。同时，杂志在编辑方面具有截稿日期早的特点，这也使杂志难以接受有时间性要求的广告。大多数杂志的截稿日期大约要提前一个月，即使是周刊，截稿日期也要提前一两个星期，因此，杂志不能像报纸那样争取有时间性要求的广告。

6. 杂志的专业性强，传播面窄　专业杂志专业性强，读者有一定限制，广告刊登选择面小。除少数杂志具有百万份以上发行量外，大多数杂志发行量较小，影响面比不上报纸、广播、电视。不少综合性杂志由于缺少专业化特色，又缺乏广泛的影响力，因而为广告主所忽视。由于具有广泛影响力的杂志为数过少，而一般水平杂志偏多，因此，广告宣传的效果不是很突出。在与其他广告媒体进行竞争时，缺乏竞争力，难以揽到广告客户。

7. 杂志的制作比较复杂　杂志广告多为彩色印刷，制版费、加色费均高于报纸，同时杂志广告刊发在封面、封底、封二、封三的位置上，才会起到显著的效果。

8. 杂志广告有较大的区域性限制　现代商业服务越来越地方化和区域化，产品的地方分片销售机会远比全国性销售机会多。尤其对于不发达地区，商业消费相对集中，这在一定程度上限制了杂志广告的发展。因为在这种情况下，杂志广告的全国性发行会造成广告浪费。而且，具有全国性销售力的产品确实很少。

### 4.3.3　杂志广告的类型

杂志广告的各种类型，受在不同开本的杂志中，广告作品所占的各种版面和版位的影响而定。大致有封面、封二、封三、封底、扉页以及内页等。

与报纸广告一样，杂志广告的不同类型，直接关系到广告的效果。因为类型不同，广告的注意值或阅读率是不一样的。

在同一版面中，读者注意值是大比小高，上比下高，横排版左比右高，竖排版右比左高。

封面、封二、封三、目录对页和封底等杂志版面，均属于指定版面。

1. 封面和封底的杂志广告　因其位置显著，注意值最高，效果也最好，因而对广告的版面设计和文案写作有特殊要求。

封面的广告应全部以精美的画面吸引受众，画面信息应与杂志的专业性有一定的内在联系，并具有审美价值，使人于情感愉悦中接受信息。文案只能以品牌或广告名称，以及简洁凝炼的广告语形式出现。

封底与封面同样重要，也应以图形为主，文案为辅。文案的语言不仅要考虑杂志的特定受众，而且要考虑杂志受众以外无意注意的其他受众，因而应淡化专业性，更接近于大众化。

2. 封二、目录对页和封三的杂志广告 这些位置上的杂志广告受众注意值仅次于封面和封底，而高于内页，也是很重要的版面形式。广告多以文图并茂形式加以表现，广告文案的作用更为重要。适于平面广告的各种文体、表现形式和表现手段，均可针对特定目标受众运用于文案写作。

3. 内页各类型的广告文案 内页各类型广告有折页、跨页、多页、插页、专辑等多种。

（1）折页广告：采取一折、双折、三折等形式扩大杂志一页的面积，以适应某些广告需要占用较大面积的要求。

（2）跨页广告：这种广告的面积是单页广告所占面积的两倍。它的广告画面是一副完整的图案，充分展示广告商品的名称、品牌、功能以及价格等特点。

（3）多页广告：在一本杂志内，连续刊登多页广告，以扩大广告的知名度。

（4）插页广告：在杂志内插入可以分开列出的独页广告，使广告更加醒目，增加广告商品的传播效果。

其他形式还有联券广告、香味广告、立体广告以及有声广告等。联券广告在杂志广告的底部附有联券，例如，礼品券、优惠券、竞赛券等，读者可以剪下联券，凭此到指定地点兑现或领取赠品；香味广告是指杂志广告用有香味的墨水印刷，或者在杂志广告上喷洒香水，例如有些化妆品广告就将特殊香水喷洒在杂志广告上；在一些大型广告的制作过程中，还要求采用立体形式，以增强广告的真实性和感染力。例如利用立体的人像、立体的动物或商品、风景照片等；有声广告是将一种很薄的录音带或唱片资料插入到杂志广告中，当读者翻阅杂志时就能听到优美的音乐。

### 4.3.4 杂志广告文案的特点

杂志和报纸都属于印刷媒体，都以文案、画面、留白等为表现要素。在广告文案的表现结构、表现形式、语言风格等方面都有着很多共同之处。但杂志广告文案作为广告文案的一种重要类型，仍有其自身的显著特点。

1. 图文并茂 现代杂志广告最突出的特点是图画多、图画大、色彩美，因为色彩鲜明的杂志广告图案能够引起媒体受众的注意，逼真地再现广告商品（或服务）的特点和个性，激发目标受众的购买兴趣。文案是以言简意赅的语言对画面信息作关键性的解释、提示或说明，并成为画面的重要组成部分。理顺文案与图案的关系，使二者相辅相成，相得益彰。

2. 简洁独到 现代杂志广告多用视觉语言（真实的可信赖的照片，用直觉便可感知的图片、画面，用文字级数及字色的浓淡，用不同的形式构架）表现有形的成分。广告文案中的广告标题和广告正文等只是画龙点睛地点出视觉语言表现不到的或表现不全的核心因素。因此，杂志广告文案比报纸广告文案更为简洁，更为独到。

3. 大画面、少文字　在杂志广告中，画面往往成为吸引受众的重要手段。直观的图片、照片或标示能够将广告产品的有形部分表述得非常清楚，使受众无需过多的文字表述便可感知。而文字只是对画面信息的必要的、理性的提示，或者是用来揭示广告中的无形部分。

当然，也并非所有的杂志广告都是少文字，但多文字的杂志广告，往往字体都比较小，与大的画面相比，其所占的版面面积就很小。

4. 大标题、少正文　就文案内部结构而言，杂志广告又是大标题、少正文。大标题醒目突出，能够诱使读者去阅读正文。而杂志广告由于印刷质量高，画面十分清晰，画面本身就对受众产生了很强的视觉冲击力，因此，正文的内容就不需太多了。一般杂志广告文案的文字以少而精为好，只是对画面信息作关键性的解释、提示或说明，这就使广告文案的标题显得尤为重要，标题既要体现文案的主题，又要显得醒目而突出，从而给受众造成直接的阅读感知和较深的视觉印象。

5. 专业性强　杂志广告一般是针对某一专业向某一读者群进行宣传，其内容不同于报纸、电视、广播那样包罗万象。杂志广告文案，尤其是专业性的，其文案内容必须充分体现广告产品或服务的专业性，满足特定读者的需求，收到良好的广告效果。

6. 语言风格化　杂志广告文案的表现结构和表现形式与报纸广告文案有很大的共同点。但杂志媒体一个重要的特征为专业性较强，有特定的受众范围。因此，广告文案的语言风格界定，就需要较强的对象化、个性化和专业化倾向。

对象化、个性化、专业化语言风格倾向，指的是杂志广告文案的语言风格要针对特定受众而界定，以对象的语言习惯和语言风格作为杂志广告文案的语言风格。不同的杂志，在写作广告文案时，就要对不同的对象说话。如，《读书》杂志，它的特定受众是从事较高层次的脑力活动的学术型的人们，他们具有较高的文化水准，具有相当的思辨能力和思辨特性，如果在《读书》杂志上做广告，其广告文案就可倾向于理性的、思辨的光彩，且能体现他们的诙谐和幽默的欣赏水准。而在《时尚》杂志上做广告，其广告文案的语言风格就要体现一种前卫的、现代的特征，体现追逐时尚的特定受众的心态特征、语言习惯。

在其他的大众媒体中，我们的广告文案写作要力避专业化的语言风格，因为专业化的语言有一些受众会不能理解。但是，在杂志媒体中，因为受众对象的明确和稳定，可以在对应特定受众的专业性水平的前提之下，运用专业化倾向的语言风格。如，在《中国广告》杂志上刊登的广告，因其广告的特定受众是广告领域的研究者、教学者、广告公司或企业等单位的广告具体操作者，这些特定的受众，对广告专业的一些专门化问题，有一定的了解和研究，因此，在该杂志上的广告文案写作，就可以较少顾虑受众的专业化程度的问题，而运用具有专业化倾向的语言。

### 4.3.5 杂志广告文案的写作要求

杂志广告文案与报纸广告文案同属印刷类广告文案。所以写作杂志广告文案时，可以利用写作报纸广告文案的一些技巧与方法。但杂志广告也有自身的特点，所以写作时也应注意杂志广告文案的特点，遵循杂志广告文案写作的基本要求。

1. 以文释图，图文并茂　杂志具有印刷精美，发行周期长，反复阅读，从容品味等特点。因此要发挥杂志广告媒体自身的特点，使杂志广告图文并茂。色彩鲜明的杂志广告图案能够引起媒体受众的注意，逼真地再现广告商品或服务的特点和个性，激发目标受众的购买兴趣。同时，杂志广告中的文案要视情况处理，有时要简明扼要，有时要详尽介绍。

2. 结合版面，考虑类型　位置与尺寸大小是杂志版面的两个重要要素。在写作杂志广告文案时，要正确利用版面，充分考虑文案类型。封面、封底、封二、封三、扉页广告文案字数要少，语句要精，以突出画面效果，增加广告信息视觉传达的美感，体现杂志广告内在的价值。

3. 了解产品，服务受众　一则杂志广告成功与否，通常在媒体受众与广告主题接触的瞬间就可以决定。制作者不仅要考虑广告商品的特点，也要考虑媒体的特征以及目标受众的生活习性。只有如此，一则杂志广告才会被广泛地接纳。在杂志广告中，广告商品往往被当作一副广告画面布局的中心。不论篇幅多大的杂志广告，其画面布局都应该有美感。而有些广告商品由于自身条件的限制，其照片或图片常常缺乏美感。在这种情况下，为了确保广告的艺术效果，杂志广告画面布局的主角就不能是该商品的图片，而应是其他间接的、能衬托出广告商品的背景图片。要浓缩广告内容，提炼其主旨，然后将其具体视觉化。如，将商品名称、价格、企业名称、地址、品牌名称、标识物等作为一个单元。同时还要考虑画面中文案字句的摆放位置、字体、长度以及形态等，使它们相互间协调起来，构成一个艺术整体。了解广告商品的个性，确定本次广告策划活动的诉求点，要将通过分析所获得的一些信息“亮点”，按照与广告主题关系的疏密程度进行排队，并将它们结合起来。

4. 精练简洁，通俗易懂　在杂志广告中，一般情况下，文案都应以短为妙，以精为上。文案少而精，只起画龙点睛的作用，使广告给人以含蓄、深邃之美感。但又不能过于直白、枯燥无味，失去文案的可读性、趣味性，无论杂志发行的区域大小，都必须考虑广告受众对象的文化背景、文化素养、民族习惯，以容易阅读为原则。

5. 注重时效，加深影响　杂志就传播而言，时效性和灵活性均较差。但杂志又有传播信息持续时间久，客观上存在着让受众反复查阅、反复接受的可能性，因此杂志广告文案就要有较持久的生命力。当广告随杂志发行传播给受众时，受众第一次接受到广告时能被广告吸引，对广告文案内容有兴趣且能留下较深刻的印象。这是受众对杂志广告文案第一次的印象。

当受众再次重新阅读杂志时，可能会再次接触广告，被广告所吸引，广告文案仍然能以新颖有趣的信息内容感染和说服受众。即使受众可能再一次阅读广告文案，仍然不觉得陈旧枯燥。如此，杂志广告文案就具备了较长的生命力。

6. 有的放矢，突出专业　杂志读者的针对性较报纸强，尤其以专业性杂志表现得更为明显。一般在杂志做广告，多针对有专业性特点的广告产品。如在服装美容类杂志做广告，一般都以服装和化妆品产品为主。广告文案的信息内容需要适合有专业性特征的受众，符合这类消费者阅读的习惯和欣赏品味，同时兼顾有专业特长的受众的兴趣。杂志广告的受众因杂志的专业性特点而相对稳定，这既有利于文案人员掌握这类消费者的特征和目标受众的兴趣爱好，同时文案人员也面临目标受众相对而言受众面较窄，目标消费者的个性特征更强、更繁杂，而共性特征更少、更简约的问题。

7. 标题新颖，增强魅力　各种类型的杂志广告，尤其是较小版面的分类广告，主要以引人注目的标题脱颖而出。这些分类的小广告，除了品牌名称或企业形象标识及随文外，别无其他，文案的写作十分简单，比较容易把握，但标题必须新颖突出，力争在瞬间吸引受众。

### 4.3.6　各类型杂志广告文案写作的具体要求

1. 封底、封二、目录对页、封面这四种杂志版式，一般都属于指定版面。这其中的封二和目录对页，虽处杂志内芯，但因其独特的位置，受众的关注率较高，具有受众关注的优势。在这样的前提下，广告文案写作可以相对占重要的位置，运用适合平面广告表现的各种表现手法，针对特定受众群进行文案表达，没有过多的约束。

封面和封底的杂志广告，就因位置的特殊而在文案写作中有所约束。封面以完全的图形来进行视觉表现，文案至多也只能表现品牌名称或用简洁的语言用广告语的形式表现品牌特征。封底与封面一样，不仅给阅读杂志的特定受众看，还要考虑到特定受众之外在不经意中看到的受众，因此，封底的广告文案表现要相对体现大众化特征，要去除过多的专业性字眼。

2. 内页类型的广告文案写作要求

1）杂志广告文案要简明扼要，提纲挈领，点到为止，文字尽量少。

2）广告文案的结构构成不要拘泥于五要素的齐全，而是着重于用最少的文字表现最丰富的内涵。

3）要将广告文案在版面中的编排意义体现得更加充分，用大标题字级或字体的变化来吸引受众的关注。

4）广告文案的信息内容表现除了要针对受众的内在需求进行诉求之外，主要的任务是关键性地解释画面中的信息内容、信息特点、附加价值，体现文案与画面之间的内在对应。

5）诉求形式要以特定受众所喜闻乐见的形式为选择标准。从杂志媒体特点来看，它可以运用消费者证言、名人推荐、对比、说明、自述、论证、对联、散文、诗歌等多种形式，但要以杂志特定受众的生活方式、价值观、阅读习惯分别进行对应性选择。在体育杂志、时尚杂志、青年杂志中用名人推荐可能很合适，而在学术型杂志中运用名人推荐形式，就不一定能起作用。

## 4.4 其他印刷类广告文案的写作

### 4.4.1 招贴广告

1. 招贴广告概述 招贴广告也称“海报”或“宣传画”，属于户外广告。分布在各街道、影剧院、展览会、商业闹区、车站、码头、公园等公共场所。国外也称之为“瞬间”的街头艺术。通常指单张形式、可张贴的印刷广告，它有多种形式，比较粗糙的是书写海报、油印或铅印的招贴，这些招贴多数只有文字部分，或加些图案作衬托，如招生简章。精致的招贴多为彩色印刷，印制精美，图文并茂，有着色彩鲜艳的绘画或照片，犹如放大了的彩色画报，如电影、旅游、音乐、戏剧、杂志、书刊等内容的招贴广告，都属此类。它是最古老的广告形式之一。其优点是：传播信息及时，成本费用低，制作简便。

招贴可分为公共招贴和商业招贴两大类。公共招贴以社会公益性问题为题材，例如纳税、戒烟、计生优生、竞选、招标和招聘、号召义务献血、交通安全、环境与资源保护、呼吁和平、文体活动宣传、会议宣传等；商业招贴则以直接宣传企业形象、促销商品及商业服务，满足消费者需要之内容为题材，主要用来宣传产品形象、品牌形象、企业形象、商业会展、交通、邮政和电信服务及金融信贷服务、产品信息和销售信息等。随着今日的广告媒体越来越多样化，招贴的首席宣传效率地位早已被夺去。但是在市场经济日益发展的今天，作为一种直接而自由的广告形式，商业招贴还是占有一席之地。

招贴设计的局限性小，自由度大，使其具备特有的艺术效果及美感条件。随着印刷技术的发展，制版的出现，招贴广告设计师们吸收了尖端技术，创造了比以往任何时候都更引人注目的表现语言。招贴具有的许多优点是其他任何媒体无法替代的。这是因为，招贴具备了视觉设计的绝大多数基本要素，它的设计表现技法比其他媒体更广、更全面。

2. 招贴广告的特点

(1) 画面大：招贴不是捧在手上的，而是要张贴在热闹场所，它受到周围环境和各种因素的干扰，所以必须以大画面及突出的形象和色彩展现在人们面前。其画面有全开、对开、长三开及特大画面（八张全开等）。

（2）远视效果强：为了使来去匆忙的人们留下印象，除了面积大之外，招贴设计还要充分体现定位设计的原理，以突出商标、标志、标题、图形。对比强烈的色彩或大面积空白、简练的视觉流程，成为视觉焦点。招贴作为广告宣传的一种有效媒体，可以用来树立企业的良好视觉形象，提高产品的知名度，开拓市场，促进销售，利于竞争。

（3）适应面广：凡是商品展销会、展览会、音乐会、电影、戏剧、运动会、旅游、专题性活动或节日以及公益宣传等各种信息内容的传播，都可以运用招贴画做广告宣传。

（4）印刷量大、覆盖面广：可大量张贴于车站、码头、机场、商场、影剧院、要道口等公共场合。

（5）宣传点选择自由：可根据不同区域、不同民族及不同的风俗习惯，有针对性地张贴。

（6）形式简约：招贴画的表现形式简炼、概括，舍弃一切可要可不要的元素，以最鲜明醒目的形象，在最短的时间内去感染人们、震撼人们的心灵。

（7）时效快：招贴画一旦设计好，制版印刷比较方便、快捷，并可立即送达宣传区域张贴，可在短时间内造成较强烈的宣传声势。

（8）艺本性高：招贴作为一种“说服”的形式，绝不能以某种强制性的理性说教来对待读者，而应首先使读者感到愉悦，继之让读者经诱导而接受招贴宣传的意向。所以，现代招贴都极讲究审美效果。就每张招贴而言，其针对性很强。商业中的商品招贴往往以具有艺术表现力的摄影、造型写实的绘画和漫画形式表现较多，给消费者留下真实感人的画面和富有幽默情趣的感受。而非商业性的招贴，内容广泛、形式多样，艺术表现力丰富。特别是文化艺术类的招贴画，根据广告主题，可充分发挥想像力，尽情施展艺术手段。许多追求形式美的画家都积极投身到招贴画的设计中，并且在设计中用自己的绘画语言，设计出风格各异、形式多样的招贴画。

3. 招贴广告的制作

（1）招贴广告的标题：通常以广告插图为主要表现手段，有时甚至只有一个标题而不用广告正文。所以，招贴广告的标题设计尤为重要，应能起到画龙点睛的作用。招贴广告的标题既要醒目，又要和招贴的画面风格统一，相得益彰。

（2）内容简明：在一般情况下，招贴广告是张贴给人看的，人们不能把它带回家去看。因此，广告内容不能过于复杂，主题要单一，言词要简明、通俗。

（3）招贴广告的“语言”运用：招贴广告的显著特征是具有醒目的图形，是一种视觉语言。大多数招贴都是图文结合，因此，文案要配合画面，做到两者有机融合，文案的字数也不宜过多。它通过形象、色彩和它们之间的组合关系来表达特定的含义的。在招贴广告插图中，设计师正是运用这些视觉要素来传达信息和意念的。

**4.4.2 邮寄广告**

1. 邮寄广告概述 邮寄广告又称直接函件 又由于它直接发送到广告对象手中，如通过邮局投递（这是最主要的传递方式）、柜台散发、来函索取、专人送达、随商品馈赠发出等多种传递手段直接送给预定的购买者，因此又叫直接广告。邮寄广告可分为销售函件、商品目录、样品说明书、小册子、名片、明信片以及传单等多种形式。销售函件是一种十分简单的推销商品的信件。商品目录是将商品的各种形式印在纸上、供有意购买者参考选择的宣传品。商品说明书是指单页或几页不须装订的说明书，大多印刷精美。小册子则是装订简单、开本很小的产品说明书，多为32开本或64开本，编印精美。明信片则是利用邮局购买的明信片（单张），打上或写上商品及商店的有关供应情况，邮寄给客户的商品介绍。传单则是印刷普遍、编制简单的商品介绍。邮寄函件的作用多是为了直接向消费者推销商品，以取得直接销售或邮寄销售的效果。由于邮寄广告所掌握的是直接用户，生产厂家不易受中间商的控制，因而它在现实中越来越受到广告主的重视，成为重要的印刷广告媒体之一。尤其是现代邮电事业的发展，更为邮寄广告提供了充分的发展天地。

邮寄广告在各类媒体中具有与众不同的功能。如果对邮件进行精心设计，运用恰当，往往可以取得相当好的效果。

2. 邮寄广告特点

1）邮寄广告具有针对性，广告主可以对广告活动进行自我控制，可以有针对性地选择对象。

2）邮寄广告是针对具体的个人或具体的单位的，因此，具有“私交”性质，可以产生亲切感。

3）不会引起与同类产品的直接竞争。

4）不受时间和地域限制，可以有针对性地选择广告时间和地区，也不受篇幅的限制，可以较为生动地详细表达产品的信息内容。

5）邮寄广告可以进行征答活动，从而促成真实可信的信息反馈。

6）有的放矢，准确性高，且制作简单，费用便宜。

7）可为顾客安排方便的购买方式。由于邮寄广告所掌握的是直接用户，生产厂家不易受中间商的控制，因而它在现实中越来越受到广告主的重视，成为超越杂志的第二大印刷媒体。尤其是现代邮电事业的发展，更为邮寄广告提供了充分的发展余地。

3. 邮寄广告的制作及邮寄技巧

1）设计精美的信封，在信封反面写上主要内容简介，可以提高开阅率。信封上的地址、收信人姓名要写工整。

2）仔细撰写信的正文，并在信的开头写上收阅者的姓名，这样可以增加亲切感，对读者产生强烈的吸引力。在写作广告的内文时，千万要对消费者持尊重态度，切忌用命令式口气或生硬地催促其购买，以免产生反感。

3）邮寄对象选择要恰当。邮寄广告的成功与否，关键在于所选定的对象是否恰当。必须在准备阶段就确定应该寄给谁，了解其姓名和地址，同时了解收件人是否有希望成为购买者。

4）重复邮寄可以加深印象，并在设计方面要精心编排，这样才可能由于其精良而使收信人产生兴趣，并予以收藏保存。

5）邮递广告最好包括一封给读者的信函，并附上征求意见表或定货单（反馈表），收到回信要及时答复处理。

### 4.4.3 样本广告

样本广告大体可分为企业形象和销售产品两大类，具体有以下几种：消费品样本、订货样本、宣传样本、推销样本、综合样本等等。

1. 样本广告的特点

（1）形式多样：可以是整页折叠的，也可以是装订成册的或是散页的；数量上可多可少；外形上可大可小。

（2）目标明确：样本广告的宣传对象更明确、更集中。一些高档样本多是有目的地送给有关人员，使他们详细了解广告内容。

（3）效果直接：较之户外广告和四大媒体（报纸、杂志、广播、电视）广告，样本广告的信息反馈更快，广告效果更直接、更具体。在产品展销会、交易会或商场发放的样本目录，由于其形象生动、资料详实，常诱使用户“按图索骥”，进而看样成交。

（4）时效性长：除了具有直接的促销功能，样本广告由于设计、印刷非常精美，常被人们视为艺术品而张挂或收藏，从而又具有长期的宣传效果。有时由于样本在同行中的交流、翻阅，能吸引新的客户，扩大销售。

2. 样本广告的写作要求

（1）有针对性：样本的送达对象都很明确，因此，文案的写作要有针对性，抓住送达对象的心理进行诉求，更容易获得成功。

（2）内容详尽：样本广告的篇幅不受限制，内容可以非常全面，从企业形象、产品形象、品质、型号，到销售网点、维修点、服务项目乃至产品价格、使用说明等都可作系统具体的介绍。

此外，印刷广告还有日历广告、黄页广告、贴签广告、吊牌广告、赠券广告等多种形式。在本章节中我们就不一一讲解了。

## 复习思考题

1. 印刷广告文案的构成要素及组合方式有哪些？
2. 印刷类广告文案的特点是什么？
3. 报纸广告文案的特点是什么？
4. 报纸广告文案有哪些优点和不足？
5. 报纸广告文案有哪些表现形式？
6. 简要回答杂志广告文案的特点。
7. 杂志广告文案的类型有哪些？
8. 简要回答杂志广告文案的写作要求。
9. 什么是招贴广告、邮寄广告、样品广告？

# 第5章 广播广告文案的写作

广播广告媒体是利用电波把广告信息变成各种声音的纯听觉媒体。它通过语言和音响效果，充分发挥声音抑扬顿挫、轻重缓急的节奏和感情色彩等方面的特点，诉诸人的听觉，让听众听得懂、爱听，唤起人们的联想和想像。我国无线电广播遍及城乡各个角落，为传播各种经济信息创造了有利的条件。广播广告媒体已成为现代社会重要的四大广告媒体之一。

无线电广播发明于1906年，电台正式播出商业广告始于1922年。中国人自己创办的第一家广播电台是新新公司创办的，1927年3月18日开始播音。早期的广播电台一般都传播广告，并以广告收入来维持电台的发展。

电视问世后，电视音、像并传的效果吸引了人们的视听，使广播的听众大幅度减少。但随着广播传播技术的改善，特别是调频立体声广播的出现及收音设备的更加完善，广播重新受到人们的青睐。20世纪90年代我国出现了大量的经济台、商业台、证券台、信息台等，广播媒体的地位又有所上升。作为四大广告媒体之一的广播广告媒体仍然有着强大的生命力和广阔的前景。

## 5.1 广播广告的特征及类型

### 5.1.1 广播广告的特征

广播广告是通过无线电波或有线网络定时向大众传播的媒体广告。它以电波为传播手段，以声音、音乐为表现形式。

广播广告以其鲜明的特色吸引着广大广告客户。作为广告传播的一种重要媒体，广播广告有如下的特征。

1. 传播速度快 广播的信息载体是电波，其速度高达30万km/s，可谓迅捷无比，在四大媒体中是最快的。广播不受地区、交通、距离、气候条件等的限制，能以最快的速度将新闻与广告传播到城市、农村及世界各地，使远隔千山万水的听众几乎在同一时间内听到，充分体现了广告的时效性。

电视虽然也是利用电波作为信息的载体，但由于电视在将音像转换为电波之前，还必须有一个编辑的过程。而广播不需要经过复杂的编排制作与录像录音过程，速度上要比电视快。至于其他媒体，如报刊杂志更是不能与广播相比了。

2. 覆盖面广 广播广告的覆盖面是电波所及的范围，不受地形的限制，无论城市乡村，还是空中地下，只要收音机在广播发射功率范围内，就可以收听到。在我国，绝大部分地区都能接受到广播信息，这就大大扩大了广播的覆盖面。放手覆盖的区域之广，接触宣传对象之多，都超过其他广告媒体。而电视广告一些偏远山区，即使有电视机，也由于无转播发射塔而根本不能收看；至于报刊广告，由于交通落后，有些地区不具备通邮条件，无法看到报刊杂志，当然也就谈不上看报刊广告了。

3. 灵活性强　灵活性表现在四个方面。首先是任何可以用声音来表达的内容，都可以通过广播来传播；广播广告制作十分灵活，内容可长可短，可以言简意赅地宣传商品，也可以较详细地解说商品；形式多种多样，可以一个人直述，也可两个人对话，可以加背景音乐，也可以加音响。

第二是广告客户可以随时购买广播时间及更改和删除广告信息内容；广大客户还可以根据自己的需要选择其商品与听众兴趣较接近、易于被听众接受的专题节目、时间播出。广播电台一般开辟有各类专题节目，如药品广告、体育用品广告等，以便充分发挥广告效果。

第三是广播电台播音持续时间长，收音机越做越小，携带方便，随时随处都可以收听。收听的方便性、随意性大大增强了接受广播广告信息的反复性与有效性。

第四是广播广告不受文字的限制，文盲、文化水平不高的听众都能听懂，传播阻力小，有效率高。

4. 成本低廉　在现代广告四大媒体中，广播广告的收费最低，原因是广播广告以声音陈述为主，制作不复杂，工作周期短，播出十分简单。据调查，在国外相同时间内，电视广告的价格是广播广告价格的 4 倍。而在我国，广播广告的价格更低，中央电视台 A 段 30s 广告费为 39 000 元，而中央人民广播电台黄金时段的广告费每 30s1 000 元，相差40倍。

5. 制作简便　广播不需要经过复杂的编排制作与录像录音过程，只要播音员播音，再配上适当的音乐或音响即可，而且广播是传送与接受同步进行。而电视广告既要创作脚本、绘制草图，又要拍摄制作、剪辑播放；报刊广告在印刷发行之前也要经过字体设计、图案绘制、版面编排等一系列工作。广播稿可在播音前几分钟提出修改，这是广播广告的突出特点。广播广告以其制作简便，节省人力、物力和财力而受到广大广告客户的欢迎。

广播广告与其他媒体相比，也存在着明显的不足。首先是播音时间短，稍纵即逝。广告播出的时间大多在60s以下，甚至几秒。在极短的时间里，在听众毫无心理准备的情况下若没听到或没听清广告内容，就只好等待下一次重播，使广告效果大打折扣。广播广告的内容只能通过声音表现，有声无形的特点难以给人留下深刻的印象。再则广告在短短的时间里，不可能对商品的性能特点、使用方法、企业的运作状况作详尽介绍。另外由于广播广告以语音为主，语音往往有“一词多音”、“一词多义”的现象，容易让听众误听、误解。因此广播广告在节目的制作中要扬长避短，注意文字的形象性、联想性，科学合理地安排播放计划，提高播放频率，提高播音水平，加强广播广告的诉求质量与力度。

**5.1.2 广播广告的类型**

要了解广播广告的类型，首先必须了解电台的广告时间。电台的广告时间，一般按照黄金时间、非黄金时间和随时插播三种不同情况，分别列为甲、乙、丙三种等级。甲级时间，指早、中、晚收听人数最多的时段，广告费用最高；乙级时间、丙级时间收听人数依次递减，费用与甲级相比也较便宜。电台对甲、乙、丙三种等级的确定各有所不同，主要根据是各地的时差及人们的生活规律。

根据广告在具体播放时所作的不同时间安排，可将广播广告分为以下几种类型：

1. 普通广告　指广告客户没有什么特别要求的广播广告。可根据用户的要求，在甲、乙、丙三种时间内插播。甲级时间听众集中，影响最广，收费最高，时间一般较固定。乙级时间主要指大部分听众上班的时间，或听众不太集中的时间。丙级时间没有固定的时间，主要在节目的空余时间插播，收费最低，如果增加播放次数，也能取得较好的广告效果。普通广告的客户可以根据需要与条件，选择恰当的时段播出广告。

2. 特约广告　特约广告在形式上有两种：一是由客户特约广告时间，即按照广告客户选定的时间安排广告播出。这种时间往往听众较集中，多为黄金时间或黄金节目时间，播出效果较好，但收费也较高。一是客户特约节目，即按照广告客户选定的节目类型安排广告播出，如在某些听众特别喜爱的文艺、体育节目或节日精彩节目中插播广告。

3. 专栏广告　在广告节目中开辟某种专栏广告，并在固定时间内播出，这样听众能按时、有目的地选择收听广告，效果较好。如一些电台开辟的药品专栏广告、文体用品专栏广告、食品专栏广告、农机用品专栏广告等。

4. 栏目广告　指在某一固定栏目时间播出的内容相对集中的广播广告。栏目广告一般是在某一栏目的前、中、后，安排播出与栏目内容相关的同一类型的商品广告。如金土地栏目、医药卫生栏目、女性世界栏目等。栏目广告有固定的栏目、固定的时间和特定的内容，有很强的针对性与选择性。

5. 专题广告　指广告客户事先编录好有关商品或企业的专题节目，交由广播电台安排在固定时间播出。在广告客户制作过程中就将知识性、趣味性、娱乐性结合在一起，使听众对有关商品或企业的知识和信息有一个全面的了解。这种形式易造声势，有利于提高企业或产品的知名度，是颇受欢迎的广告形式。但由于广告播出时间较长，故费用也较高。如江苏扬子电器公司所作的专题广告“扬子之声”，集知识性、新闻性、趣味性、娱乐性于一体，开辟了“工厂巡礼”、“产品介绍”、“人物足迹”、“扬子乐园”、“技术讲座”、“用户服务台”专栏，形成对企业形象、产品形象的完整宣传，颇受听众欢迎，对促进产品的销售，推企业的发展，都起了重要的作用。

6. 赞助广告　指由广告客户出钱或出物赞助广播电台制作、播出某类节目或举行某种有意义的社会活动，并在节目的播出或活动的举行过程中插播赞助者的广告。赞助广告与特约广告既有区别又有联系，特约广告的客户权利要大于赞助广告，但费用要比赞助广告高，宣传效果也比赞助广告好。

赞助广告常有的类型为：①社会公益性的，如赞助希望工程、扶贫工程的宣传，或是植树造林、绿化祖国的宣传。②社会教育性的，如举办科学知识竞赛有奖活动。③赞助电台举办重要节目，如大型体育比赛、文艺演出等。

### 5.1.3　广播广告的构成要素

广播广告的构成要素是语言、音乐和音响，无论何种广播广告，无非是这三种要素的组合。

1. 语言　广播广告最基本的构成要素是语言。它通过把书面语言转换成有声语言来传递广告产品的信息，听众再把听到的有声语言经过大脑转换成形象语言，通过对形象语言的理解形成对广告产品的认知和印象。有的广告在广播中既无音响，也无音乐，只凭富有情感和说服力的语言照样可以取得诉求的成功。语言是三要素中最重要的。

在广播广告的有限时间里，如果广播的语言不能吸引听众的注意，不能引起他们对广告内容的兴趣，也就不能达到促销的目的。广播广告要激起听众对产品或服务的欲望，就要针对不同层次的消费者采用不同的格调。如针对青年女性的广播，语言应柔美动听，浪漫抒情；针对青年男性的语言要显得充满朝气，潇洒有力；针对儿童的应生动活泼，富有趣味。

广播语言要取得效果，不仅内容要好，有针对性，还要能很好地表达出来，使听众听懂、理解、记住，这就要求广播广告要注意语言的语音和声感，尽量使用口语化和形象化的语言，节奏感要强，抑扬顿挫，并感到韵律美。朗读的语速也要适中，一般每秒钟三个字，太快了听不清，太慢了显得拖沓沉闷。根据广播广告随意性很大的特点，广播广告的语言还应该采用多种形式，如独白、对话、说唱等，做到悦耳动听，让人不管是在无意中还是在有意中都能被广告内容吸引。

2. 音乐　音乐是用节奏和旋律表达思想感情的特殊语言。虽然它不像语言那样能直接传递广告产品的信息，但可以融洽广告气氛、创造广告意境、美化广告形式、丰富广告内容，对吸引听众收听广告、发挥广告效果有积极的补充和促进作用。

音乐在广播广告中的作用可以概括为：

1）有助于突出广告主题。音乐内在的感染力如果在广告中得到恰当的发挥，能渲染和突出广告主题。与产品特征有关联的音乐能赋予产品不同的个性，突出产品某一方面的特征。不同的音乐有不同的特色，如民族音乐富有地方特色；古典音乐庄重、古朴；轻音乐悠扬、奔放。不同的产品应选用不同的音乐来表现，如大工业产品，一般选用使人振奋、听来朝气蓬勃的管乐；服装等轻纺工业品往往选用轻柔悠扬的轻音乐；地方土特产若选用民间音乐会让人感到更加亲切。

2）音乐还可以增加广播广告的感染力。音乐最大的感染力是其内在所蕴涵的情感。在音乐的旋律中人们感受到的是情感上的满足，心灵上的愉悦。有时广告平淡的语言配上优美动听的音乐，会大大增加广告的感染力。宣传儿童玩具的广告如果配上轻快顽皮的卡通音乐，会烘托出一种轻快活泼的感情气氛，增强广告诉求的感染力。

3）音乐有助于记忆广告内容。在广播广告中配上音乐，能引发听众的收听兴趣，并在不知不觉中记住广告内容。因为在一定的旋律的辅助下，人的记忆力更强。某一商品广告配上贴切的、融洽的音乐，随着时间的流逝，音乐会在人们的脑海中留下深刻的印象，产生“闻其声而知其物”的效果。一首好的广告歌，就像电视、电影的主题曲成为电视、电影的标志一样，也会成为产品的一个标志，多年以后都不易忘记，只要一听到那熟悉的音乐，便知道是什么产品。

在选择音乐时要注意，音乐本身并不具备推销的功能，它必须与广告的语言和谐地交融在一起，以突出产品的特征、信息为主要目的。另外在选择背景音乐时，要弄清原乐曲的主题及所蕴涵的情感，使音乐与广告内容的情调一致，否则会闹出笑话，贻笑大方。另外还要注意音乐音量的控制，在介绍产品特点、功用、质量时，音量要小些；在渲染环境、烘托气氛时，音量可相对大些。最后，音乐要短而浅显，便于记忆。

3. 音响　除了语言、音乐之外，广播广告中的音响也是塑造商品形象的重要因素。广播广告的音响指为了烘托气氛而运用的各种自然或人工合成的声响。

广播广告中的音响主要有三种类型：一是自然音响；二是产品音响；三是人物音响。

一般用来烘托背景的风声、雨声、雷声、涛声、流水声、鸟鸣声、兽叫声等，属于自然音响。那些由各种产品工作时发出的不同声响，如电话铃声、汽车与摩托车的发动机声、急刹车声、机床轰鸣声、汽笛长鸣声等，都属于产品音响，这种音响往往给人身临其境的感觉，在这种气氛中介绍商品，会拉近听众和商品的距离。那些由人物活动而产生的各种声响，如笑声、哭声、掌声、喘气声、喝水声、敲门声、脚步声等，属于人物音响。这种音响主要用来表达人的主观感受或营造气氛，造成一种现场的真实感。

音响能突出产品的品质特征，有助于听众加深对产品的印象；音响能形象地表现人物的内心情感或暗示人物的动作；使用音响还能刺激听觉，引起注意。要强调的是，广播广告的音响必须逼真，并且与广告的主题相吻合。

广播广告是一门综合艺术，应该妥善地解决好语言、音乐、音响三要素之间的关系。单纯以语言来表述的广告，在播出时主要靠播音员来实现。为了活跃气氛，不使播音显得枯燥与呆板，常常借用多种形式，如对话、独白，但都没有语言外的其他因素参与。广播广告要取得好的效果往往要把语言、音乐和音响有机地组合到一起。常见的组合方式有：语言与音乐组合、语言与音响组合、语言与音乐、音响的组合。语言与音乐或语言与音响的组合，即在广告语言的基础上融进相适应的音乐或音响，以加强播出效果。语言与音乐、音响的组合则是三者的有机组合。总之，语言、音乐、音响三者之间要协调配合，使之各臻其妙、水乳交融、相得益彰、浑然一体。

## 5.2 广播广告文案的写作

### 5.2.1 广播广告文案的特点

广播广告是诉诸听众听觉而无视觉支持的媒体，这就要求广播广告文案的写作必须适应听觉的要求，由此也就形成了广播广告文案的特点。

1. 口语化　口语是日常交谈时的语言，其特点是结构简单，明快上口，通俗易懂，感情色彩强烈，几乎人人都能听懂，不受知识水平与个人修养的限制。广播广告是靠声音来传播信息的，是让人听的，类似面对面说话。要使广播广告符合听众说话的特点和听觉习惯，应尽可能用口语化的语言，少用书面语言。也就是说不要把那些文绉绉的词搬到广播中，不要认为广播广告就是念文章，不要希望听众会认真去听、去仔细领会广播稿。通俗明白、形象生动的口语能缩短广播广告与听众的距离，而且便于听众理解广告信息，不必费力地去揣摩、咀嚼，另外也容易帮助听众记忆广告内容，并有利于口头传播。

例如上海人民广播电台播出的“中华牙膏”的广告，内容是这样的：

早上好，听众朋友！起床以后，您刷牙了吗？用的是什么牙膏？告诉你，中华牙膏有果香的浪漫，用了以后会有清新的感受。您试试看?!

这段广播文稿用了口语化的语言，很像是家人、亲人、朋友在面对面说话，容易使人接受。

2. 简洁明快　一般播音速度在每分钟 180 字左右。广播广告的播音时间是有限的，要在有限的时间里将信息准确地传播出去，就要注意语言的简洁明快。简洁的语言能让听众听明白、听清楚，在轻松状态下发挥想像，接受广告传递的信息。简洁的语言还可以为音乐和音响留出时间，便于营造广告主题需要的气氛，也可以给广告播音员停顿和喘息的机会。如雪碧饮料“晶晶亮，透心凉”，飞亚达手表“一旦拥有，别无所求”，长虹电视机“天上彩虹，人间长虹”等，这些广播广告语，简洁明快，便于记忆和流传。

3. 不滥用简略语　广播广告的语言要求简明扼要，但不能使用含义不清的简略语。要尽量使用人们熟悉的简略语，而不使用人们不熟悉的简略语。如“产品实行三包”，到底哪三包？意思不明确。再如，河南工学院与河南工具厂，虽都可以缩减为“河工”，听来同音，但听众不知说的是哪一家。为了让听众听明白，对企业名称、商品名称最好不要使用简略语。

4. 使用通用语　我国幅员广阔，民族众多，语言复杂，同一事物，说法不同。如红薯，广东叫番薯，上海叫山芋，四川叫红苕，山东叫地瓜。不同的地方台应针对本地区的消费者使用当地的方言，这样能使听众产生亲切感。而中央台就应该使用标准语“红薯”。使用通用语言才能使广告听众理解广告的含义，否则会影响广告的效果。

5. 语气亲切　广播广告文案与受众之间是一种单向传播，即使是对话、相声等形式也是一个说，一个听。这种模式使听众始终处于被动状态。为了吸引听众，广播广告通常采用语气亲切的对话语体，就好像两个熟悉的老朋友在促膝谈心，娓娓道来。亲切的语气具有亲和力，能大大提高广告的效果。

### 5.2.2　广播广告文案表现形式

广播广告传达信息的方式主要是语言。它不可能像报刊广告那样可以通过图片、摄影来作用于人的视觉，也不能像电视广告那样以逼真的形象再现商品的魅力。因此在广播广告文案的写作中语言的运用及其表现形式至关重要。广播广告文案的特殊性决定了所采用的表现形式的特殊性。

常见的广播广告的表现形式有以下几种：

1. 直述式　直述式广播广告文案是由播音员直接地、客观地介绍产品性能、特点及联系方式的广播广告形式。这种形式制作方便，表现手法简单，没有对话，类似戏剧里的独白，是广播广告中最简单、最基本的一种表现形式，也是最没有创造性的形式。

比如达喜牌系列电器广告：

音响：喇叭鸣叫声

播音员：现在开始达喜家用商店本年度的减价销售！星期天以前，本店所有电器一律六折！这等于你一直都想买的那台新达喜洗碗机可以省不少……

音响：溅水声、洗碗机轻轻的嗡嗡声（强、止）

播音员：……多省时间！嗯，达喜吸尘器怎么样……

音响：吸尘器轰鸣声（强、止）

播音员：……重量轻，但每次干活儿却不少。还有很多——每件电器全年保修！（背景突然响起喇叭声）所以，今天就来，趁着还有很大的选择余地！

音响：喇叭声至最高音量。

播音员：（大声地）赶快去参加达喜家用商店的年度减价活动吧！

这种形式的播音没有节奏、没有语气的变化，没有其他形式活泼，听起来比较沉闷，容易给人一种枯燥乏味之感。因此，应该在简单的形式中增加一些音乐、音响效果，避免单调，还可以采用双人对播或多人来播音的形式。

2. 对话式　设定两个或两个以上人物，通过人物对话传达信息。一般情况下，是男女各饰一与产品相关的角色，形成一种象征性的买卖关系、同伴关系、邻居关系、同事关系，在这些特定的关系中，展开对广告信息的诉求。运用这种形式，广告文案要体现特定的情景、特定的人物性格，在对话中营造各种特定的气氛和场景。因此，在多数情况下，对话形式是生活小品形式。

例如，吉林人民广播电台为天津牌助听器做的广播广告采用的就是这种生活小品形式：

售货员：大爷，您买啥？

大爷：啥，减肥茶？不减，我这么瘦再减就没了！

售货员：……大爷，买什么您自己挑！

大爷：咋的，还得上称约？

售货员：大爷，您老耳背，我给您介绍一个新伙伴儿。

大爷：啊？要给我介绍个老伴儿？不行啊，家里有一个啦。

售货员：大爷，我给您介绍这个，保证您满意。

大爷：啥，助听器？对，我就是来买助听器的。

旁白：天津牌助听器，让聋人不再打岔。

这则对话式广告中售货员和老大爷一老一少像是在插科打诨，其实这正是该对话广告的成功之处。广播广告文案撰写人员正是为了形象地展现现实生活中耳背的老年人在实际沟通中的不便和尴尬，才设计了这样一段打岔的对白，听起来生动有趣。因此，我们说采用对话式的广播广告文案，可以活跃气氛，增加情境性，但绝对不能将对话式广告简单地理解为由一个人向另一个人介绍产品。优秀的对话式广告，应该根据创意，设定生动的人物形象、对话情境、对话内容。此外，精心塑造人物的声音形象也非常重要。

3. 戏剧式　指广播广告运用一定的故事情节或矛盾冲突来表现广告内容，传达产品或企业信息。这种广告可以赋予广告生活气息，避免简单说教。通过创造一种家庭气氛，或者设置一种工作环境，或者营造一个亲朋好友见面的场景，或者制造一个事故现场，随故事情节的发展，自然而然地介绍广告内容。如美国《时代》周刊的广播广告文案：

——对不起，先生，半夜三更您在这儿干什么？

——看见您太一高兴了，警官先生。

——我问您在这儿干什么？

——我住的不远，那边，第四幢楼...... 门口正在修路。

——先生，别废话了，请回答我您在这儿干什么！

——哎，别提了。我本来已经上床睡觉了，可是突然想起来白天忘了买本《时代》看了。

——你穿的这是什么？

——衣服。睡衣呀！哎呀，走的时候太慌张了。我老婆的睡衣。很可笑吧？

——上车吧，我送你回去。

——不行，没本《时代》周刊我睡不着觉，躺在床上看看“电影评论”“现代生活掠影”这些栏目......

——好了，好了！快点吧，先生！

——我试着看过其他杂志，都不合胃口。您知道《时代》发行情况一直上升吗？

——不知道，我知道罪案发生的情况。(汽车发动声)

——像我这样的《时代》读者多得很，比如温斯顿·邱吉尔，你呢？快快，不好了，快停车，你总不能看着我穿我老婆的睡衣就把我送到警察局去吧？

——你到家了？下车吧！(停车声)

主持人：《时代》周刊，逸闻趣谈。

买一本，度过良宵。

看一遍，安然入眠。

这则广告是写一位先生因为忘记了买《时代》周刊，晚上睡不着觉而出来溜达，正好碰上警察，从而发生一系列误会。通过幽默风趣的故事情节，让我们加深对《时代》周刊的印象。

4. 歌唱式　指广播广告文案以歌词形式出现，然后谱上乐曲，由歌唱演员演唱。这就是人们常说的广告歌，是广播广告中常见的一种形式。

由于广告歌好听、旋律美、易唱、通俗、新颖别致、趣味性强，所以容易形成广告口头传播的效应，能给听众留下深刻的印象，取得较好的经济效果。在上海有位音乐家为某产品创作了一首广告歌曲，琅琅上口，多少年过去了，这产品因某种原因在市场早已销声匿迹，但广告歌曲却还在流传。

广告歌曲制作的目的除了表达广告内容，就是要让它流行起来，在流行中宣传广告主题，进行消费鼓动，宣传品牌，提高知名度；在流行中，在口头传播中，不断进行广告提醒，加深消费者对广告的印象。要想使歌曲流行，旋律要简单，内容要简单，容易跟唱（没有人一本正经学唱广告歌，只有无意中跟着哼唱）。由于儿童对歌曲特别敏感，而且直感性强，对简单的事物喜欢模仿，所以儿童能够跟唱的，就比较容易流行，儿童唱得越多越能取得广告效果。下面是两首广告歌。

雪碧饮料（歌词）：

晶晶亮，透心凉，
我要……，倍感愉快。
冰冻，解渴，向心中透，
晶亮，清凉，我要雪碧，
晶亮，清凉，我要雪碧。

飞碟松下洗衣机：

女声合唱：飞碟松下洗衣机，
男声合唱：洗衣轻松又自在。
女声合唱：飞碟松下洗衣机，
男声合唱：家庭主妇的好帮手。
男声合唱：带来洁净，带来欢乐。
女声合唱：飞碟松下洗衣机。

5. 相声型　相声是中国老百姓喜闻乐见的一种曲艺形式。相声这种表演艺术在广播广告中出现得较多。演员运用误会、巧合等手法，把广告信息传递给听众，听众在欣赏文艺节目的同时，接受广告信息。例如飞碟松下洗衣机广告。

各位听众，现在请您欣赏一段相声。

甲：我爱你呀我爱你。
乙：你爱我？
甲：我的生活离不了你。
乙：爱得还挺深。
甲：我爱你的美丽肤色如萌芽绿。
乙：我都绿了？
甲：呵，这是国际流行色。
乙：咦？我还是国际型的！
甲：我爱你强壮的体魄。
乙：我身体结实。
甲：因为你是日本进口材料做的。
乙：那当然是了，——我呀？
甲：我爱你技术先进品质卓越。
乙：咱是新的姿态，新的突破。
甲：我爱你干活利索，衣服洗得最干净。

乙：我洗衣服最拿手。

甲：我爱你肚量大、讲信誉，从不和别人胡缠。

乙：都说我这点好。

甲：省里夸你，部里赞你，全国人民都爱你。

乙：我是人见人爱。

甲：跟你在一起呀，我永无后顾之忧。

乙：你放心，咱绝不变心！

甲：啊，我最理想、最可爱……

乙：什么呀？

甲：飞碟松下……

乙：是洗衣机呀！

6. 诗歌式　指以诗歌朗诵并配上音乐的方式进行广告宣传。这种形式中诗歌就是广告内容，音乐起烘托气氛的作用。这种形式用深情的语言把广告信息传达给听众，感染力非常强，制作起来也简便。由于诗歌讲究押韵，读来琅琅上口，在给人以美的享受的同时让你记住广告内容。如海鸥表广播广告。

音响：海鸥的欢鸣声

女：多么熟悉的声音，

男：多么亲切的呼唤。

女：海鸥表，我们可靠的朋友，

男：海鸥表，我们亲切的呼唤。

女；海鸥表——

男：记时之宝。

除了以上这些形式外，广播广告文案的表现形式还有讨论式、访问式、评书式、快板式、故事式等等。

## 5.3　广播广告文案的语言要求

广播广告是利用电波传播声音，听众通过听觉器官感知声音，接受广告的内容。用声音传播信息的长处是真实生动，更富有想像力。一般来说，语言较之文字更容易表达感情，更容易使人们展开想像的翅膀。声音传播的局限性是有声无形，一听而过，无法存查。因此必须研究广播广告语言的特点，扬长避短，发挥其独特的功能和特有的媒体优势。具体来说，广播广告文案的语言需要注意以下几方面。

### 5.3.1 词汇

1. 多用口语化词汇　广告文案撰写者在写作广告文案时，应该时刻提醒自己所撰写的文案不是以文字形式出现的，而是以有声语言诉诸听众的文案。因此，广播广告文案要尽可能口语化，用通俗、简洁、易懂的词汇，好读、不拗口、不难懂。这就要避免使用书面词汇、文言词汇、生僻的词汇。如春兰牌空调器的广告：

什么花开最美丽？

春兰花儿开，香呀香万里。

什么冬暖夏天凉？

泰州春兰空调器。

春兰空调器，人人都欢喜。

这则广告因为其口语化，使听众清楚明白接受信息，产生了良好的传播效果。

有这么一个广告：“××企业商标将于不日进行公开拍卖”，这句话如果在报刊上出现，应该好理解，即使不理解也可以查询。但在广播中，“不日”一词一听而过，容不得你思索琢磨，很可能有人就不解其意。因此，在广播广告中要尽可能少用不易理解的书面词汇和文言词汇。

在现代汉语中，书面语词汇，多半有与之相对应的口语词汇。普通话口语词汇使用的范围更广一些，不仅口头上使用，而且几乎都能在书面上使用。下面的各组词左边是书面语词汇，右边是口语词汇：

| | | |
|---|---|---|
| 庇护——保护 | 拂晓——清晨 | 诞辰——生日 |
| 遐迩——远近 | 几何——多少 | 弊病——毛病 |
| 母亲——妈妈 | 齿龈——牙床子 | 蓄意——存心 |
| 缄默——沉默 | 途经——路过 | |

广播广告文案中，使用严肃庄严的语体的情况比较少，绝大部分情况下都采用口语化词汇，如以上词汇右边的中词汇，以确保听众顺利地接受广告信息。

要注意的是，这里所说的口语化，并不是把听众日常使用的自然形态的口语原封不动地搬进广告，而应对这些口语进行加工提炼，使其符合要求。

2. 多用双音节词　现代汉语中虽然双音节词越来越多，但仍然存在许多单音节词，单音节词听混的可能性很大，如“手、风、封、锋、疯”，读音相同，读单字时容易听混，最好是改成双音节词，如“丰富、风格、封闭、锋利、疯狂”，这样就清楚明白了。

另外为了避免误会，还可以加减音节。如“食油”容易与“石油”相混，应改为“食用油”；“治癌”容易与“致癌”相混，应改为“治疗癌症”；“向钱看”容易与“向前看”相混，应该改为“向金钱看”等等。浙江人民广播电台的“钱江牌啤酒”广告有“钱江啤酒，祝君长寿。”就比“钱江啤酒，祝长寿”的效果好得多。

总之，在广播广告文案中应不用或少用单音节词，多使用双音节词。像下面的单音节词最好改成双音节词：

但——但是　较——比较　并——并且

将——将要　或——或者　现——现在

后——以后　如——例如　曾——曾经

3. 避免使用不通用的简称　广播广告按时间收费，有的作者为了少花钱，就用简称，想尽量省去几个字。但要注意的是有的固定词组是不能缩减的，特别是在广播广告中，对简称要有选择、有节制地使用。因为，许多书面上的简称，还可借助上下文看懂意思，而广播广告，听众只听其音，不见其字，这就会产生歧义，发生误解，不知所指。

在现代汉语中，有些简称符合构词的规则，社会通用，大家熟悉，意思明确，不会造成听觉模糊和误听误解。这样的简称可以在广告中使用。下面的简称较规范，可以使用：

共产主义青年团——共青团　高级中学——高中

彩色电视机——彩电　科学技术——科技

政治协商会议——政协会议　对外贸易——外贸

外交部长——外长　工业和农业—工农业

清华大学——清华　北京大学—北大

常务委员会——常委会　春、夏、秋、冬—四季

进口和出口—进出口　青年和少年—青少年

内容较多，用数字并列概括的简称也属规范化的简称，而且可以增强记忆，提高表达效果，在广播广告文案中也可以采用。如“五讲四美三热爱”、“四个现代化”“四项基本原则”、“八字宪法”、“三好”、“六畜”、“七窍”等。

在现代汉语中，有些简称是生造出来的，既不合构词规则，意思也不明确，而且听着别扭，说着拗口，社会上不通用，广大群众不熟悉，这样的简称在广播广告文案中就不能使用。例如：我们生活中有“塑料鞋”这一概念，如果把它简化成“塑鞋”，放在广播广告中就听不懂是什么东西。同样，“塑料雨衣”、“塑料花”如果都简化成“塑衣”、“塑花”，你能明白是什么意思吗？又如“联想长寿硒鼓激打隆重上市”（激光打印机），“激打”让人不知所云。又如“外刊”可能理解为“外文刊物”、“外国刊物”，称法不普遍，不符合语言习惯。

4. 不用生造的词汇和乱拆合成词　在词汇的发展过程中，为了适应社会生活日益丰富、交流活动日益广泛的需要，在各个时期都创造了许多新词。新词的创造大大丰富了现代汉语的词汇。但造新词必须符合词汇规范化的原则。近年来在书面语中出现了一些，任意拼合词素生造的双音节词。如，“头额、疵病、致送、恩谢”等。这些生造硬凑起来的词不合词汇规范，在社会上没有使用开，在广播广告中更不能使用，否则会让听众云里雾里，不知其意。这方面

的便子还有：

如“同学们非常尊爱张老师”，“尊爱”是生造出来的。应该改为“尊敬”或“热爱”。

又如“他非常满意公司的服务，激动得说不出话来，只是繁繁招手”，这里“繁繁”在现代汉语中就没有，只有“频繁”或“频频”。

5. 少用代词　广播广告文案与印刷广告文案不同。印刷广告文案在提到商品名称后可以用代词来代替，但在广播广告中，广告信息随时间的流失而消失，无法回头查询，因此广播广告文案在提及商品名称时，应尽量用全称，而不能用代词去指代。如果哪位听众随意打开收音机，听到的都是“这种产品”、“那种商品”、“这样的服务”、“那样的承诺”，就会弄不清是何种产品、何种服务。假如有这样一个广播广告文案：

儿童（甲）：我喜欢吃××牌果冻。

儿童（乙）：我也喜欢吃这种果冻。

儿童（丙）：我特别喜欢吃这种果冻。

儿童（丁）：我最喜欢吃这种果冻。

听这则广告，如果没听到广告的开头，人们一定很奇怪，到底孩子爱吃的是什么牌子的果冻。因此，最好都改为“××牌果冻”。这样，即使没听到开头，也能知道孩子们吃的是什么牌子的果冻。

6. 少用专业术语　专业术语是指在某专业（或行业）里使用的词汇，有特定的含义，非本专业的人难以理解。那些常使用的、大多数人能理解的专业术语，如“高血压”、“脑垂体”、“血压”、“流速”、“流量”、“公里”等，在广播广告中可以使用；而那些不常使用的、大多数人不能理解的专业术语在广播广告中最好不用或尽量少用，如“偏心凸轮”、“IBM意味着最佳服务（美国国际商用机器公司）”等，这些专业术语，一般老百姓不会知道，最好不用，如果非得使用，也要作必要的解释。比如“NH5”，就可以解释为“一种禽流感病毒”。

7. 适当使用语气词　语气词虽然不能做句子的成分，只表示疑问、祈使、感叹、陈述等语气，但语气词的使用能增强句子的表达效果。在以语言为主要表达方式的广播广告中，可以适当使用语气词，以增加广播广告的生活感。如吗、呢、吧、罢、哪、嘛、哩、哇、啊、么、啦等都可以用在广播广告中。总之，广播广告运用语气词可以增强感染力，使人如闻其声，如见其人，感到亲切，随和、自然，从而缩短了产品与消费者的距离。

### 5.3.2 语音的使用

1. 防止同音词、近音词混淆造成误解　有这样一件小事，一位50多岁的读者到书店购买《艾青诗选》，营业员对他瞧了好半天，然后用十分不屑的口吻说：“什么《爱情诗选》，这么大把年纪了，也不害臊？”这件可笑的事，一方面说明营业员无知，对业务不熟；另一方面也说明发音相同或相近的字、词，在声音传播中容易造成误解。

现代汉语中有许多同音异义的词，容易造成传递上的障碍。广播广告是靠声音传递信息的，听众在接受广告信息时，主要靠耳朵听，而不是用眼睛看，如果广告文稿使用了同音词或近音词，如“著名——注明”、“致癌——治癌”、“切记——切忌”、“消瘦——销售”等等，就容易产生歧义。所以在撰写广播广告文案时切记不用同音词或近音词，如果实在无法避开的话，也要用语言手段将之区别开来。如可以将“产品全部合格”（容易与“产品全不合格”相混）改成“产品全都合格”。

在现实中有很多容易相混的例子。广告中常用“魅力”二字，听起来像“美丽”；在广告中有些品牌的名称极易产生谐音歧义，如“昌和”在吴系语言中与“闯祸”同音；“丹麦”容易错听为“单卖”；“施乐”也常被错听为“失落”，产生误解，歪曲本意。有一首广告歌：“时光记忆，公元魅力”，常被听成“此光奇异，公园美丽”；还有一句广告词“武汉健民·····”，非常容易让人产生含义不妥的联想，现在已不再播放了。

2. 选用声音响亮的字、词

（1）恰当使用平声字：听众听广播的随意性较大，为了能使听众听清楚，广播广告语言要尽量选用开口大，发音较响亮的字，使传播的声音清晰明朗，洪亮悦耳。

现代汉语的语音有阴平、阳平、上升、去声四个声调。阴平、阳平合称平声，上声、去声合称仄声。汉字的四声与字音的高低、长短、强弱有直接的关系。平声字一般念起来较响亮，声音绵长，好比敲钟击鼓，声音传得远，如“长虹”、“康佳”、“发光”、“飘扬”、“高昂”、“坚强”、“西瓜霜”等。

仄声字一般念起来短促，一发即停，没有余音，即使使劲读，声音也拉不长，传不远，所以不如平声字音感那么强烈。如“住、供、聚、送礼、耐性”等。这样在广播广告中容易造成听觉模糊，听众还没有听清楚就从耳边滑过去了。

当然也不能在广播广告文案中一味追求使用平声字，如果文案中一句广告词都用平声字就读不出抑扬顿挫，也没有起伏变化。但遇到商品的品牌名称时，涉及到广告的重点内容时应尽量选用平声字，以提高语言的清晰度，增强震撼力，加深听众的印象。

（2）多用开口音：现代汉语中有“四呼”，“四呼”是按照韵头的有无和韵头的性质对韵母进行分析和分类的方法。没有韵头，韵尾又不是 i、u、ü 的韵母，称为开口呼；韵头或韵腹是 i 的韵母，称为齐齿呼；韵头或韵腹是 u 的韵母，称为合口呼；韵头或韵腹是 ü 的韵母，称为撮口呼；开口呼发音时，嘴唇是张着的，如“发达”；齐齿呼语音是从上下牙间挤出来的，如“集体”；合口呼发音时嘴唇几乎是闭着的，如“互助”；撮口呼发音时嘴唇是撮着的，如“吕剧”。在广播广告中，广告信息的传递全靠语音，为了使听众听清而不至于误解，应多用开口呼，少用齐齿呼、撮口呼，不用合口呼。如用“互助”一词是，嘴唇怎么也张不开，改成“帮助”就好一些。用“糊涂”，发音时嘴唇是闭着的，听众容易听不清，改成“不明事理”就清楚多了。

(3) 运用象声词：在广播广告中采用摹拟物体声音的象声词，会给听众带来一种身临其境的感觉，同时也有助于增加广播广告的音乐美。例如：“噼里啪啦，噼里啪啦，电子灭蚊器进万家。”听了这则广告仿佛亲眼见到了电子灭蚊器的神奇功效。

(4) 运用叠音词：双声叠韵能使各种广告语言更具有声韵的美感和语调的情趣。在广播广告中适当运用叠音词，既可突出广告词语的意义，加强对事物形象的描写，给人以鲜明的印象，又可以增加语言的节奏感和音乐美感。如：“大宝天天见”，“晶晶亮，透心凉”，“高高兴兴上班，平平安安回家”。

### 5.3.3 句式的使用

1. 少用书面句式　广播广告是口头传播，在短暂的广播广告收听中，听众没有时间来猜测难懂的语言。所以广播广告一定要口语化，不能太书面化。书面语是写给人看的，讲究句子的锤炼；口语则是说给别人听的，要求说着顺口，听着顺耳。这就要求广播广告要用简短的句式，开门见山，直截了当，表达层次要清晰，少用“因为”、“所以”、“不仅”、“而且”等，让听众听明白，容易记忆。

有许多口语化的广告语言既有利于传播又有利于记忆。如，“妈妈我要喝……”，“确实好多了”，“你今天喝了没有?”等，简单，口语化，给听众留下深刻的印象，几乎家喻户晓。

相反，书面语会令人听着不习惯，甚至听不懂。例如：

(小鸟的欢鸣)

男声：绿色，是人类生存的源泉；大地，是养育人类的母亲。

(音乐起)

男声：没有土地哪来绿色?! 同志，请您珍惜每一寸土地。用地请依法。

这是一则规劝人们依法使用土地的公益广告。“用地请依法”，如果在报刊广告中一看就明白其含义，但对广播广告来说可能会听不懂。为了避免这种情况的发生，让听众清楚明白地接受广告内容，最简单有效的方法是使用口语化的语言，如上面一句可改为“请依法使用土地”，效果就好了。

又如：“××企业是该行业的龙头企业，对行业的发展起着举足轻重的作用，几乎可以说，全行业的生产都惟××企业马首是瞻。”这种文白夹杂的书面语，讲起来疙疙瘩瘩，听起来也不好懂。

2. 少用长句　语言中有长句也有短句，长句可以上百字，短句只有一两个字。长句一般附加成分和并列成分较多，结构比较复杂，优点是细致、周密，信息量大；短句的，附加成分和并列成分较少，结构简单，优点是简短明快。汉语句子内部词与词之间的语法关系，主要靠词序或虚词来表达，句子过长，语法关系就不易一下表达清楚，说、写、听、读都有一定的困难。因此，一般情况下，多用短句，表达效果要好一些。

广播广告如果句子太长，一句接一句，那么听到后面就有可能忘了前面，听众很难抓住要领。而短句结构简单，读来省力，听来不费劲。例如：

“荣获 1987 年中国旅游食品展评会之天马奖，连年获“省优”、“部优”，1991 年又被农业部授予“绿色食品”美称的广东潮州市佳味食品厂生产的佳宝系列凉果是美味小食品。”

这个长句子的主干是“佳宝系列凉果是美味小食品”，主语“佳宝系列凉果”前面的修饰定语有“荣获 1987 年中国旅游食品展评会之天马奖”、“连年获‘省优’、‘部优’”、“1991 年又被农业部授予‘绿色食品’美称”、“广东潮州市佳味食品厂生产”。之所以觉得句子长，是因为有太多的修饰成分，念着别扭，听着费劲。要想使句子读起来不觉长，听起来轻松，又不缺少信息，应该把主语前面的修饰语单独成句，可这样修改：

佳宝系列凉果，美味小食品，荣获 1987 年中国旅游食品展评会之天马奖，连年获“省优”、“部优”，1991 年又被农业部授予“绿色食品”美称，广东潮州市佳味食品厂生产。

与用长句相比，用短句的广告不仅易于记忆，还易于流传，人们记住了这些短语的同时也就记住了产品。例如广州广播电台曾播放的广告：

美的风扇，美的享受，要买电风扇，请认准“美的”牌风扇啦。

广告只有 22 个字，但“美的”这个词却出现了三次，反复诉求，引起注意，句子短，语言美，容易上口。

又如“一旦拥有，别无所求”（飞亚达手表）、“天上彩虹，人间长虹”（长虹电视机）、“感冒清，感冒必清”、“天心，天心，制药放心”、“购物到万家，到店如到家”等。

3. 不用倒装句式　在除广播广告以外的广告文案中，可以用欧化的句子，使用倒装句，因为人们可以品读，通过琢磨理解其中意思。在广播广告中使用倒装句，会使人们听起来不习惯，不能要求听众去理解没按常用语序表达的意思。例如：

“这个牌子的商品对我是非常喜欢的。”

“把产品、质量提高的问题，我们公司认真讨论了好几次。”

“省钱、省力、省时、收效好，这是××产品的四大优点。”

“在消费者评选中，消费者信赖的产品又选上了它。”

“接到咨询电话，公司立刻派人上门服务，从紧张的公司人员里。”

以上这些句子都是倒装句，不符合一般人说话和思维的习惯，因此不便于听众明确地掌握语意。

总之，倒装句说着不顺溜，听着也觉着别扭，甚至会产生误解，因此广播广告中最好不用。

## 复习思考题

1. 简述广播广告的特点。
2. 根据广播广告具体播放时所作的不同时间安排，可将广播广告分为几种类型？
3. 广播广告由哪三个要素构成？
4. 为什么说语言在广播广告三要素中最重要？
5. 广播广告文案的特点是什么？
6. 从语言、语音、句式三方面，简述广播广告在语言上的要求。
7. 下面这则广播广告属于哪种形式，请对这则广告进行评析。

女：1973 年，湖南马王堆古汉养生方出土，1986 年衡阳中药厂古汉养生精问世。

男：人参四钱二分，黄芪一两四钱，金银子七钱五分，白芍六钱。

心血九斗，白发三千长，智慧十二分。无数春秋造就，古汉养生精。

（本广播广告荣获全国广告金奖。）

# 第6章 电视广告文案的写作

## 6.1 电视广告概述

### 6.1.1 概述

自1926年苏格兰人约翰·洛吉·贝尔德发明了电视以来，至今已过70多年，电视已经普及世界各地，成为最具影响力的大众传播工具，深刻地影响并改变着人们的生活。由于电视所具有的视听共具的媒体特征，使电视广告也随之深入人们的生活，并逐步发展成为影响最大、传播最迅速的一种广告媒体。在我国，随着改革开放的不断深入，自1979年1月28日上海电视台于17时05分发布了一条商业广告——参桂补酒以来，电视广告的作用逐步被人们所认识，广告费额也节节攀升。据统计，从1991年开始，我国电视台广告的营业额已经超过了报纸广告，位居各大媒体广告之首。

电视广告的文字表述即电视广告文案，类似电影（或电视剧）中的剧本。在电影或电视剧中，若无好的剧本，是很难拍出好的电影或电视剧的。同理，若无好的电视广告文案，就难以拍出好的电视广告，而使得电视广告文案的写作具有了与报纸、杂志等平面广告文案只运用文字表现文案的区别，也使得它具有了与单纯地运用语言来表现的广播广告文案的区别。电视广告文案就表现的载体而言，汇集报刊等平面广告文案的文字和广播广告文案的语言所具有的两大载体，并运用它们来进行表现。所以电视广告文案的写作是创作和制作电视广告的一个基本的、重要的环节。

### 6.1.2 电视广告特征

1. 电视广告所具备的优势

（1）声画同步，视听合一：电视是一门融视听、时空于一体的艺术形式，它集声音、画面、动作和感情于一身的能力，使它比其他任何媒体都更接近面对面的人际传播。在众多的广告媒体中，电视可说是最具表现力和魅力的媒体，它以强烈的声、光、色、形效果把产品信息和销售信息生动逼真地展现在受众面前，产生震撼人心的作用。

电视广告是运用电视的艺术表现方法向目标受众传递广告信息的一种广告形式。由于电视具有声形并茂、视听兼容的特性，通过电视制码可以将各种广告信息转化为直观、具体、可感的图像、声音和文字，尤其重要的是，它既可以用形象逼真的动态画面直接展现商品个性、外观、内部结构、使用方法、性能、效果等等，又可通过特殊的音乐和音响来烘托氛围，使受众加深印象，同时，它还能通过旁白、字幕或借剧中人物之口用语言揭示广告信息的特征，突出广告诉求重点，从而使电视广告具有强烈的吸引力和说服力，也使得电视广告有别于其他各大媒体广告形式而形成自己的特点。

正由于电视广告具有“集声色之美，兼视听之乐”的特点，据美国全国广告人协会调查表明：广告中若没有图片，将降低 75% 的效果；若广告中没有声音配合说明，效果将降低 25%。这说明，单纯地使用视觉或听觉，传播效果并不理想；若将二者结合起来，传播效果将会大大提高。

（2）传播广、速度快：随着电视普及率的提高，电视广告比其他任何形式的广告的传播范围都要广。其表现为农村家庭一般一家有一台电视，城市的一些家庭拥有两台，而为数不少的家庭同时拥有几台电视已经不再是什么稀奇的事儿。据调查，全国大约有 90% 的人每天至少要看一次电视，每人每天收看电视的时间累计总要超过 3 小时。而在 3 小时内收看电视广告也在其中，看电视的时间大多数是工作之余，全家人一起看电视。这样，同一时间内接受广告信息的就不止一人，而是一家人。推而广之，全国 13 亿人口所组成的所有家庭同时观看，这种接受方式就与广播广告和报刊广告的纯个人的接受有很大不同。它在同一时间内影响的人数众多，受众面广，而且，广告的受众脑海中留下的印象也较深刻。因此，这项以家庭为单位影响最大的娱乐活动，对于数以万计的家庭消费的广告来说，是非常有利的一种传播方式。

电视属电波媒体传播，速度非常迅速。广告信息一经电视台播出，电视机前的受众几乎在同一时间内就可知晓。但电视广告节目也需要有编辑制作的时间，因此，就同一则信息来说，电视传播的速度要比同属电波媒体的广播要稍慢一点点。即使是现场直播，电视仍需要对画面进行切换编辑（一般需要十来秒左右），不如广播可马上直接进行报道。然而，若与报刊广告比，电视在速度的时效性方面又遥遥领先了。尽管报纸现在有了“早上版”、“中午版”、“下午版”，时效上的差距，但仍无法与电视同日而语。因此，如果是时效性要求较高的广告，不妨选择电视媒体来发布较好。

通信卫星上天之后，只要卫星与各地转播台进行转播，一台电视机就可随时接收各种电视信息。最早是中央电视台，然后是各个省的电视台“上星”，其节目全国大部分地区的观众都能收看到（当然是当地要有接收和转播设备）。因此，电视的覆盖面相当广泛。各省的“上星”，使各省电视节目（包括广告节目）也具有了很广的覆盖面，这对中央电视台的垄断地位造成了一定的冲击。如湖南台的《快乐大本营》、《玫瑰之约》等栏目，由于在全国有较高的收视率，其广告收入也相当可观。同时，各地有线台也实行联网，扩大自己的覆盖面。这样，对大多数家庭来说，收看各省的卫视节目，都通过有线网来实现。

(3) 理解感染力强，观赏性丰富：电视能直观、真实地传播广告信息，无论图像、色彩、造型，其还原性都比较强，而且表达方式上既可演示，又可解说。图文并茂，声画兼备，观众的理解率高、信任度强。这种感同身受的传播效果，也是其他媒体所望尘莫及的。再由于电视能综合调度人们视觉、听觉上的诸多要素，给观众最大限度的感观刺激，使人产生身临其境的感觉，因而它具有丰富的表现力和强烈的感染力。随着高新科技在电视领域的广泛运用，SCI三维动画、QLIANTEL数码特技合成，使得电视的技术表现进入了一个穿越时空的自由王国，观众在惊诧于后期技术师“没有做不到，只怕想不到”的豪情壮语时，也情不自禁地随着他们手中的光笔和鼠标走进光怪陆离，眼花缭乱的超动感世界。这种感染力和观赏性使电视又成为“插上翅膀”的现代理想媒体。而“乐在其中”的数不胜数的优秀的电视广告精品，以其独特的创意和完美的表现，丰富着我们的电视荧屏，赢得广大群众的青睐，并印证着中国人不断提升的生活理想。

2. 电视广告的局限

电视广告虽然具有以上明显的优势，但同时，它又有着无法掩饰的缺陷：

(1) 时间限制：目前，电视广告的播出时间都是以秒为单位。在我国，电视广告常见的长度有30s、15s和5s。如中央电视台每晚《新闻联播》后的广告版块时间为5s。30s的电视广告可就某一场景或情节稍加展开，一般只能容纳16个以下的镜头（每个镜头可停留2～3s)，语音上最多能容纳130个汉字音节。15s的电视广告一般由30s剪辑而成，仅保留了30s电视广告的精华部分，删去其渲染铺陈部分，语音上最多能容纳60个汉字。而5s的电视广告，语音上只能容纳广告语、宣传品牌名称。电视广告的时间限制，直接导致不能负载较长、较多的信息。若想详细介绍商品特色，阐发企业精神，则只能望“秒”兴叹了。因此，对受众来说，这就意味着难以留下清晰而深刻的印象，对广告创作者则意味着束缚，是广告信息无法向纵深传播的最直接的原因。

(2) 费用高昂：电视广告因其高难的制作而呈现出高昂的播出费用。其费用在所有媒体广告形式中是最高的。高昂的费用包括两方面：首先，发布费用远远高于报纸、杂志和广播。其次，制作费用高。电视广告的制作非常复杂，它集艺术、技术为一体，需大量的人力、物力、财力作支撑。它从创意、表演到拍摄、剪辑，从场景的布置到服装、道具的准备，从演员的出场费（如果是明星，出场费则更是一个天文数字）到相关人员的劳务费，所有这一切加起来，它比广播广告的录音合成、报纸广告文案的配图加套红印刷和杂志广告的彩色印刷都要昂贵得多，这使得一般中小企业难以承受。中央电视台在1996年曾以66666668.88元的天价将黄金时段卖给山东秦池酒厂，创下了历史最高记录。高昂的广告费用不仅增加了企业和消费者的负担，而且应变能力较弱，一经摄制完成，便不易更改。因此，广告文案人员在撰写文案时，一定要考虑拍摄成本，不盲目追求宏大场面，在经费许可范围内为客户制作恰到好处的文案。

(3) 可选性差：电视广告带有“强制性接受”的特点，受众事先并不知道下面要播出的内容，因此，无法按照自己的意愿进行选择，面对播出的广告信息也只有被动地接收。表面上看，似乎增加了观众接受广告信息的机会，但易引起观众的烦燥与反感情绪，广告效果并不好。

(4) 对象的限制：电视广告要充分考虑传播对象的接受心理，以目标受众爱看的方式表现出来，因为不同的目标对象有不同的特点：儿童喜爱动画形式，因而广告要投放于儿童节目中播出；成人易接受的理性说服方式，故广告宜投放于每晚黄金时段播出，否则，效果不佳。

(5) 查存性差：电视不像报纸杂志，可随意往前翻、往后翻，也无法保存下来，随时供人研究参考。无论几秒或几十秒的电视广告，都是一闪而过，转瞬即逝，无论是字还是画面，都随着时间的流逝而消失，既无法查看，也难以保存，可以说，电视广告对受众而言就像是一次性消费，过眼烟云。

### 6.1.3 电视广告的类型

根据不同的标准，电视广告有不同的分类方法：

1. 从播出方式分类

(1) 集中型广告：即将一系列广告编排在一起，制作成一个小节目。这种广告分量较大，多安排在比较大型的两个节目或两个栏目性节目间的固定时间予以集中播放，时间大约为5分钟，如《名不虚传》、《榜上有名》、《广而告之》。它自成体系，不与其他任何节目发生关联，信息量集中，为有意识地了解广告信息的观众提供了便利，但对大多数观众而言，这种广告形式吸引力较差，主动收视率小，从而导致广告的覆盖面或影响力不足。

(2) 插播型广告：指在节目与节目之间的空隙时间内播出的广告。其总时间一般为45～60s，单个广告的时间为5s、10s、这类广告，占电视广告的绝大多数，但它也有限量。国家广电总局明文规定，每套节目播放广告的时间不得超过该节目播出总量的15%，在每天的18点至22点不得超过该时段的12%。这种广告，由于穿插在节目前进行插播，对观众的吸引力明显高于节目集中型广告。如每晚中央电视台的“新闻联播”之后“天气预报”之前的时段，历来是商家必争之时。商家看中的就是其高收视率和强大的影响力。再如一些黄金节目，如“焦点访谈”、“东方时空”、体育竞赛的现场直播及一些好的电视剧播出之前的时段，都有较好的广告效益，同时并为节目制作者带来极大的利益回报。

但除此之外，我们还常见的另一种插播广告，它是人为地将一个节目（或一集电视剧）分解为两部分，甚至多部分，然后在部分之间插入广告。它是利用节目正在进行之便，让观众冷不防突然看到广告，观众即使不喜欢也没办法，既来不及换台，也不值得关机。这样，强制性地将广告传播到位。结果，不仅使有序的节目变得杂乱无章，还破坏了观众的欣赏兴趣，观众对此极为反感。这是一种极不尊重观众的行为。因此，国家广电总局曾在1997年2月就为此专发通知，禁止随意中断节目插播广告。之后，又三令五申，目前，这类广告仍时有所见。由此可见，此类广告是不足取的。

2. 从制作的技术及制作材料方面来分类

可分为下列几种：影片广告、录像广告、电脑制作广告、幻灯图片广告、现场直播及字幕广告。

（1）影片广告：指用电影胶片拍摄而成的广告，常用16mm和35mm的电影胶片。早期的广告影片为35mm的黑白片，从20世纪60年代开始改用彩色片。通常的影片广告都是先用电影胶片拍摄广告，冲印后再将毛片转录成录像带，并利用电脑辅助设备，加上特殊的视听效果，最后经编辑制作，最后才拿到电视台播出。由于它采用了电影拍摄手段，广告图像质量较高，艺术表现力较强。

（2）录像广告：用电视摄像机拍摄，经过剪辑，再用录像带录制好，然后安排播出的电视广告。它制作方便，能及时播出，且成本较低，但图像的清晰质量不如影片广告，是电视广告中最大量、普遍采用的形式。

（3）电脑制作广告：指利用电脑技术制作的广告。它包括运用二维、三维电脑动画和数码特技合成技术，实现常理上不能实现的东西，包括物的创造、画面变形以及时空的自由穿梭转换等，它以其超现实性引起人们的好奇。这些广告经由电脑制作，再交由电视台播出。优点是形象生动、动感强，比那些要聘请演员的广告，成本要便宜得多。

（4）幻灯图片广告：指将广告图画和文字制作成幻灯片的形式，在电视中播出时，再配之以音乐和解说词的广告。这类广告制作简单，经济省力，但不具动感图像。

（5）现场直播广告：简称现场广告。指采用现场直播方式播出的广告。其时间长度每次在1分钟以内。它一般安排在演播室内或现场，对商品布局定位，有时还由演员配合表演，或具有说服力的人员"现身说法"，同时以直播方式由电视台播出。由于这类广告的即时性和现场感，可信度高，用于说服广告比较有效，后面提及的"超级三号强力胶"广告即属此类。目前，日本、美国等较发达的国家，多采用这种形式。

（6）字幕广告：又称标版广告。它将广告内容制作成标版字幕，并配以声音解说的形式来对广告内容加以说明，无须其他画面。它是最原始也是最简单的电视广告的一种特殊形式。通常在资金不足或需临时宣传的情况下使用。现代企业广告战略中，这种形式基本上被淘汰。

### 6.1.4 电视广告的构成要素

电视广告的构成要素比广播广告丰富得多，除了声音（包括人声、音乐声、音响声、背景声）之外，还包括画面和时间两大要素。

1. 画面　指展示在电视荧屏上的图像，它主要作用于视觉，是电视广告传播信息的重要工具和手段。它诉求力很强，更接近现实，直观、简洁、生动形象地传达广告信息，使人一目了然，更易于被人接受。如表现一种产品的外貌、特征、功能等，给人以可信感觉。上海电视台制作的“三角牌钢化玻璃杯”广告，采用对比方式，一只普通的玻璃杯被摔得粉碎，而钢化的摔到地上后却完好无损，画面上一看就清楚。再如时装广告，若通过报刊广告或广播广告等媒体进行宣传，其宣传效力无论如何都不如进行时装表演或采用电视画面宣传所产生的效力。因此，电视广告画面不仅可以生动地展示商品的形状、性能、颜色、构成，还可展示商品的运行状况，激发人们丰富的想像力。电视广告通过画面展示商品的形状、颜色、构成及运行状况，不仅使观众能清楚地了解商品的高、低、长、短、薄、厚、方、圆以及棱角分明还是圆滑柔和，还通过画面色彩对观众形成视觉冲击力，体现产品性能或功用，更可通过画面对商品的内部构造特色加以强调突出；同时还可产生与其他媒体广告有明显区别的色彩缤纷的不断运动的画面。如销售电视机的广告，为突出其屏幕之平的外形特征，广告画面通过夸张手法开始是一个冰上芭蕾运动员在表演，镜头慢慢拉开，原来她是在电视机的屏幕表面表演舞蹈；为突出电视机的纯正优质，通过色彩缤纷的电视画面来显示；为暗示产品功用，如夏天的空调广告多用绿色、蓝色带给人以凉爽，冬天的取暖器广告则以红色透出暖意。又如，打开冰箱的门，让人们看到其内部结构来，同时，画面总是不断运动变化的，而这些运动、变化着的画面就恰似一道流动的风景线，时时给观众带来新的惊喜，起到调节、活跃、接受氛围的作用，将商品的操作过程、运行状况形象逼真地呈现在观众面前。如洗衣机广告，如果要展示洗衣机的洗衣过程，恐怕只有电视能担此重任，其他媒体只能自叹不如了。不仅如此，电视广告画面所产生的信息及印象会储存在人们大脑中，并通过某种丰富联想，突破时空界限，使人们产生移情体验，从而扩大艺术感染力。如“力士香皂”的电视广告以合乎人们审美规律的联想手法，用颇具知名度而美貌气质迥然不同的三位女明星出场来分别介绍三种不同类别的力士香皂，适合于三种不同肌肤的保护。三位女明星偎依一起的场景和各个特写镜头十分柔美和谐动人，给人以高贵典雅的美的享受。人们从广告画面中不同风姿的美丽的女明星自然地联想到与之接近的不同类别的力士香皂，还会进一步联想到购买使用了与自己肌肤相适应的力士香皂，能获得广告中不同风姿的女影星美丽的魅力，从而激发了一种模仿追求的欲望。除此之外，画面还包括广告片中事件发生的环境和任何时间都可以出现的字幕。

2. 声音　画面是电视广告的主信息渠道，声音是画面阐释和补充说明。声音在电视广告中具有画面所不具备的优势。

1）声音不受时间限制，具有流动性的特点。受众不必像看画面那样一动不动地盯着，即使视线离开了画面，耳朵仍能听到声音。此时，电视中的声音极富有表现力的话，就可以把观众的视线拉回到屏幕上。

2）声音信息不像画面信息那样难以描述，它可以准确地、直接地被观众所接受，并且易于模仿，便于传播。尤其是一些精彩的广告口号和通俗上口的广告歌曲，更可以使广告信息得到更大范围的传播。如金正 VCD 电视广告的最后广告语为："金正 VCD，真金不怕火炼"，康佳彩电的广告语为"世界有你更精彩"，这些广告语是电视广告的画龙点睛之笔，又对传播品牌形象起了良好的推动作用/因此，在电视广告的制作中，应努力把声音的表现潜力发掘出来。

在电视广告中，声音的表现形式有两种：写实音和写意音。

写实音：是指能从广告画面中交代出的声源所发出的声音，它包括播音员的旁白、剧中人物的台词、音乐和音响以及背景音等。如：用一只鸡蛋被里面孵化的小鸡啄破壳的声音来表示新产品的问世，既形象又贴切。运用写实音，是为了把广告信息传达得更加清楚明白，通俗易懂。

写意音：是指完全脱离写实意义的声音，它并不在意说明什么，而是力求创造一种形象、一种情趣、一种意境，从而引发出人们丰富的联想和美好的情感。如：嘉陵摩托车的电视广告开始时，著名相声演员马季和唐杰忠那风趣、幽默的语言已经强烈地吸引了观众，紧接着，骑车健儿驾车奔驰在城市和游览区之间，在一首主题歌的背景下，摩托车驶过并发出嗖-嗖的声音，令人神往，更加引发观众的丰富联想。

3. 时间　时间是电视广告的第三个构成要素。因为时间直接影响着人们对电视广告信息的认识程度。一般来说，人们需要 1s 以上才能看清楚一个画面，若少于 1s，则很难给人留下记忆，因此，电视广告的中心画面应不少于 1 秒钟。

电视广告的片长以不超过 60s 最为合适。具体来讲有 15s、30s、45s 和 60s 的电视广告。15s 的电视广告，没有时间进行叙述和情节表现，只能起提醒作用。如果没有 30s 以上电视广告作为前导，一般不会产生很好的效果。30s 电视广告运用较多，它可以表达一个简单的主题，可以宣传一种商品；40s 和 45s 的电视广告也只能表达一个主题，只不过在质感和记忆上有时间深化和巩固；60s 的电视广告可表达两个主题，亦可诉求两种商品。调查发现，60s 和 30s 的电视广告，传播效果相差无几。因此，可将 60s 广告制作成两个 30s 的广告片接连播出。最长电视广告以不超出 100s 为宜，否则，传播效果将会适得其反。

电视广告三要素之间的组合，以产生"说明性"效果为最佳。这是判断电视广告是否有效的主要标准。

## 6.2 电视广告文案的特点及作用

### 6.2.1 电视广告文案的表现形式

电视广告文案有三种表现形式：画外音、人物语言和字幕形式。根据具体商品广告的需要，这些形式在具体运用中又会发生种种变化。

1. 画外音　画外音又称旁白，用专门的解说员播出广告文案的内容，往往与画面的运动同时进行。这种表现方式有两种：一种是以客观的第三者角度和立场来组织文案，如曾获得第三届全国电视广告评选一等奖的强力荔枝汁的电视广告文案：

荔枝，历代中国皇家的珍奇贡品，它鲜美、清甜、爽口，但一年只得一熟，即使尊贵的贵妃啖荔枝，都要千里迢迢从远方送来，一年中难得有几回。现在就不同了，有了强力荔枝高级饮料，无论何时何地，您都可以喝到新鲜荔枝汁。

这则文案完全以旁观者的口吻，客观陈述的画外音来表现，展示了古代吃荔枝的艰难，并以此反衬出如今强力荔枝高级饮料带给人们的便利，对比鲜明，突出主题，而且以第三者角度表述，更显得客观、公正。

画外音的另一种表现形式是以第一人称出现，以“我”的内心独白来写作文案，适宜于抒情文体。如人们非常熟悉曾获得第四届全国广告“印象奖”一等奖的威力洗衣机的一则电视广告文案：

妈妈，我又梦见了村边的小溪，梦见了奶奶，梦见了你。

妈妈，我给你捎去一样好东西——威力洗衣机。

威力洗衣机，献给母亲的爱。

这则文案以一个女儿的口吻，倾诉了对母亲的思念和爱。由此赋予威力洗衣机极其浓厚的感情色彩。它所采用的第一人称述说方式，非常有利于抒发女儿对母亲的拳拳之心，再通过解说员极富感情的朗读，极大地感染着每一个观众，调动起他们内心深处最纯真的感情，进而对威力洗衣机产生好感。

2. 人物语言　人物语言，就是电视广告中人物说的话，通过人物之口，将广告产品的优越性能说出来。从广告画面来看，广告中人物都是商品的使用者。因此，通过他们现身说法，说出赞美商品的特征、用途的语言，往往真实可信。广告中人物大致可分为三类：名人、普通消费者及虚拟的动画人物。而广告中人物的语言大体也有两种：独白和对白。

独白：电视广告文案，较多地借用名人之口来达到宣传商品的目的。如：借李默然之口吐出三九胃泰的承诺；借潘虹之口道出使用霞飞化妆品使人年轻的秘密。这些做法都极大地发挥了名人效应，很快提升了商品的知名度，并将笼罩在名人头上的光环迅速转嫁到商品身上，顿使商品身价百倍。但遗憾的是费用太高，且一旦名人出了什么问题，其广告产品的可信度和真实性也随之受影响。因此，目前越来越多的电视广告不再盲目地追星，而将触觉深入到广大普通消费者之中，去寻求吻合商品特征的“代言人”。如美国著名的麦当劳快餐公司为其汉堡包作的电视广告：一位老太太非常用力地切开一个特大型汉堡包，结果发现里面一点儿肉馅也没有，于是恼羞成怒地冲出画面大声疾呼：“牛肉在哪里？牛肉在哪里？”

这个广告在美国造成了极大的轰动，‘牛肉在哪里’这句话竟成了美国人常用的口头语，连里根当年在竞选总统时，还利用这句话来表白他的施政纲领，其影响力是可想而知的。

随着电脑制作技术的普遍使用，一个个电脑制作虚拟的卡通人物生动活泼地出现在电视广告中，而许多广告词也通过卡通形象之口脱口而出，为电视广告增添了许多新奇与浪漫。当然，动画人物的对话仍然是有人配音的，但通过画面上卡通人物的唇吻翕闭，将广告语言一字一句地吐露出来，却能使人觉得新颖别致，别具一格。如海尔电器的许多电视广告，无论是商品广告，还是公益广告或是动画片，都将卡通人物人格化，由卡通人物说出广告文案的内容，带给人无限的欣喜，使人难以忘怀。

对白：除人物独白外，还可采取两人或几人对白方式推出文案，如双汇火腿肠的电视广告，就是通过冯巩与葛优的对话完成的：

冯巩：想什么呢？

葛优：想戈玲！

冯巩：不要想了，我给你介绍一个新朋友——双汇。

冯巩：还想戈玲吗？

葛优：戈玲是谁？

这则文案生动有趣，在观众脑海里留下了深刻难忘的印象。

3. 字幕　直接显示在电视屏幕上的文字就是字幕。它有两种表现方式：一种是字幕标版广告，字幕占据整个荧屏，无任何画面，完全以字幕形式传播广告信息。另一种是字幕与画面相配合。而这种配合，可根据不同的需要采取不同的方式。

1）广告中有解说语言时，将字幕放在荧屏下方，叠印在画面之上。一般来说，作为广告语，主要作用是突出产品特点，鼓励目标受众采取购买行动，以及品质承诺，生产厂家名称等。如曾获第三届全国电视广告一等奖的强力荔枝汁的电视广告的最后两个画面上就分别叠加有“品尝新鲜荔枝味，无须等到果红时”“伴您三百六十日”的字样，“不含糖精色素，保证原汁原味”以及“中国广东强力啤酒厂”字样。

2）广告中有解说词时，将字幕作为画面的有机组成部分，即字幕也成为画面不可缺少的因素。它不仅担负着传播广告信息的任务，而且承担着平衡画面的职责。如：台湾中华豆腐“乡愁篇”的电视广告，便是将余光中《乡愁》诗的文案以字幕形式与充满意蕴的画面相互配合映衬，起到了极好的作用。其字幕为：

乡　愁

小时候
乡愁
是一张小小的
车票
我在这头
母亲在那头

长大后
乡愁
是一枚
窄窄的邮票
我在这头
母亲在那头

而现在
乡愁是一弯浅浅的
海峡
我在这头
母亲在那头

思母心
豆腐心
中华豆腐
和您
心连心

那优美的诗句与有意识留下许多空白的画面相融合，表达出远方游子浓烈的思乡之情，与广告所表达的主题“思母心，豆腐心”正相契合，在每个观众的心灵中引起了强烈的震撼。

电视广告中字幕的字数是有限制的。在有其他解说词的情况下，字幕只表现广告语、品牌名称、企业名称。这时不宜超过14字。如果字母承载广告信息主要内容，那么不宜超过40字，其布局格式为：横书分4行，每行10字；纵书可分6行，每行6~7字。而且字体还应注意与广告产品内容风格相统一。如是历史悠久的产品，可用篆体或行草；若是儿童用品、儿童食品，可用儿童书写的童稚体。还可考虑字幕的运动方式，让字在画面上动起来，会更吸引人。

当然，具体实践中，画外音，人物语言，字幕显示三种形式可单独使用，也可交叉使用，而将画外音与人物语言相结合，则是最经常出现的形式。它可以使语言活泼有趣，不觉呆板。若再加字幕，可使一些不易听清楚的话语让人更明白。特别是电视中的广告歌，为了让人快速明白意思，就在屏幕下方显现出字幕来。如孔府家酒的广告片，在歌唱“千万里，千万里，我一定要回到我的家，我的家啊”时，屏幕下方的歌词译文，其目的是为了使产品走向世界，让外国人也能听懂，看懂，真乃用心良苦。

### 6.2.2 电视广告文案的特点

1. 表现内容的非完整性　电视广告是综合运用多种表现手段的传播方式，而每种表现手段又各有其独特的表现力。因此，电视广告的一部分内容可由其他表现手段更好地来表现，比如，商品的外貌、形状等可由画面来表现；欢快、抑郁的气氛可由音乐来完成……但由于受自身表现力的局限，电视广告文案必须把自己不擅长表现的内容交由其他表现手段去完成。其次，由于电视广告文案与广播广告文案大致相似（字幕、画面除外），即通过声音传播，以口耳相传方式进行交流，其文案各部分之间的区别无法辨别，往往融为一体，而且电视广告需要在短时间（常见的有30s、15s、5s）内去传播广告信息。而每秒一般只能播出3个字。按这样计算，30s的电视广告也只能容纳90个字左右。因此，广告的标题、正文、标语、随文等四部分内容也不必求得完整。所以大部分电视广告或没标题，或正文简单，或干脆不要广告语，随文（也可以字幕形式出现）。再次，由于受到电视广告作品整体构思的制约，广告文案不必追求自身表达的完整，而要根据广告作品的表现对象、主题、诉求对象、风格样式来确定广告文案在广告作品中的位置，在无须解说的地方不妨“发扬一下风格”，让位于其他的表现手段，不能因追求广告文案的完整，而影响了整则广告的传播效果。因此，一则好的电视广告文案，起自身内容是不完整的，语言形式是不完整的，结构也是不完整的。从语言角度讲，它有着种种疏漏，但正是由于这种不完整，才是电视广告文案的一个重要特点，正是他的这种“无私”的不完整的文案与相匹配的画面、音乐等因素组合到一起，观众才能发现一种新的完整乃至完美。就像一个大型的交响乐队，若使其中的某种乐器的乐谱单独演奏，就很难奏出完整的乐章。但把它融入整个交响乐队中，就能充分显示其演奏部分的意义和价值。

2. 表现手段的非独立性　每种表现手段各有其自身相对独特的表现力和相

对不同的先天局限。但它一进入电视广告领域，其本身的因素就发生了根本的变化，原有的自身独立性丧失了，成为电视广告的一个基本元素。因此，电视广告的这种综合优势的体现，并非各种表现手段的简单相加和随意凑合，而是在各种表现手段各自丧失独立性之后的重新有机组合。

1）电视广告文案的主要组成来源是文学写作，但又不同于文学写作，也不同于印刷广告和广播广告。它从构思行文到表现形式，与一般的写作有着很大的区别。也就是说，它本身无法独立存在，必须以画面等因素为依托，与其他表现手段相配合，才能发挥电视传播的最大优势。否则，就会出现“声画两张皮”的严重后果。

2）声画结合。视听兼备是电视传播的独特优势，也是电视广告应该达到的理想境界。要达到这一境界，必须使每种表现手段首先丧失其自身的独立性，只有这样，才能做到各种表现手段之间的有机合作，同时充分发挥各种表现手段的独特表现力。对于电视广告文案来说，尤要做到这一点。电视广告文案作者应充分认识其独立性特点，才能围绕与画面等因素的融合来进行构思行文。

3. 结构文字上的非连贯性　单从文字上看，电视广告文案的结构是不连贯的，语言也是断断续续的。如一则介绍商品用途的广告，广告中人物表演了一阵之后说一句“就这么简单”，单看文案是不连贯的，甚至是零碎的，但与其他表现手段结合起来看，它又是连贯的，天衣无缝的。如香港地铁一则电视广告中人物的一段对话：

小和尚：师傅，是时候了。

小和尚：噢，师傅……

老和尚：前路看得通，何故要匆匆？

小和尚：时辰刚刚好耶，师傅……

老和尚：（画外音）心中有数，搭地下铁路，说着说着，就到了。

字幕：广告语：搭地下铁路，说着说着就到了。

小和尚：师傅，要放生的那只龟，还未到耶……。

这段对话，表面上看，各说各的，一点也不连贯，彼此没有任何联系。但与画面结合在一起，相映生辉，突出了地铁方便、快捷的特征。

由于电视媒体的“声画结合，视听兼备”的特点，决定了电视广告文案的上述特点。因此，电视广告文案的作者始终要清醒地意识到，他所面对的接受者是边看边听的“观众”，而不是只需听不需看的“听众”，也不是仅需看不需听的“读者”。电视广告文案的作者一定要注意适应观众“边看边听”的特点。

请看表 6-1 法国强力胶的电视广告实例：

**表6-1 法国强力胶电视广告文案**

| 画 面 | 广 告 词 |
|---|---|
| 一、将强力胶抹在一双鞋底上 | 请看，我们将为你展示难以相信的超级三号强力胶威力 |
| 二、两人将播音员托起，将其双脚贴在天花板上 | |
| 三、全景，两人继续将播音员托起，使其双脚贴在天花板上 | （配音：钟表的滴答声） |
| 四、两人正走出房间，播音员已倒挂在天花板下面 | 这一段影片没有经过剪辑 |
| 五、播音员仍倒挂在天花板下 | 请详见说明书，超级三号强力胶可用来粘橡胶，塑料，瓷器……只要几秒钟 |

这是一则现场直播的电视广告，文案与画面很好配合。在广告文案的巧妙引导下，观众的注意力不由自主地集中到电视所展现的画面形象上，很好地体现了电视广告声画结合的综合效应。但如果将电视广告文案单列分析，则从它自身找不到圆满的解答。比如，请观众看什么？展示什么？没经剪辑的影片表现的又是什么……这些都无从解答。只有将这些与画面配合，观众才能找到答案。因此，文案只有在与“看”画面结合的过程中，自身价值才能充分体现出来。

综上所述，电视广告文案与其他媒体广告文案不同。它不能单独依靠语言本身去完成广告诉求的任务，而必须与画面、音乐及其他配合，才能发挥其媒体作用。

### 6.2.3 电视广告文案的作用

电视广告是一门综合性的艺术，它集画面、语言、音乐及音响于一体，共同影响着电视观众。文案作为电视广告的重要组成因素之一，在电视广告中发挥着重要作用。

1. 阐释广告主题　电视广告的画面虽然生动形象，但它却难以表现广告的主题。如在嘎纳广告节获奖的一则公益广告：画面是一个小孩正在玩弄一把锋利的匕首，最后竟然把刀尖含在口里，这画面让所有的观众无不提心吊胆，一颗心悬得高高的。而这则广告究竟要告诉观众什么呢？恐怕观众各有各的理解。幸好文案及时出现：“这就跟毒品一样，有人用它，却不知它的危害。”（字幕）正是这句话点明了广告的主旨，使观众那颗悬着的心放了下来，也正是在观众长吐一口气的时候，也切切实实地知道了毒品的危害。

2. 确定画面内容　电视广告画面内容丰富多彩，具有很强的说服力，但同时也给观众的理解带来了困难。如法国强力胶电视广告的实例，画面上人物在不断活动，或播音员倒贴天花板。如果把广告词去掉，声音关掉，观众能知道画面上人物在干什么吗？能知道这则广告在宣传什么产品吗？恐怕无人知晓。因此，电视广告文案的重要作用之一，就是能确定画面内容，提示画面未能表现的信息，使广告宣传具有确定性，减少观众心理上理解的负担。

3. 对画面进行解释、说明和补充　画面虽然直观，但也有难以表现的地方。广告文案则可解释视觉变化无法表现的东西（如经过一段时间的皮肤护理后的变化）。描绘无法形象化的无形的东西（如人的感觉、心境、心情等）或者用语言表达演员或拟人物的思想。如一则国外的化妆品电视广告，画面是一群戏水的儿童，这些画面与化妆品之间到底有什么联系呢？这时如果没有文案加以说明，观众恐怕就只能是雾里看花了。

4. 串连画面　广告画面有很强的表现力，但有些画面的运动跳跃性较大，这就需要随着画面的运动变化而跳跃性地展示商品，即对商品不作静止地描摹，而是在运动中去把握，把一个个画面串连起来，使文案与画面并驾齐驱。

如雀巢咖啡的电视广告，画面为客人造访，主人热情地烧水冲咖啡，伴随这一情节，文案这样写道：

解说（伴随上述过程）雀巢公司荣誉出品、驰名世界的雀巢咖啡，精选优良咖啡豆爆烘而成，品质特别高。用一茶匙的雀巢咖啡加热水、加糖、加咖啡伴侣或加奶，立刻冲成一杯又香又新鲜的咖啡，敬客自奉，馈赠亲友，深受欢迎，香浓美味，提神醒脑，味道好极了！

电视画面顺应着文案的介绍显示具体的操作，二者互相映衬，互相说明，使观众对雀巢咖啡有一个全面整体的认识，并学会了冲饮方法，可谓一举两得。假若没有文案将这些画面串起来，观众对这些广告中的一个个画面会不知所云，也就更谈不上什么广告效果了。

5. 完成脚本制作　电视广告文案以画面为依托，并与画面相辅相成，二者相映生辉。因此，创作文案时，不仅要同时考虑画面，而且还要写出大致画面（包括画面提示），这样创作出来的文案实际上已经是电视广告的脚本了。不管哪种格式的脚本，都能起到确定广告主题、统一摄制步调的作用。事实上，电视广告的脚本都是由文案人员完成，在画面拍摄前出台的。

### 6.2.4　电视广告文案的类型

电视广告文案的类型有多种，不同内容的广告宜采用不同类型的文案去表现。因为广告表现形式的目的在于增强说服力量，让目标消费者能更好地接受广告的诉求重点。电视广告文案常用的有如下几种类型：

1. 新闻报道型　以电视新闻报道形式记录下产品的主要信息。这种类型的文案，适合于刚刚进入市场、某商厦开业典礼或新产品的信息发布、展销以及展开比较独特的促销活动的产品。新闻报道型广告有利于表现企业产品的科研、生产过程，让人对产品的质量产生信任感、真实感。如厦门电视台的“陪你逛逛”节目，观众可随主持人到商场、酒楼、展销现场、娱乐场所实地考察，使节目既有新闻性，又有趣味性、导购性，很受观众欢迎。

新闻型的广告文案，时效性强，可信度高，价格也较便宜，其具有软销广告的特点和具有广告信息的新闻价值及真实性的特点，使观众乐于接受，但其平铺直述、单调枯燥的特点却不受观众喜欢。

2. 示范证明型　在电视广告中出现某种人物来推荐商品，会给人以真实感，使观众受到电视广告人物现身说法的影响，有助于快速对产品产生好感。这种类型可采用名人推荐式、专家引证式或普通人的赞许等形式。

1）请社会各方面名流来推荐产品。力求寻找名人与产品之间的关联点，使人们由崇拜名人转而对名人推荐的产品产生信赖感。如李宁在健力宝饮料广告中的体操表演，配合"竭尽全力，再创功绩"的广告口号，充分再现了企业和产品的形象；巩俐为"美的"空调做广告，确定了"柔情似水，夏日经典"的广告创意；李默然口吐三九胃泰的承诺，潘虹道出使用霞飞化妆品使人显得年轻的秘密……利用名人作广告，要注意名人的选择要与广告产品有内在的联系，才能得到观众的信赖。

2）利用专家对某一方面知识具有的权威性影响，以他们的客观公正的介绍和科学论断为依据，去说明产品的特点和好处。

3）普通人的推荐作广告，要让消费者感到很容易亲近，并用家常语与目标交谈，有时也起到良好效果。如家庭主妇推荐味精、某男士推荐去头屑的洗发护发化妆品等。普通人的身份地位与消费者极为接近，更能引起人们的共鸣。

示范证明型广告有两种：一是实际证实，就是广告代言人、专家、普通人以个人使用该产品的经验表现产品的性能和主张，建议人们购买；二是名人效应，就是利用名人声誉或影响，将名人形象（个性）赋予产品身上，从而吸引观众，这种形式无须提出个人主张。

3. 故事型　它以讲故事的方式表现产品的特点和功能。它一般有完整的故事线索、特定的环境、人物形象，有一定的戏剧性事件冲突等情节，并有一个发展和转化过程，最后以一个完美的结局使观众得到心理上的满足。

第四届全国广告作品展影视广告作品"孔府家酒"（想家篇），就是通过海外华人归国团聚，与家人共饮"孔府家酒"的情节，很好地树立"孔府家酒，叫人想家"的品牌形象；第五届全国广告作品展影视广告获奖作品台湾黑松汽水（父子篇），则展现了另一个家庭故事：儿子新潮时髦，好好地牛仔裤扯个洞，染头发，听摇滚，父亲看了直摇头，儿子却没忘了出门前拿两罐黑松汽水，一罐悄悄放在父亲身旁……这样的故事和画外传来的"其实我一直在乎你心里的感受"歌曲相互交融，颇为动情。

4. 场景型　没有完整的故事情节，而是通过不同场景的组合切换来凸现产品的卖点（USP），或者宣传产品的附加价值（EVP），它主要有两类场景：

（1）生活场景：用生活场景进行表现，不仅注意到了场景的生动性，而且增加了广告片的生活情趣，使之产生强大的感染力。见表6-2上海五祥童车有限公司 BMX 童车广告文案。

这则广告采用了分镜头剧本，就是运用了孩子们去草地游玩的生活场景，其中小狗的出现更增加了画面的生动感和活跃感。

(2) 宏大场面：用气势恢弘的场面对受众的视觉、听觉和心灵造成巨大的震撼。如耐克的外星人大战广告、科龙的冰山形象广告都属此类。文案创作者撰写这类文案要注意场面的推进和调度，增加拍摄、制作的可行性。

这类文案中场景的组合方式有如下几种：

1) 顺承式。即按时间先后顺序来组合不同的场景。

2) 串珠式。用某一意念把不同的画面组接起来，始终表现一个主题。如柯达胶卷的“柯达一刻”电视广告。

3) 跳接式。广告中各画面间无先后、相似、对比等关系，跳跃性较大，但画面的风格、格调仍保持一致，给人以广阔的想像空间，如秦池古酒形象广告片。

5. 歌唱型　用演唱的形式表达广告创意，通俗易学，旋律明快，新颖独特，优美动听，容易引起消费者的共鸣，还可利用歌曲来增强记忆效果。国内外许多品牌商品，都巧妙地利用广告歌来提高产品的知名度，且歌词内容清晰简单，有的仅仅强调商标。如可口可乐，娃哈哈果奶等，都以广告歌取胜，产生了世界性的影响。日本东芝电器广告突出商标：“TOSHIBA，TOSHIBA，新时代的东芝。”国内燕舞收录机广告歌：“燕舞，燕舞，一起歌来一起舞；燕舞，燕舞，一曲歌来一片情。”这些广告歌在传唱中给人们以美感。

6. 情境型　它是以感情祈求为目标的广告宣传形式，把观众注意力集中在商品使用者身上，并非商品本身。它要求抓住产品个性或品牌形象的个性，为其注入情绪、感觉和审美因素，使之产生情景交融的意境和神韵。如“雀巢咖啡”电视广告烘托年轻夫妇接待客人的亲切意境气氛，暗示该产品是社交生活中的必需品。“威力洗衣机”广告抛开产品的特征和功能，在和谐浓郁的意境中，把祈求重点放在女儿对母亲诚挚的爱恋上。

**表 6-2　上海五祥童车有限公司 BMX 童车广告文案**

| 镜号 | 镜位 | 摄法 | 剧情 | 音乐 | 效果 | 片长 |
|---|---|---|---|---|---|---|
| 1 | 中 | 平 | 三个儿童在林中小桌埋头静读 | | 鸟鸣声 | 2″ |
| 2 | 特 | 平 | 女孩闻声惊地抬头，圆脸上有一副黑眼镜架 | 起　欢快 | 自行车声 | 2″ |
| 3 | 中 | 平 | 三个孩子起身收拾书包 | | | 3″ |
| 4 | 中 | 平 | 孩子们欢蹦雀跃地把书包扔向上空 | | 笑声 | 2″ |
| 5 | 特 | 稍俯 | 标有 BMX 字样的书包。越野童车从书包边滚过 | | | 2″ |
| 6 | 中 | 跟 | 一男孩，身穿黄色运动服，在绿树丛中骑车穿梭 | | 笑声 | 2″ |

（续）

| 镜号 | 镜位 | 摄法 | 剧　情 | 音乐 | 效果 | 片长 |
|---|---|---|---|---|---|---|
| 7 | 特 | 叠化 | 脚蹬童车踏脚 | | | 2″ |
| 8 | 特 | 叠化 | 车把，BMX 字样 | | | 3″ |
| 9 | 特 | 跟 | 童车车辆在绿茵场徐徐滚动 | | | 2″ |
| 10 | 中 | 平 | 着粉红装、戴眼镜的女孩骑车穿画面而过，一条白色小狗追逐童车 | | 狗吠声 | 3″ |
| 11 | 特 | 叠化 | 两辆越野童车一前一后向镜头而来 | | | 2″ |
| 12 | 全 | 叠化 | 林间草坪。三个孩子骑车排成一线向镜头驶来，小狗也蹦跃其间 | | 狗吠声 | 2″ |
| 13 | 大全 | 俯 | 三辆越野车在蜿蜒的林间小路上，离镜远去（定格） | | | 4″ |
| | | 定格 | 叠字幕：BMX——给孩子一个愉快的星期天 | | | |
| | | | 上海五祥童车有限公司（光线划过） | | | |
| | | | 画外音（男）：上海五祥童车有限公司 | | | |

有口皆碑的“南方黑芝麻糊”电视广告，从挑着黑芝麻糊的货担的出现，到慈祥的大嫂舀给“我”一碗，“我”津津有味地吃完，最后还忍不住舔了几下碗底，再到大嫂舀给“我”一勺……由于画面已有生动形象的介绍，文案就没有一一细致地予以叙述，在广告开头有一句感慨“小时候，一听见芝麻糊的叫卖声，我就再也坐不住了”，以营造出温馨怀旧的情境氛围，勾起观众紧紧的联想与回忆，并赋予商品浓厚的人情味。更是以中华民族传统美德和浓郁的人情味为祈求重点，使大众化食品“黑芝麻糊”流淌着浓浓情意，涓涓细流般融入观众的心间。

这种类型的广告多采用象征手法，抛开产品本身的功能和特点而赋予其崭新的意义和价值。从具体事物出发而表现出某种抽象的概念或思想感情。其“情境”的塑造或广告主题的确立，有赖于消费者联想与想像等心理功能的发挥，消费者的参与是不可缺少的因素。

7. 幽默型　这类电视广告旨在运用幽默、滑稽的情节与场景，使受众在娱乐中接受广告所传达的产品或企业信息。例如香港益力多乳品电视广告《猜拳篇》：冰箱里只剩下一只益力多，爸爸与儿子靠猜拳来决定谁饮。爸爸先输了一局，改口说要三局两胜，但是又输了，结果却又耍赖。儿子向妈妈告状，爸爸只好“缴械”。

在国外，幽默广告是一种常见的电视广告形式，而在国内却少见，成功的幽默广告就更少了。

8. 动画型　也称卡通型，在艺术构思上主要是表现夸张、幻想的虚构题材和情节，具有幻想与现实融为一体的特点。由于动画可上天入地地充分发挥想像力，可把商品复杂的观念予以简单化，或处理一些抽象的问题。因此，它不仅对儿童具有独特的魅力，对成年人也有相当大的吸引力。如“吗叮啉胃动力广告”和阿凡提的“江中草珊瑚含片”。再如一部DDT灭蚊药品的广告动画片，画面上两只造型简洁、动作夸张的黑线条蚊子在相互对峙，右边的蚊子拿着手枪威逼左边的蚊子，逼得它步步后退。当右边的蚊子得寸进尺猖狂得意准备扣动扳机时，左边的蚊子突然拿出一个装有DDT的瓶子，向攻击者“哧”地喷去，右边的蚊子应声直挺挺地倒下，一命呜呼了。于是，左边的蚊子以胜利者的姿态向观众宣传DDT如何如何好，这时，它竟在疏忽之中也向自己“哧”地喷了一下，于是，也直挺挺地倒在了地上。该片以强烈的戏剧性及幽默感，引起观众会心的微笑，并在微笑中接受产品。

采用动画型技巧要注意两点：

1）广告应力求简洁，以减少成本。

2）广告应营造“成人童话”，不要过分儿童化，以免划地自陷。

## 6.3　电视广告文案的写作

### 6.3.1　电视广告的声画关系

电视广告的声画关系是指电视广告的视觉表述和听觉表述之间的关系。前者主要是画面（包括字幕），后者主要是广告词（文案），另外还包括音乐、音响。因此，声画关系其实就是画面与文案的关系。

1. 声画合一　电视广告集声色之美，兼视听之乐。声画合一，又称声画同步，指的就是广告词主要根据画面所表现的内容来进行阐述、描写、议论、抒情，画面与解说词完全一致。如前文例举的雀巢咖啡的电视广告，文案（解说）具体介绍了冲雀巢咖啡的方法和过程：先舀一茶匙咖啡，放在杯中，然后加水、加糖、加奶或加咖啡伴侣，一杯又香又新鲜的咖啡便出现在你的面前。电视画面上人物的具体操作与文案介绍同步进行，相映生辉，互相说明，形成一种合力，造成“两两相乘”的诉求效应，使观众不仅对雀巢咖啡有一个全面、整体的认识，还学会了冲饮方法，这就是声画合一的作用。

声画合一，还应该具有“合之双美、分之两伤”的效果，缺少任何一方，都是不完整，只有将二者巧妙地结合在一起，才能表达一个完整的意义。如美菱空调的电视广告，为了突出其省电的功能，画面是一只蜗牛在电表前爬，并说：“咦，怎么走得比我还慢呢？”光看画面，表达并不明确；光听声音，也不知谁和谁比，二者结合起来，才将广告主题完美地表达出来了。尽管如此，但创作广告词仍然最忌讳简单重复画面，文案写作者应充分注意这一点。

2. 声画对位 一般情况下，电视广告中，要把产品外在形态、直观的表现让给画面来表达，而把电视画面无法表达的、感情的、象征性的、属于产品的附加值的感性成分留给广告文案来表现，这就是声画对位。也就是指广告文案不再根据画面表现内容去阐释画面，而是根据主题要求、整体构思的需要来确定解说的内容。这时的文案对画面所起的是一种补充、说明作用，交代画面所无法表现的内容，使声画结合，产生一种综合效用。因为“声”、“画”本身各有其不足和局限，只有当二者互为补充，互为依附时，才能发挥出各自的优势。因此，电视广告是二者的有机结合，解说语言不仅要阐释画面，而且要补充说明画面的不足。补充说明的内容大致包括：

（1）已过去了的事情：如威廉·伯恩巴克创作的大众汽车的电视广告的《遗嘱篇》。为避免电视画面内容的过于庞杂，广告以主人翁旁白或播音员解说，通过如此的补充说明，让观众了解过去了的事情，想像出当初的情形。

（2）人物的内心世界：画面虽然可以直观表现产品的外在形态，但对表现人物的内心世界却一筹莫展，而解说语言在这方面却游刃有余。它可以用主人翁心声、独白等手法来表现人物心灵。如前文所引的威力洗衣机电视广告文案“妈妈，我又梦见了家乡的小溪……”，所表现的就是作为女儿的心声。

（3）揭示主题：如一则台湾电视广告，画面是利用电脑特技表现政商人士坐在办公室里，却不自觉地露出狐狸尾巴，这些画面很幽默，很能吸引观众，但观众并不确切知道它要表达什么主题，只有通过旁白：“政商现形记，《商业周刊》”，才点出主题，这是暗喻《商业周刊》的丰富可读性。由此，只靠画面难以表现广告主题，而解说语言却恰到好处地起到了“画龙点睛”的积极作用。

3. 声画错位 它是指解说语言与画面表面看似无关，但实际上二者之间却有某种隐含的联系。这是制作者有意采用的一种技巧，声画表面错位，实际暗中勾连，从而产生一种象征或隐喻的修辞效果。这种高级技巧，最初使用于电影、电视剧中，而今电视广告中也成功地使用。如《北京人在纽约》电视剧中，郭燕离开王启民，投入了大卫的怀抱后，王启民拼命地织毛衣，这时传来的声音也是织毛衣的声音（声画合一），紧接下来，则是郭燕和大卫度蜜月，海滩、游乐场……尽情嬉戏的画面，但传来的声音却是王启民织毛衣的声音。这一组镜头使用了声画错位的技巧，使对比效果更加鲜明。

一则很值得欣赏的国外电视广告：画面是一只蜥蜴在不停地用舌头舔它的左右眼睛，眼睛显得清晰照人。光看画面，也许观众难以知道是什么产品的广告，但广告中那下雨的声音以及有节奏的汽车雨刷刮雨的背景声，却提醒观众这是汽车雨刷的广告，最后画面上出现一行文字：The ultimate wiper blade（完美的雨刮片），对观众进行明确的产品诉求。表面上看，广告中的声（雨声和雨刷刮雨声）和画（蜥蜴舔眼）简直风马牛不相及，但将二者结合起来，不相干的声和画竟然产生了紧密的联系，形象地道出了这则广告的诉求中心，这就是声画错位的妙处。

又如一则国外航空公司的电视广告，画面上是一位美丽的空姐正在热情洋溢地为乘客服务，乘客面露称心满意的神色，画外音却是："这是世界上最令人痛恨的空中小姐"。观众在惊愕之余，再注意电视画面，自然会发出会心的微笑。由此看来，声画错位中的"声"，不仅可以是背景声（音乐、音响效果），也可以是旁白、独白。

但需提醒的是这种技巧用得好可使整则广告熠熠生辉，否则会弄巧成拙。因此，使用时一定要慎重。

### 6.3.2 电视广告文案的写作要求

1. 声画结合　电视是声画结合的艺术，电视广告则是声画结合的产物。因此，电视广告应以画面的运动构成视觉的冲击，声音（音乐、音响、背景声及有声语言）必须与画面紧密配合，二者相得益彰。创作电视广告文案尤其要注意声画结合，最忌"声画两张皮"。

报刊及广播广告文案的写作者都有极大的自主性，只要能反映商品特点，符合受众心理，便可任意挥洒，自成一格，而电视广告文案则不同，它不仅要反映商品特点，符合受众心理，还必须注意与画面紧密结合，况且在电视广告中，观众通过画面本身就能获取有关商品相当的信息量，文案虽可阐释、补充说明画面，但也不必要重复画面内容，只须揭示画面无法表达或没有表达但同时一定要表达的东西，比如声画关系中的任何一种。与画面配合，在概括画面内容基础上，超越画面形象的限制与束缚，根据主题要求补充、丰富、完善画面难以表达的东西，或从感情上去打动观众。这就要求广告文案的创作者，写作时要考虑到围绕画面，有选择地重点地进行阐释。正如大卫·奥格威所说："最有效的电视广告是只就商品的一两处重点用简洁语言展开的。一则电视广告里堆砌许多的东西只会使观众麻木"。如阿香婆香辣牛肉酱的电视广告，通过电视画面的显现和文案的烘托，让阿香婆炒制香辣牛肉酱的场面就在观众眼皮底下进行，从黑发熬到满头银丝，充分显示了阿香婆香辣牛肉酱的制作过程的复杂，暗示其品质的优良。文案"熬啊，熬啊，我终于熬出了阿香婆"，也是对其漫长熬制过程的补充描述，很好地配合了画面，引起联想，给观众留下了深刻的印象。

2. 符合观众的听觉要求　电视广告中的语言（字幕除外，无论是画外音还是独白、对白、音乐及音响），都要诉诸观众的听觉，因此，要符合观众的听觉要求。

电视广告文案与广播广告文案的语言传播方式同属口耳相传，符合广告产品的特点，因此文案语言都要尽可能做到通俗易懂，简洁明快，使观众易于接受。如“喝了娃哈哈，吃饭就是香”、“穿金猴皮鞋，走金光大道”等等，这些完全采用日常生活用语，观众听起来无任何障碍，且给人亲切平易的感觉。

但电视广告文案的语言除上述外，要符合听众要求，还必须符合广告中人物身份。由于广告中人物往往是商品的亲身使用体验者。通过他们的现身说法，道出赞美商品的特性、用途的语言，往往更令人觉得真实可信。如法国有一家保险公司，开办了老人人寿保险业务，为了让老人参加保险，先后请了几位名人作电视广告，但均不奏效，老人们对名人的劝说持一种谨慎的怀疑态度。后来保险公司从巴黎郊区请来一位老太太，请她以自己的经历、生活条件和切身的体会在电视上进行劝说，用交谈的方式、通俗的语言介绍参加人寿保险的具体好处，结果，引起了老人们的注意与兴趣，并纷纷前来投保。

3. 吸引观众目光并留住他们　电视里每天播出的节目中，大部分观众最反感的就是广告节目。当电视屏幕上出现广告时，有的观众就会起身做别的事，或换频道，或关机。这时，要让观众静下心来，饶有兴致地看广告，发挥广告传播信息的作用，就成了电视广告的一个重要任务。电视广告要想留住观众，首先必须要有震撼力。要做到这点，除了采用电影屏幕上表现声画关系的较高级的表现技巧外，文案需要精心构思，确实很重要。如台湾味丹“多喝水”电视广告。

画面中，一位少女正在公共电话亭打电话，手里拿着一瓶水。

少女：我有三个字要告诉你，这三个字，我不随便对别人说，我很少这么主动，听好喔，我要说了，多喝水，多喝水……。

“多喝水”是品牌名称，其命名是由医生最常对人说的“多喝水就对了”而来。该广告先设置一个悬念“我有三个字要告诉你”，再加上少女那种情意绵绵的口气，逐步将观众的注意力引到青年男女之间常说的那三个字，然后再将谜底揭开。这则广告成功地吸引了观众，就在于广告文案精心构思，情节富于人情味的生活片断、设置的悬念以及绵绵的情意。威廉·伯恩巴克为大众汽车创作的广告，之所以成为电视广告中的经典之作，其原因也在于它富有极大的震撼力，强烈地吸引着观众，才得到大卫·奥格威的高度评价。

其次，要留住观众，文案还必须创新。观众最腻味的是那些“似曾相识燕归来”的广告。而具有创新意味的广告，不仅让观众耳目一新，牢牢抓住观众的目光，使观众充分了解产品信息，还会使观众将对广告的好感转移到产品中去，产生“爱屋及乌”的诉求效应。如美国好味思面包的电视广告文案。

当我还是高不过膝时，我离家出走……我带了心爱的弹珠……弹弓和好味思三明治。当我停下来咬一口时，来了一位邮差。我到了伦敦了吗？我问他。还早呢！小鬼，假如你想走到那里，你要带更多的好味思及走更远的路……走，跟我回家找你妈咪。……好，带一整箱……

（画外音）好味思比一般面包有更多麦芽，今天对你有益……永远有益。文案通过一个小男孩离家出走的过程，推出好味思三明治。广告中的两个细节充分显示了好味思三明治已深入人心，老少皆知，有根有据，说服力强，观众更加喜欢它。

4. 想着销售目标，促成消费者购买　任何广告的惟一目标，就是促成消费者购买。电视广告也不例外。要实现这一目标，文案创作最起码要做到以下几点：①要抓住目标消费者的消费心理需求。也就是消费者的兴趣、需要、动机、情感、态度等心理因素。文案一定要针对受众的消费心理，善于根据不同地区、不同对象的消费特点，做到"有的放矢"，调动他们的购买欲望。②强化观众心目中的商品品牌形象。成功的广告，无一不是醒目地强调品牌，比如大众汽车的一则电视广告，在一连串的检测项目上，都逐个打了"√"，然后第二遍检测，又开始逐个打"√"，两个"√"重叠一起，与大众汽车的标志十分相似。这时画面出现大众汽车的标志和品牌名称，这就给人留下十分深刻的印象。观众不仅知道了该车检测严格，质量优异，而且还知道了这种车是大众车。

由此可见，电视广告文案的写作只有做到了上述这四点，才能受到观众的青睐。

### 6.3.3　电视广告文案的写作技巧

1. 虚拟现实　它是指在电视广告创作中，发挥作者的想像，模拟一个虚幻的场景、人物而进行的文案创作。

这种模拟的对象有三种：

(1) 广告人物：模拟广告中的人物，设身处地替他（她）想，替他（她）做。这样创作的文案能增强广告的真实感。因此，它要求作者阅历丰富、熟悉社会，更熟悉社会中的各种人物。否则，创作的文案则是"四不像"。文案完成后最好请与广告人物类似的消费者看一看，以求得与现实生活相贴近。美国著名的《欧吉沛广告准则》的第一条提出："绝对不要制作不愿让自己的妻子、儿女看的广告"，因为"诸位大概不会有欺骗自己家人的念头，当然也不能欺骗别的家人"。同时，还要在内容安排上作出决定，或通过画外音传达，或通过字幕表现，并且斟酌文案中每句话的语言，以便受众理解和接受。

(2) 目标消费者：电视广告文案的创作者若能将自己想像成目标消费者，那么这样的文案无疑能够赢得更多消费观众的好感。在文案的一开头就能调动一切艺术手段紧紧吸引消费者的注意力，从而对后面逐步展开的内容继续保持深厚的兴趣，并及时纠正那些会使消费者兴趣索然的文字。在把自己想像成目标消费观众时，要注意既不能把观众的理解水平想得过高，也不能把他们看得太低。过高估计，会产生错觉；反之则只会引起目标消费观众的反感，二者都不利于信息传播。因此，要想成功地将自己想像成目标消费观众，不妨在广告文案成文之前多对目标受众进行一些了解，文案完成后再请部分目标消费者看一看，并及时按照提出的意见进行修改。

(3) 环境空间：文案创作并作实地拍摄，并没有处在广告所设置的场景中。因此，文案作者若能一边撰写电视广告文案，一边设身处地地想像出电视广告画面中的场景，会使文案形成容易得多。头脑中有了活动的、连续的画面环境，文案的结构就会随画面的发展而自然地呈现出来。同时，有了对画面环境的充分想像，就可以合理安排广告信息，或通过画面传达，或通过文案表现，或需要文案解释等等，从而避免对画面重复解释的毛病。如果觉得这个画面环境不适合表现某种广告信息，还可重新想像一个新环境。

2. 巧用对比　对比是把两个不同的事物或一事物的两个不同的对立面放在一起比较，加大二者的反差，使形象更加鲜明。在电视广告文案写作中，对比手法的运用主要体现在文案的结构布局上，通过物与物、现在与过去、使用某商品与没使用某商品的情形的对比，将广告商品的特点凸现出来。如可丽舒面纸的电视广告文案：

纸张柔不柔，声音可以告诉您。

这是普通纸张。这是比较柔软的纸，猫还是听得见。

但是现在有更柔，柔得静悄悄的。

美国可丽舒超柔面纸是好面纸。

该文案通过对普遍纸张、比较柔软的纸张和可丽舒超柔面纸所发出的声音的不同反应的对比，突出了可丽舒超柔面纸的柔软，“柔得静悄悄”，连警觉的猫都感受不到其声响！这是物与物的对比。

还有历史与现实的对比，如前文所引的强力荔枝汁的电视广告文案，便是通过古代尊妃一年也难得吃上几回荔枝与今天无论何时何地都可方便喝到新鲜荔枝汁的对比，引发观众的感慨，进而促使其珍惜这难得的随意饮用的机会。

对比手法的运用，能加大事物之间的反差，使观众在鲜明的对比反差中强化商品的优点，加深对商品的了解与认识。不过，运用对比手法要注意合情、合理，不能把两件不相关的事物随意拼凑一起进行对比，那样会使商品的特性更模糊。

3. 设置悬念　电视广告为了吸引受众的注意，可故意制造一种悬念，激发观众的阅读兴趣。这种悬念的设置，大多采用提出问题、解决问题的方式来展示商品魅力。其模式大致为：人们在日常生活中碰到了某个难题，一时间矛盾重重、烦恼顿生，而其商品的出现，彻底解决了这一切，由此获得目标消费者的信任。与此相适应的文案便也顺着这个思路进行写作。如“一个蚊子的遗嘱”，蚊子怎么还会有遗嘱呢？人们自然觉得好奇，读下去才明白：“靠近威达，是我致命的错误”。原来是蚊香广告，接下去的话也就顺理成章：“炎热的夏季，难免受到蚊子的侵扰，威达蚊香以其显著的驱蚊杀蚊能力，为您营造一片清静之地”。

又如获得戛纳广告节银奖的一则日本广告。画面是一名男子送给一位少女一块手表，画外音：“生日快乐！打开看看，一定适合你。怎么样，满意吧？以后，我们将在一起度过很多时间”。表是一块非常华贵的手表。看着手表，少女突然拔腿就跑。画面切换到一座桥上，另一男子正在焦急地等待，不时地看表。观众很自然地联想到：少女之所以跑开，是要与该男子约会。少女跑过大街，跑到拐弯处，与一行路男子相撞，鞋也掉了，爬起来穿鞋又跑（特写：两人穿错了鞋）。画面又切换到一室内，一老妇人与一女孩正准备点生日蜡烛。画面又回到少女，奔跑的少女遇上一列长跑队伍，她突然出现在长跑队伍中，被电视现场转播，引起人们的惊奇，但在长跑队伍拐弯处，她却照直跑去。画面又切换到室内，老妇人与女孩点着了生日蜡烛，少女跑入内，观众又以为她是祝贺生日来了，谁知她却又穿堂而过。画面切换到桥上，焦急等待的男子看见少女远远地跑来，也朝少女跑来。一辆出租车见少女跑来，以为要乘车，急停在桥头，少女却从车上跨跃而过，往桥上跑去。男子张开双臂迎来。观众心目中期待着一个圆满的结局，少女却径直从男子身边跑过，并把男子撞倒。观众会感到愕然：她怎么了？只见少女跑进一间房间，拿过电视机的遥控器，打开电视，一边气喘吁吁地看着电视，一边露出满意的笑容。画外音：“WOWOW”。字幕：“有你想看的节目，Very good TV”。观众直到这时才明白，这是日本 WOWOW 卫星电视的广告。这则广告包含有两层意思，其中又穿插了穿错鞋、混入长跑队伍、越过车顶等噱头，悬念丛生，使观众在焦急地等待“包袱”抖开的同时，又不致太过紧张。最后，不失真实地表现了渴望看 WOWOW 频道电视节目的急切心情，观众在恍然大悟之际，将广告诉求的商品内容——WOWOW 深深地印入脑海。

设置悬念要注意：

① 要巧设悬念，让观众始终悬着一颗心，直到主题点明为止。如上例。

② 悬念设置要合情、合理、自然，契合商品的特征。若问题太小，观众根本不觉得这是问题，因此，吸引不住观众；若问题过分夸大，观众觉得太离谱，言过其实，又觉得有一种受骗的感觉，进而对其真实可信度产生怀疑。

③ 悬念的解决必须符合生活的真实，不能超越观众的生活经验和想像空间，最好与观众的生活休戚相关，确实能解决他们的困扰和烦恼。只有这样，才能使观众在与广告发生共鸣的同时记住广告宣传的主旨。

4. 新颖别致　目前的电视广告数量极多，而且转瞬即逝。如果一味沿用陈腔滥调，或将别人作品改头换面，或模仿抄袭，或表现手法平平，观众一见“似曾相识燕归来”的广告便会感到反感。只有用一种全新的手法去表现，观众才会觉得耳目一新，饶有兴趣地看下去。这就需要用新颖手法去写作。

这种手法，包括角度新颖、声画结合新颖、人物新颖等。

(1) 角度新颖：广告要诉诸观众的是客观存在的商品，而商品的特征从不同角度去宣传，就会产生不同的诉求效应。如果打破常规，从另一种新的角度去宣传，就会产生一种全新的感受。

如怡宝蒸馏水电视广告：一个行色匆匆、满头大汗的中年男子，在树荫下的小铺旁大喝着蒸馏水；卖蒸馏水的老人，手里拿着瓶盖下意识地敲着桌面(在整个广告片中重复两次)，最后男子低头看了一下坐着的老人，老人举起一瓶蒸馏水，示意他继续喝。这则广告片表现了萍水相逢的陌生人的短暂交流。虽然在标版部分才加入音乐，但画面的呼应与反复的新颖（瓶盖中的品牌标识出现两次，瓶身的品牌标识出现一次)，选择的角度，足以使观众耳目一新，记忆犹深，既增加了广告片的节奏感，又强化了商品的品牌标识，可谓一举两得。

又如威廉·伯恩巴克为大众汽车所创作的广告，选择角度别致新颖，观众在迫不及待地观望中等待：麦克斯威尔·E·斯耐弗列的遗嘱受益人既不是他花钱如流水的妻子，也不是把钱花在时髦车和放荡女人身上的两个儿子，还不是他们不知珍惜财富的生意合伙人，更不是不理解美元价值的亲友，而是他的懂得“省一分钱等于挣一分钱”的侄子。而且他侄子亲口道出的“麦克斯叔叔，买一辆大众汽车肯定很值”商品品牌名称的诱惑力，对观众的吸引力极强，可谓新颖别致。

再如台湾一则救助弃婴的公益广告，也是换了一角度，从弃婴的视角来表现：“我妈走丢了……”给观众以很强的冲击力。

(2) 声画结合的新颖：如果在声画结合方面制造一点“出人意料之外”，也能给人以新鲜感。前文所举声画错位部分的例子即是。又如国外的一则电视广告：一位老太太在摇椅中看书，随着摇椅的一上一下，传来“吱嘎吱嘎”的声音，观众都以为是摇椅松动的声音，及至老太太停下来，在膝关节上擦了一点药水，摇椅的声音竟消失了。观众在惊讶的同时，也知道了这种药水的神奇功效，给人以新的感受。

另有一则戒烟的公益广告。画面是一只空烟缸，一个烟头摁了进去，没有一点声音。又一个烟头摁了进去，有了一声轻微的咳嗽声，随着烟灰缸里的烟头越来越多，咳嗽声也越来越严重。最后一支没吸几口的香烟慢悠悠地掉落下来，咳嗽声也停止了。从广告表面上看，画面和声音似乎是“各行其道”，但二者结合，却新颖形象地说明了“吸烟有害健康”这一主旨，起到了很好的劝诫作用。

(3) 选择人物新颖：是指突破常规，让新的人物从新的角度来表现。如

“安乃诗”卫生巾电视广告，一反以往专用女性作模特的套路，换了一个男性为其妻子买卫生巾，引出了各种尴尬，让人留下很深的印象。又如一则肯德基家乡鸡广告，画面是一群衣冠楚楚的男孩，列队站成几排，在老师的指导下“认真”排练合唱，暗地里见男孩们却在偷偷地传递一盒肯德基快餐食品，镜头随着传来传去的食品转动，品牌也多次地映入受众眼帘。

新颖的表现手法不仅限于上述几种，文案创作者无论选择哪种手法，都必须符合广告产品的特点，吻合观众心理需求，符合媒体的传播特点。

## 6.4 电视广告脚本的常用格式

电视广告的制作离不开电视广告的脚本，这是策划电视广告，编制电视广告脚本应注意的基本要求。

电视广告拍摄前，通常需要有一个脚本。它是文案创作者根据广告创意写成的工作台本，即把设想的广告屏幕形象用文字表述出来，类似电影（或电视剧）中的剧本。脚本是对文案的扩充，是将广告语言（画外音、人物语言、字幕）、画面、音乐（或音响）结合为一体的文字体现，是文案作品的成品，也是拍摄、制作人员工作时的依据。电视广告脚本一般包括以下要素：主题理念、故事情节、模特形象、广告画面、拟音、音乐与音响、屏幕字体、色彩等。常用的电视广告脚本有以下几种格式：

### 6.4.1 分栏式

又称创意脚本格式，它分为两栏式、图示三栏式和简易三栏式。

1. 两栏式　这种格式是将画面部分和声音部分分开写，中间用一条竖线隔开，图像和声音各占一半，或图像占1/3，声音占2/3。这种格式的优点是撰写简单，但不够详细，给拍摄带来一定困难。如前文所引的法国强力胶电视广告即是。又如最新鲜的“第50洲”电视广告脚本（两栏式）（30s）。见表6-3。

2. 图示三栏式　它将脚本分为三栏：画面图示、画面说明、解说（音乐、音响）。其优点是形象直观，一目了然，以便拍摄、制作人员理解创作意图，缺点是对创作人员要求较高，没有绘画功底的人无法运用它。见表6-4。

3. 简易三栏式　将“图示三栏式”简化而成，其优点是方便、简单、容易掌握。

分栏式电视广告脚本都需要注意一个问题，就是画面与声音要同步进行。在格式上要求左边的画面与右边的声音对齐，出什么画面，要同时出现相对应的声音。至于是不是一定要画表格、边框，都是次要问题。

### 6.4.2 不分栏式

它可以不写拍摄提示，但要注意的是，写作时头脑中要有画面感，同时要留给拍摄、制作人员以创作的空间。如“标致”可乐的15s电视广告脚本。

表 6-3 “第 50 洲”电视脚本

| 画 面 | 广 告 词 |
| --- | --- |
| 1. 平滑移至自行车上的演员，她在回家的路上，高兴地，镜头推近她 | 唱，贯穿：回家吃呀，乐开怀呀 |
| 2. 切至厨房演员。她盯着手中正做的菜，她知道这道菜会有多棒（中长景） | 我妈正在做菜 |
| 3. 切至炉上正做着的鸡。热乎乎，兹兹响（特写） | 她能找到最新鲜的鸡…… |
| 4. 切至演员面部，特写。键入“第 50 洲”品牌，自言自语。忽然眼前一亮 | “第 50 洲”的鸡已在我的脑海里…… |
| 5. 切至装好盘的鸡。周围摆放着的夏威夷花环，推近 | 新鲜，因为是家庭……<br>滋味好的，真是没法讲…… |
| 6. 切至演员吃鸡腿下半段。显然在享受 | |
| 7. 切至演员在杂货店。（中景）母亲把袋装鸡放入推车，孩子用肯定的表情看 | 我妈能找到最新鲜的鸡…… |
| 8. 切至演员捧鸡腿，键入上面自言自语的话 | “第 50 洲”鸡已在我的脑海里 |

表 6-4 图示三栏式

| 画面图示 | 画面说明 | 解说（音乐、音响） |
| --- | --- | --- |
| | | |

表 6-5 简易三栏式

| 音乐（音响） | 画 面 | 解 说 |
| --- | --- | --- |
| | | |

“标致”可乐的 15s 电视广告脚本：

（二维动画效果）乡间稻田，稻穗随风摇曳。（强烈的音乐起）

（镜头摇上）空中高架电线，随着音乐，扭曲起舞，并组成了一个可乐瓶状。

（镜头摇上）“标致”的标志像旗飘一样划过稻浪，摇曳的稻穗左右倾斜，也组成了一个可乐瓶状。

（推）镜头沿着可乐瓶状推进，一个城市旅人靠在自行车旁，正在稻田里畅饮“标致”可乐，神情非常舒爽，并心满意足的“啊——”了一声。

（切）男青年情不自禁地说：“到处都有可乐的事！”

（切）话音惊动、感染了田埂上的稻草人，他情不自禁地举起了双手。

（切）稻田里一群麻雀扑愣愣飞起。

（镜头拉开）一群年轻男女在稻田起伏的谷浪里，每人一瓶“标致”可乐，悠闲地畅饮。

（画外音）标致可乐，十分好喝，十分可乐！

### 6.4.3 电影分镜头脚本式

这种格式是在电影分镜头脚本的基础上改进而成，使得形式更紧凑。它把镜头、镜位、摄法、画面、音乐、音效、画外音，片长等要素详细写出来，其优点非常详细、更加集中、简炼，同时有拍摄提示，便于制作人员掌握，但对文案人员要求很高，写作起来有一定难度。再如：黑芝麻糊电视广告分镜头脚本格式。见表6-6。

**表 6-6 黑芝麻糊电视广告分镜头脚本**

| 编号 | 景别 | 镜头运动 | 画面内容 | 广告词 | 音乐、音响 |
|---|---|---|---|---|---|
| 1 | 全 | | 卖黑芝麻糊的妇女，挑担向街巷深处走去。她的女儿跟随其后。芝麻糊担子上的油灯有节奏地摇动 | 妇女叫卖声“黑芝麻糊哎！” | 音乐起 |
| 2 | 特 | | 男孩从门内跑出画 | 男声：“小时候一听见芝麻糊的叫卖声，我就再也坐不住了。” | |
| 3 | 近 | | 女孩用木棍舀动芝麻糊锅 | 妇女叫卖声：“黑芝麻糊哎！” | |
| 4 | 近 | | 芝麻糊担子 | | |
| | | 右摇 | 妇女从锅中舀出芝麻糊盛在碗内递给一位老太婆 | | |
| | | 拉中 | 锅·热气 | | |
| 5 | 特 | | 男孩搓手、舔唇迫不及待的样子 | | |
| 6 | 特 | | 稍倾，热乎乎的芝麻糊流出 | | |
| 7 | 大特 | | 碗接 | | |
| 8 | | | 男孩喝芝麻糊 | | |
| 9 | 大特 | | 女孩窃视 | | |
| 10 | 特 | | 妇女接过碗 | | |
| 11 | 近 | 摇 | 男孩舔碗 | | |
| 12 | 特 | | 女孩掩嘴善意地笑 | 左下角叠字幕“南方黑芝麻糊” | |
| 13 | 特 | 下移 | 妇女给男孩又加一勺芝麻糊 | | |
| 14 | 近 | | 男孩留恋、回味 | | |
| | 大特 | | 热气自右入画 | 男声：“南方黑芝麻糊” | |
| 15 | | | 包装精美的黑芝麻糊 | | |
| | 特 | | | | |
| 16 | | | 商品、商品名、厂名 | | 音乐止 |

### 6.4.4 故事版

电视广告故事版，近似于电影摄制中的分镜头草图或场景效果图，是把电视广告创意，电视广告脚本图像化，使之成为一幅一幅的可视图画。故事版可说是电视广告的雏形，将之付诸拍摄、播映，便成为电视广告。如图 6-1 所示的长虹红双喜系列（画纲）。

## 6.5 电视广告制作的相关专业术语

电视广告的制作和电影的制作有相近之处。好的电视广告的设计通常使用电影艺术的表现手法，巧妙地运用镜头、景致及艺术表现技巧等因素，在电视屏幕展现产品的形象以及企业的形象。一则电视广告片的制作，一般经过准备阶段、拍摄阶段、剪辑、配音和组合阶段，最后审定播出。制作成功的电视广告是各种技巧和艺术的综合，能产生无穷的表现力，顺利达到传播信息的目的。

### 6.5.1 有关镜头画面的专业术语：

1. 电视广告镜头　电视广告作品基本的表意单元。它既有二维动画平面表现三维立体的空间特性，又具有影像连续运动的时间特性。

电视广告镜头根据不同标准分类：

（1）根据画框内表现出的视域范围可分为：远景镜头、全景镜头、中景镜头、近景镜头、特写和大特写镜头。

（2）根据拍摄机和被摄体的角度可分为：仰角镜头、俯角镜头、平视镜头、顶角镜头等。角度不同的镜头由于具有不同的视角效果和构图形式，因此具有不同的艺术表现力。

（3）根据摄影机的运动情况分为：固定镜头、摇镜头、移镜头、推拉镜头、跟镜头以及变焦镜头。运动镜头能够使广告画面更生动、更丰富，增强观众视觉的动感，有助于形成富有表现力的艺术节奏和气氛。

（4）根据镜头长短分为：长镜头、短镜头、闪镜头等。不同长度的镜头，对表现情绪效果有不同的作用。

由上所述，不同类型的镜头在电视广告中会给消费者带来不同的感受。因此，要根据电视广告的诉求要点，从整体出发，运用各种镜头的不同形式的组合，以达到预期的广告效果。

2. 电视广告摄制　通过摄影机获得与广告有关物体运动影像的过程。作为一种记录手段，能在时间和空间两个跨度上最大程度地真实再现产品的物理特征和运动形态，又可以通过光线、色彩、构图、运动的把握和处理，创造出广告艺术的含义与效果。

3. 电视广告画面　指电视广告中每一个电视广告荧屏上的摄影构图。它是构成电视广告诉求的主体，它主要作用于视觉，直观、简洁、生动有效，是电视广告传播信息的主要工具和手段。同时，色彩缤纷的不断运动变化的画面也是电视广告区别于其他媒体广告的关键所在。

4. 淡入，淡出　在广告摄制过程中，由一个场景接到另一个场景的转场技法，它是一种光学效果。淡入是指场景由全黑渐明而致影象出现在屏幕上；淡出是指明亮的影象渐渐暗淡，终致全黑。

5. 直接声音　在广告摄制时，将声音一起录下来的技术。它具有临场感，造成观众对广告信息的信赖感。

6. 特殊效果　不以直接的摄制技巧获取的镜头。包括需要使用轮廓遮幕、多重画面蒙太奇、分割银屏、画面渐量、模型等技巧的镜头。也应用于爆破、弹道效果和机械效果。

7. 音效　为增进某一场面的真实感，气氛或戏剧性信息，而加于声带上的杂声或声音，起烘托，渲染作用。

### 6.5.2　机位与景别

1. 机位　就是摄影机与被摄体的相对位置，即显示摄影机与被摄体间的大概距离。选择机位是每位影视广告导演面临的首要问题之一。因为这就是将来观众观看被摄体时视点所处的位置，它会直接影响观众对影视广告片的认识与理解。机位确定了，视点也就确定了。而在这个视点上，观众究竟能看到些什么，视域大小如何，还要看具体景别的把握。

2. 景别　影响影视广告画面表意的首要因素应当是镜头的景别。也就是说，摄影师从取景框截取的景物的大小，多少，能极大地影响广告画面的含义和流露出的情绪，而决定画面景别大小的因素是摄影机的机位和摄影机镜头的焦距长短。

景别通常分为远景、全景、中景、近景、特写和大特写几种。为了操作方便，在影视广告界，景别通常都以成年人的身高为标准约定俗成地划分景别。

(1) 远景：也叫大全景。它是视距最远的景别，这种景别的画面可以展示辽阔宏大的场景，展示人物活动的空间或环境气氛。它给人的感觉好像是站在很远的地方观看风景一样。远取其势，是它的特长。

(2) 全景：它的画面比远景小一些，具体来说，是在取景框内以能容纳站立的全身人为准。它可使观众看到人物的全身动作及周围部分环境。它和远景一样，多用来介绍环境和展示事物的全貌。因此，在叙述情节段落中，全景一般不可少，因为要用它来确定时间发展的空间范围，因此，又称为“定位镜头”

(3) 中景：一般摄取人的膝盖以上。这种画面可显示人物大半身的形体动作，能给人物表演以自由活动空间，既能表现人物之间的关系，又不会与周围环境气氛脱节，尤其可以表现手的动作，它是影视广告作品中常用的一种景别。

(4) 近景：是摄取人物腰部以上的一种景别。这种画面能使观众看清楚人物的某种形体动作和面部表情或物体的某些细节，也是影视广告中常用的一种景别。

(5) 特写：即肩部以上或人体的某个局部，一小件物品或产品的某一细部的镜头。一般包括人物面部。特写是视距最近的镜头。它的取景是将所要突出强调的物体占满荧屏。当然也有人称视距更近，取景更小的为大特写。

特写镜头的表现力极为丰富，能给人以体察入微的感觉。如化妆品广告，要突出强调其性能效果，可用特写镜头推出广告人物在使用前后皮肤面部的细微变化。但要注意的是特写镜头常常是主观性很强的镜头，常带有极大的强迫性，有明显的提醒和暗示作用。

特写和大特写镜头在电视广告中运用极多，常用来强调产品品牌或产品细部。

### 6.5.3 运动镜头

电视广告与其他广告最大的区别，就在于电视广告画面具有很强的运动性。因此电视广告文案的写作必须充分体现画面的动感。

电视广告所表现的大都是不动的物体。要使不动的物体动起来，有两种途径：一是画面内部物体和人的运动，即使是对不动的静物，也可以利用光影、水波等细微的变化使静物“活”起来。二是镜头本身的运动，即利用推、拉、摇、移、跟等拍摄方式增加物体的动感。它属于电视广告镜头中一个类型。它根据摄影机的运动情况可分为：固定镜头、横摇镜头、移镜头、推拉镜头以及跟镜头和变焦距镜头。运动镜头可以使画面更生动，更丰富，增强视觉动感，有助于形成富有表现力的艺术节奏和气氛。

1. 固定镜头：摄影机在一固定点上，对一场面或物体做水平固定拍摄的方式所取得的镜头。它可表现场面的轮廓和物体的外部特征。

2. 横摇镜头：摄影机在一定点上，对一场面或物体做水平运动的摇晃拍摄方式所取得的镜头，它可使静止物体产生摇晃感，烘托全景气氛。

3. 移跟镜头：摄影机不固定，对一场面或物体根据主题要求，进行不同角度的移动或跟踪拍摄的方式所取得的镜头，它能使静止的画面前进，产生快速运动感觉，形成富有表现力的艺术节奏。

4. 推拉镜头：将摄影机对准某个场面或物体进行推进或拉出所摄得的镜头。它可以把行动中的人物和景物交织在一起，产生强烈的动态和节奏感。不同的内容、情景、节奏，运用推拉镜头，可产生不同的效果。

### 6.5.4 蒙太奇

1. 蒙太奇 把动作的各个镜头在一定顺序下连接（装配）成一个完整的艺术品，这就是蒙太奇。（库里肖夫《电影导演基础》）

“所谓蒙太奇就是依照情节的发展和观众注意力及关心的程序，把一个镜头

合乎逻辑地、有节奏地连接起来，使观众得到一个明确的印象和感觉，从而使他们正确地了解一件事的发展的一种技法”（夏衍）

由上而知，蒙太奇（法文 Mantage）是指镜头组合，衔接技巧（也包括画面与声音的组合技巧）。有时前后几个镜头跳跃比较大，但观众能凭借自己的思维连接镜头，体会其中所表达的含义，所以，创作者可避免用多余的画面和语言，而使叙事更加紧凑有力。

如英国著名导演希区柯克为了说明这一问题，举了卓别林一部短片《流浪者》作例子。

镜头 1：监狱大门，一个看守人走出来，贴了张通缉告示。

镜头 2：一个瘦高个的男人在河里游泳后，发现岸上的衣服不见了，放在原地的是一套囚衣。

镜头 3：在火车站上，卓别林穿着一条过于长、大的裤子走来。

这几个镜头的组接，引导观众自己去思考，想像，从而判定这个穿着又大又长的裤子的人就是逃犯。

2. 蒙太奇构成元素

(1) 视听造型元素：它包括点、线条、形体、图形、音响、音乐、光影、色彩、景别、特技、时间、空间等。

(2) 表意元素：包括加解说、文字、专门符号、节奏、气氛、情绪等。

(3) 链接元素：指各种元素组合方式，如：交叉、并列、布局、反复、叠加、联动、人机交互、超级连接、非线性组合及语法规则等。

因此，蒙太奇是对构成艺术系统的视听造型元素、表意元素、链接元素进行有机组合，以形成具有一定艺术功能的表现手段、思维方法、操作技巧的总和。

3. 蒙太奇的内涵，包括三个方面

(1) 它是一种反映现实的独特的形象的思维方法，即蒙太奇思维。

(2) 它是一种艺术的基本手段，叙述方式。

(3) 它是一种具体的编辑、制作、表达方法与技巧。

蒙太奇系统中视听造型元素、表意元素、链接元素之间的组合遵循一定的逻辑与艺术规律。包括各元素间的组合规律与总体组合规律。各元素之间的组合规律有匀称和比例、对称和均衡、反复和节奏、暗示和呼应等；总体组合规律主要有：表象与主题的统一，和谐与多样的统一。

4. 蒙太奇的划分

它有狭义、广义之分。广义蒙太奇是狭义蒙太奇相对的概念。狭义蒙太奇是指电影、电视及电视广告中，画面、镜头及镜头分裂等视觉元素与音响、音乐，话语与声音元素之间的搭配、剪辑、组合艺术，其核心是画面组接的章法技巧。广义蒙太奇则不限于影视广告中的视听组合，它随着艺术的种类，结构、功能的增加，科技的发展和人们认识的深入不断拓展。

二者在符号、媒介、信息、细节、结构及艺术形式方面都有着不同程度的区别。因此，电视广告文案撰写者要善于运用蒙太奇手法进行思维，给观众留下一定的思考想像空间，利用镜头与镜头的衔接组合，画面与声音的对立与分立来揭示商品的个性特征或企业的想像特点。

### 6.5.5 拍摄角度

拍摄角度是指摄影机与被摄体的角度。它可分为：仰角镜头、俯角镜头、平视镜头、顶角镜头等。

1. 仰角镜头：一种视平线向上形成不同程度的夹角位置所拍摄出来的镜头。它可体现出被摄体的高大形象。

2. 俯角镜头：从被摄体的正前上方向下摄下的镜头。它可表现宏大场面的全部壮观景象，也可体现被摄物在全景中的位置。

3. 平视镜头：一种视平线离地约 4 ~ 6 尺（1 尺 = 0.33m）高的位置所拍摄出来的镜头。它由于符合一般人身高状态下的视觉习惯，在影视拍摄过程中常被采用。

4. 顶角镜头：一种视平线向正上方 90°位置向被摄物所拍摄出来的镜头。角度不同的摄影镜头由于具有不同的视角效果和构图形式，因此也就具有不同的艺术表现力。

### 6.5.6 光线与照明

在电视广告制作中，用光是一种表现手段。它决定着拍摄对象的色彩、影调、形状、轮廓和表面结构，是塑造人物和商品形象、创造画面气氛的重要表现手段。

注：长虹红双喜系列（画纲）每个小图的画面内容文字按从左至右的序号分别为：

① 空白图文字为：长虹红双喜系列（画纲）“勇拔头筹 喜上添喜”。

② 画面中一冲而起的红绸，如火焰般翻转。(豪迈的欢庆锣鼓声)。

③ 镜头拉开，宽广的黄土地上，腾动着欢乐的烟尘。画面中高高耸立着红绸和锦花装饰的塔架。架顶一个巨大的红双喜，塔架四角挂着红灯笼。

④ 顶端拉下几个红绳（仰角)。灿烂的阳光在木架中穿梭闪耀。(镜头顺粗绳上移）木架顶端挂着一个红绸花球。

⑤ 镜头切换，柔和的光线下，女子端坐镜前，仔细梳盘起美丽的发髻，纤细的双指在发间插上了“喜”字的红色小饰物。

⑥ 一支鼓槌翻跃着，连续击打在排成一行的四支大鼓上。

图 6-1　长虹红双喜系列（画纲）

⑦　（镜头俯拍）几名男子捉绳而上，紧系腰间的大红带在风中飘摆舞动。

⑧　有力的臂膀攀援而上。

⑨　男子们争先恐后，阳光下渗满汗水的肌肤，刚劲有力。（中景处，几面印着双喜的金旗在风中呼拉拉地扯过。）

⑩　（镜头切换）一只女子的手伸进画面，揭开画面中的一块红布，露出一台长虹红双喜彩电。

⑪　争先恐后中，一男子第一个冲上架端，（画面快速切换）。画面中是无数抛向空中的鼓槌。落下后，一群男子动作划一地接住，猛力齐击鼓面。

⑫　（镜头切换，特写）女子拿起一片唇红纸在上面轻轻地抿了一下，印出了美丽的朱唇。

⑬　男子一把摘下绸花，高举在上。

⑭　这时，塔架顶端，四块印着双喜的巨大布抛甩展开。绸花的飘带映红了他的笑脸，背后的双喜红光闪闪。净朗的天空下，男子高高站在架顶，充满了胜利的喜悦。

⑮　（拉至全景）画面中欢庆的场面。红色的光芒四射，几台巨大的长虹红双喜系列彩电升起。

⑯　标版。（字幕淡出：从更大到更好）

## 复习思考题

1. 举例分析电视广告三要素中画面的作用。
2. 简述电视广告文案的制约因素及写作要求。
3. 电视广告文案有哪几种表现形式。
4. 试述电视广告文案的几种主要类型和特点。
5. 电视广告脚本常用的有哪几种格式，请举例说明。

# 第7章 网络广告文案写作

由无数计算机联接而成的国际互联网，通过各种电信线路（海底电缆、光纤、电话线、电视系统、通信卫星等）连接世界各地，传输着来自世界各个角落的政治、军事、经济、文化、环境等信息。这些内容丰富、信息量巨大的信息通过网络来往传播，使得国际互联网成了世界上最大的、全天候的信息中心，为用户发布、传播、查询、获取和利用所需的信息提供了前所未有的便利途径，人类因此又出现了一种新型的传播媒体。网络广告这一新的广告形式应运而生，并迅速发展起来。

## 7.1 网络广告概述

### 7.1.1 网络广告的产生及发展

国际互联网是在20世纪60年代诞生的，但是在1993年之前，计算机各种平台之间的差异造成了信息交换的障碍。虽然开放标准使得越来越多的计算机变成了各种网络的一部分（局域网、广域网、全球网），但分布在这些系统中所创建的内容通常采用了特殊的格式，因此共享这些文档很困难，此外，国际互联网也在1993年以前主要是一种基于文本的媒体，也没有GUI图型用户界面。而HTML这一通用的页面描述语言的诞生导致了国际互联网突破性的大发展。因为通过一个HTML兼容的Web浏览器，相同的文档能够很方便地在PC机、Mac机或某个UNIX工作站上访问和查看了。这个全新的通用页面描述语言的诞生使得全球网极富吸引力，几乎全球的计算机用户都可以很快地加入进来，这样，一个全新的电子信息媒体诞生了，这就是万维网（即World Wide Web，简称WWW），其含义是分布在世界各地的服务器，它们各自建立了自己的网站Web，各个网站之间通过通信介质连接。每天都有难以计数的Web和子网并入互联网，而且万维网是建立在超文本传输协议上的，允许我们通过网络传输图形、音频和视频文件，因此，我们可以说万维网是一个利用国际互联网方便高效地进行数据交换的系统，它为网络信息的广泛而丰富地传播和接受奠定了很好的基础。

有人说，20世纪是高速公路时代，而21世纪则被称为网络即信息高速公路时代。在美国，导致网络传媒大众化的一个重要契机是1998年9月11日，美国特别检察官斯塔尔在网上抢先全文发布对总统克林顿绯闻的调查报告，全球数以千万计的网民蜂拥上网，造成网络前所未有的大塞车，斯塔尔报告发布的第一天就有2 470万人上网阅读。此事使人们突然间意识到因特网所潜在的巨大能量和他潜在的商业价值。

据估计，1999 年美国有 33% 家庭在线，在中国，从 1997 年 10 月 CNNIC 第一次发布《中国 Internet 发展统计报表》以来，网络用户数量已经由最初的 62 万户发展到 2003 年 1 月的 5910 万户，整整增长了近 100 倍。目前在中国，《光明日报》《中国青年报》等著名报刊都设有网络专版，网络已走进千家万户，走近老百姓的生活。因此说，网络传媒的商业化运作及网络经济时代已经来临。美联储主席格林斯潘 1999 年在参议院听证会上讲话时说，Internet 已经“由一种狂想变成一种现实”（From Mania to Reality）。当时，所有与 Web 有关的公司，其股标都疯狂地暴涨。如成立不到四年的 Yahoo！公司市值已达 362 亿美元，而波音公司才仅有 350 亿美元；Amazon. com 成立不到三年，市值达 198 亿美元，而美国最大的一家书店 Barnes Noble 其在全美连锁店超过 1000 家，它的市值才 26 亿美元；@ Home 是通过有线电视为用户提供 Internet 接入服务的一家公司，当时只有 70 万用户，其市值为 148 亿美元，而美国第三大电话公司 Sprint，其下属的移动通信公司 PCS 的市值才 136 亿美元。对这一现象，有人以为这是网络股“泡沫”，但格林斯潘认为：“这还不够，因为这个市场太大了……”网络经济的发展的潜力是无限广阔的。

### 7.1.2 网络广告媒体的特性

网络广告媒体与传统媒体相比，具有如下特性：

1. 信息量大，覆盖范围广，传播速度快　网络被认为是继电视、报纸、期刊、广播等传统四大媒体之后的第五大媒体，它的信息量之大，增长速度之快，传播范围之广是其他媒体所无法比拟的，这在前面网络广告的产生与发展中已有提及。网络媒体的信息容量可以说是无限大。一个站点的信息承载量一般在几十兆字节至几百兆字节之间，在 Internet 中的 Web 站点上，广告主提供的信息数量是几乎不受限制的，而且也不必像传统媒体那样限制在一页固定的版面可几秒或几十秒的时段内。在 Internet 上的广告主或广告商可有几乎无限制的媒体空间加以利用，他们可以提供数以千页的信息或说明网页，放在网站中由受众查询，这是其他传统媒体所无法比拟的。网络传播的快速性也是其他媒体所无法做到的，例如，如果将北京图书馆的全部图书资料采用光纤网络传播技术只需 20min 就可完成，而如果采用传统铜质电缆传真技术则需要数百年时间。

2. 信息传播的交互性　互联网具有较强的交互性，因此网络广告也同样具有很强的交互性，用户可以自由地上网浏览查寻广告，也可以及时地在网上反馈他接收广告作品后的感想，预告他可能采取的行动。所以网络广告的受众不是纯粹的被动受众，而可以充当积极的主动的受众，甚至是信息的发布者，从而实现网络广告与目标受众之间的双向沟通和双向交流。互动的本质在于用户的体验性参与，强化了广告信息的记忆和导致目标受众的最终行动。在 2002

年，大众汽车、微软、戴尔电脑、通用汽车等厂商均投放了具有交互特征的网络广告。

3. 视听效果的综合性和实时性　网络广告媒体较以往的传统媒体，更具有表现力，其表现多姿多彩，网络广告具有文字、声音、图片、色彩、动画、音乐、电影、三维空间等几乎所有广告媒体所具有的功能，使受众获得良好的综合性视听效果。网络广告媒体还可以利用实时广播、实时电视转播等技术，将电视广播统一纳入自己多媒体功能之中。

4. 经济性及易统计性　因为网络广告媒体的受众目前大多为知识分子阶层、富裕阶层以及青年人，其生活方式、价值观念、消费观念及其需求有明显的一致性。加之 Web 技术的实行，使网络广告可以按上网者所属的行业、居住地点、购物兴趣和消费习惯、操作系统和浏览器的类型来进行有选择地投放，也可以控制同一条广告暴露给同一个上网者的次数。这些特点决定了网络广告媒体具有较强的针对性，因此使得广告主投放广告的目标市场比较准确。另外，网络广告媒体价格相对比较便宜。

网络广告媒体还可利用“即时检测功能”，例如，可以通过放置在服务器端的 log 访问记录软件或 Web Trends、Open Adsdream 等软件，随时获得访问者的详细记录。Internet 上的访客流量统计系统可以准确地统计出每个广告被多少网络用户看过，以及这些用户的查询时间和地域分布情况，从而进一步地调整广告策略。

### 7.1.3 网络广告概念及类型

1. 网络广告的概念　网络广告是指通过 Internet，利用 WWW 在网页上所发布，或者是通过电子邮件等电子文档形式所发出的网络信息，这些网络信息通常包括文字、图形图像、动画、数字电影和声音。网络广告是广告的一种，广告是确定的广告主以付费的方式动用大众传播媒体劝说公众的一种信息传播活动。所以网络广告就是确定的广告主以付费的方式运用网络（因特网、万维网）媒体劝说公众的一种信息传播活动。两个定义之间的区别就在于所用的媒体不同。

2. 网络广告的类型

（1）Web（WWW）类广告：WWW 是绝大多数 Internet 用户的网络信息主要应用平台。对 Internet 广告主和广告客户双方来说，WWW 都拥有无限的利用价值。Web 广告是网络广告的主要形式，它大体可分为以下几种形式：

1）旗帜广告（Banner）。它是我们在网页上最常见的广告形式，因其多在页面上方的首要位置，故又叫页眉广告或“头号标题”，其形状为长条形状，所以又叫网幅广告、旗形广告、横幅广告。根据统计资料表明，旗帜广告在 Web 广告中占 54% 以上，因此，可以这样认为旗帜广告是目前 Web 广告的主要形式。其尺寸多为460×80（或60）像素。但随着网络广告的发展，许多广告主已经不满足于以往画面狭小的传统Banner广告，他们试图在网络空间表现类似电视广告画面冲击，而画面冲击的首要任务就是足够的平面表现空间。而网络媒体在广告客户的强烈呼声下也自然地推出了大尺寸网络服务。目前在我国的一些主流门户网站，常见的Banner广告尺寸已经达到了750像素宽，或者120像素高。但是网络广告的尺寸不可能无限制地发展下去，与其他媒体相比，受众的定向性和效果的可测量性依然是网络广告的重要特征，广告主对于广告尺寸的追求也必然会告一段落，网络广告的尺寸最终仍会稳定在当前执行的标准左右。

2）丰富图文旗帜广告（Rich Banner/Rich Media Banner）。丰富图文旗帜广告，其实是Banner的一种，因其可以包容三维动态图形、大信息量的图文以及录像和音响效果，此类广告比动态Banner更具有互动性、更好的视觉听觉效果和三维动画效果，所以被称为丰富图文旗帜广告。

3）按钮广告（Button）。此类广告实际上与Banner广告在技术属性、制作方法上以及付费方式等方面无大区别，只是尺寸小了一些，像个按钮或钮扣，所以被称为按钮广告。该类广告最常用的尺寸一般为80×30像素。许多网络广告商把Banner和Button统称为Banner，然后在尺寸上列出各种不同的规格，其中较小的几种实际上就是Button广告。Button广告一般只由一个标志性的图案（商标或厂徽等）构成，只具有一定的提示作用，没有广告标语，也没有广告正文，信息量很小，只起到一种提示性的作用。这类广告，对于一些有名的大企业或著名的产品（比如可口可乐、IBM等大家非常熟悉的企业或产品）来说就比较适用，既方便有效又经济；但对于一些小的企业或者是一些新产品来说则可能采用旗帜广告效果会更好一些。

4）赞助站点及合办网站（Sponsorship广告）。此类网络广告由整页面积和每页上的标记、画面以及冠名的频道或专有站点构成。在国外，很多网站愿意找一些企业做赞助商，让他们出资赞助一个与其业务相关的页面或栏目，这就是所谓的Sponsorship广告。这类广告由于放置时间比较长而且无需与其他广告轮流滚动，且广告页面可以有效扩大页面知名度，从而有效吸引访客对自己公司、产品、服务的注意，因而对于想做品牌广告的客户比较适合。例如：施乐公司曾是亚特兰大奥运会的主要赞助商，其奥运页面地址为www.xerox.com，就曾吸引了大量的体育爱好者，访客也可以通过广告赞助页面直接链接到公司的页面，从而较好地提高了公司的知名度。

5）在线分类广告（Classified AD）。此类广告与传统的报纸分类广告相比，具有可搜索性以及数据库等其他功能和更快捷方便的更新和更灵活的表现形式。在一个Classified广告平台上，互联网的使用者可以在这个平台上方便地检索、浏览别人的广告，也可以发布自己的广告。

Classified 广告一般具有如下特点：

① 可以按产品类别、地区对广告进行分类、检索和显示。

② 可以根据用户输入的关键词对所有广告内容进行检索并显示给用户。

③ 用户可以制定个人主页（档案），在个人主页中记录下客户的喜好的产品类别、检索记录、检索习惯，并为用户自动更新检索结果。

④ 可以接受用户的订阅，定期按用户设定的检索条件找到符合条件的广告并自动转发到用户指定的电子邮箱中。

6）插入式广告（Interstitial AD）。又名“弹跳广告”，在你调出一个网页的同时，屏幕上会自动地跳出另一个幅面略小（正常页面的1/4或更小）的页面，以诱人的画面和字眼呼唤你点击，这就是所谓的插入式广告。例如，你打开新浪网站，网页上就会立刻弹出另一个略小的幅面，画面上是一对青年男女的照片，照片上方写着“快快升级为新浪交友可信赖会员，奖品有限，机会无限！”等字样。这类广告非请自来，带有一定的强迫性，尽管有时它也能引起人们特别是新上网的人的好奇和点击，但多数人还是对此有些反感，常常是还未等页面完全弹出，就已经点了关闭。

7）关键词广告。这是一种在搜索引擎中检索的同时，伴随出现的广告，在英文中叫 Keyword-Triggered Banner Adervertising（伴随关键词检索显示的旗帜广告），故简称为关键词广告。凡是输入流行搜索引擎关键字的用户，就可以被吸引到一个相应的公司网站上去。比如，你输入的是 Coke，雅虎可能带你去可口可乐公司的网站。

（2）非 Web（WWW）类广告：

1）电子邮件（E-mail）广告。电子邮件广告是利用收发邮件的方式，收集顾客或潜在顾客的 E-mail 地址，以便函的方式有针对性地将商业广告直接发给指定群体。有一种使用电子邮件的网络广告形式叫做“电子邮件列表”（Electronic Mailing Lists），它是一种非常具有针对性的广告传播方式，一些想在网上就某些自己感兴趣的问题发表见解的人可以加入电子邮件列表，有成千上万的电子邮件就会即时传达给列表上的每一个人。但应当注意的是你的产品与讨论的话题之间要有密切的联系，否则会引起网民的反感，他们有权拒绝他们不喜欢或不需要看的东西。另外，网上还活跃着一种叫“电子刊物”的广告形式。电子刊物是指使用任何渠道吸纳自愿订阅用户，以有偿或无偿的形式用电子邮件载体向订户发送经过编辑的内容。它以固定的发送频率和分期的固定篇幅及相对固定的内容特点和涵盖范围，并带有一定的可读性，长期向订户发送。

2）电子公告牌（BBS）广告。BBS 是一种以文本为主的网上讨论组织。人们可以通过网络，以文字的形式，互相聊天、发表文章、阅读信息、讨论某一问题，或在网站内通信等。这种站点往往分为很多讨论区，如社会信息，文艺、体育、商业等，在我国早期较著名的BBS站点，有的是网络代理商开发的，如赢海威公司开发的“赢海威时空网”，有的是各大学或科研单位开发的，如清华大学的“水木清华”，以后者居多。虽然国内的BBS并非为商业目的而设，但其潜在的商业应用价值却不容忽视。

3）Usenet广告。Usenet是由众多在线讨论组组成的自成一体的系统。其中的一个一个的组叫做新闻组或讨论组，分别冠以不同的有着明确界定的主题。一般来说，每一个讨论组都有主题、地域等方面的差异，并且都有自己的特殊规则，所以，广告商只有在讨论区中单独挑起一个话题，并保证它有足够的吸引力，才能获得众人的回应，这样才能有望达成广告目的。广告商还可以插入正在讨论的某一话题之中，但发布的信息一定要与主题相关。

## 7.2 网络广告文案的写作

### 7.2.1 网络广告文案写作的原则

1. 主题鲜明 任何一则广告都必须有一明确的主题，但是网络广告在这一点上要求就更高。因为网络广告面积一般都比较小，如果主题不鲜明的话，很难在网页上注意到你的这个广告，或即便是注意到了，人们由于不明了这一广告的真实含义，往往也不会去点击它，因而这个广告也就起不到广告的真正目的。好的广告应该既吸引网民的注意，又让网民明确这一广告的主题。比如：在搜狐网上，正值2004年5月9日母亲节，网页上就有这样一个Button广告，上面醒目的数字和汉字是“5.9母亲节快乐”其下方是“最低价过五一”接着这个Button广告将“5.9母亲节快乐”字样又幻化成“万种商品0利销售”，虽然是小小的Button，但广告的主题很明确，即在母亲节来临之际，万种商品低价销售。任何人一看这个广告，便会立刻明白其广告主题，有意在母亲节为母亲送上一份礼物的人真有可能点击这一广告。好的网络广告主题应该明确清晰，在内涵把握上，要深入准确；在表述形式上要明快清晰。初看能引人注目，点击进入更能引人入胜。

2. 受众至上 广告的最终目的是为了销售，因而网络广告文案的撰写同样要考虑到大多数访问者的兴趣、接受水平等，要根据访问者的特点有针对性地进行广告诉求，并不是广告文案的设计艺术性越高就越好，语言越时尚越好，而应以宣传商品为目的，让访问者首先要将你的语言看明白，其次要感兴趣。所以网络广告文案必须首先以访问者能够接受、认同这一广告的信息为原则来写作。

### 7.2.2 网络广告文案写作技巧

1. 语言要简洁生动 由于各网站对广告尺寸有一定的限制，而且网络媒体也不适合长时间阅读，因而简洁、生动的网络广告文案才会有较高的注意率。

至于深入的信息传播，可以通过吸引受众点击，链接到企业主页实现。所以，很多网络广告是以标题性语言作为广告语来向网民受众展示的。做好网上广告的标题性语言，最基本的技巧，是抓准并表现出产品（品牌）给广告受众的益处，或者说，先得把握准产品（品牌）最大的诱人之处是什么、“卖点”是什么。把这个分析清楚，标题性语言就八九不离十了。

网络广告标题性语言是影响点击率的关键。有一个歪打正着的案例：某网站在为一家网上书店做广告时，由于操作失误，把标题广告语“每天只用一小时读完一部书”误登为“每天只用一小时”，这本是一个难以原谅的错误，正当他们担心会被追究责任时，他们发现误投的广告的点击率奇高，远远超过网络广告平均点击率0.5%。当问到一些网民为何点击该广告时，他们的回答几乎是一致的：想知道究竟要花一小时干什么。

有个广告主的文案很长，方方面面说得颇细致，一切四平八稳，没有什么特别的地方。看着看着，网络编辑发现其中藏着这样的简短信息，顾客有抽奖机会，奖品包括电视、电脑、游戏机。于是把原来的标题改为“免费电视、电脑、游戏机要不要？”因为这是整篇广告文案中最吸引人的细节。换了标题后，效果十分明显。又如，搜狐网有个频道举办征文活动，要求的“征文可以是一句话、一段话、一篇文章，最高奖品是一部价值近7 000元的移动电话。原来的标题很平淡，说的是欢迎参加某某征文。后来编辑把它改了一下，大意是“说句话，赢手机”，推出后反响强烈。所以，网上广告语言的秘诀是把内容中最好的、最吸引人的东西用最简洁生动的语言亮出来。

2. 注意语言与画面的配合　动画技术的运用为网络广告增强了不少吸引力，因而在一般的网络广告中，语言更应服务于画面，起到画龙点睛的作用。比如，在网易网上有这样一个画面：画面上是一个少女手拿一个手机，手机的小天线拉出来，并不时地闪动着心型的音波。这样的一个画面如果没有语言的搭配，网民是很难理解画面的含义的。那么画面的语言是怎样设计的呢？画面先出现这样一行字：“妈妈，是许冠杰的fans？”然后这一行字在画面消失后，画面上又出现了下一行字：“嗯……母亲节，妈妈的礼物不用愁了！”。网民只有这时才理解了这个广告画面的含义。原来是为许冠杰的个人演唱会所做的一个广告。母亲节将至，广告画面是母女俩的电话通话的部分语言。前一句是女儿问母亲的话，说明母亲与女儿的电话中谈到了许冠杰的fans，于是女儿便有了在母亲节为妈妈送礼物的主意了。因此我们说，如果没有语言为画面服务，那么画面所要达到的真正广告的含义就很难理解了，只有画面与语言二者相互配合，才能起到较好的广告效果。

3. 语言风格的适应性　由于网络可以根据不同兴趣爱好，把受众高度细分细化，因而在针对目标受众诉求时，要注意运用他们熟悉的语气、词汇，这样会增强受众对广告的认同感。比如在中华网上所做的新 CROWN 皇冠轿车的广告中，广告画面是一台新型的皇冠轿车，画面上的广告语言是“和谐为道，欲达则达”，紧接着画面出现皇冠和 TOYOTA 的标志，然后画面回到最初的轿车画面，上面写道“TOYOTA 旗舰之作——新 CROWN 皇冠——上市。”这样的语言，如果拿给文化水平、生活水准较低的人来看，他们恐怕不会感兴趣。而想买轿车的人，目前大多数还是生活水平较高，有一定品位的人，所以这样的广告文案也就较容易接受了。而较大众化的商品所做的广告，其文案语言就应通俗平实一些，这样才能更容易被大众所接受。

4. 语言形式受投放的网站决定　虽然网络无国界，但受众还是会受到语言的限制，因而要根据企业的传播目标选择站点，决定运用何种语言。如果这个网站以娱乐为主，那么，网站上的广告语言风格和形式可以尽可能轻松活泼一些；如果这个网站以学术性为主，那么其广告语言风格和形式可以专业性强一些。

总之，网络广告文案要清爽醒目，条理清晰，词语生动简洁有强烈的吸引力，且要适合于快速阅读。网站对网民的吸引力约 70% 来自网站的文字内容，而网络广告对网民的吸引力，在动态的多媒体画面中，文字内容同样占据着不可忽视的重要作用。

## 复习思考题

1. 简述网络广告的媒体特性。
2. 网络广告的类型有哪些？
3. 网络广告的写作原则是什么？

# 第8章　系列广告文案写作

当广告如雨后春笋，令人应接不暇时，光有王妈卖瓜的广告行为，难以突破资讯的重围，顺利到达消费者的心智。于是乎，“出师未捷身先死”的惨剧天天都在各大传媒上发生。广告早已由“说了就有人听”和“多说几次就有人听”，快速进入“说得巧才有人听”的局面。而传播也由一根筷子接一根筷子转变为一把筷子的传播方式，实现散沙式到整合式传播的蜕变。系列广告这种形式也就在这种情势下应运而生。本章节，我们主要就系列广告文案的特征、系列广告文案的内在联系、系列广告从表现上的主要类型以及系列广告的写作原则等方面进行讲解，使同学们初步掌握系列广告的特点和写法。

## 8.1　系列广告文案的特征及作用

### 8.1.1　系列广告文案的概念

随着整合营销传播观念的深入发展，我们如果稍加留意，就可以发现，近年来在报纸或电视广告的传播策略上出现了一种新创意，即在同一天或连续几天的报纸上把同一个企业发布的同一品牌的既有相似之处又存在着差异的成套广告一起推出，气势恢宏，短时间内最大限度地抢夺读者的“注意力”。成套广告即系列广告，在广播、电视媒体上看到的很少，一般都刊登在报纸、杂志上。如在各大报纸媒体上出现的广东全球通、飞利浦、Motorola等品牌的广告。广州品牌性房产——丽江花园在推出“九如通津”时，更是在一天的报纸上用六则系列广告来鸣锣开道。

广告主之所以要发布系列广告，其目的就在于利用它所特有的一致及变化性，来加深消费者对文案本身和广告产品的记忆，产生一种累积，即所谓的强化效应，并最终实现促进产品销售额增加的广告目标。

那究竟什么是系列广告呢？一般来讲，系列广告是一个比较全面计划的广告活动，它是指企业为了贯彻集中力量突出某一创意理念的广告营销策略，而在一定时期内，有计划、分阶段、有目的地连续发布既有关联性又有变化性的一组广告，以增强广告的完整性和留给人们深刻的印象。

### 8.1.2　系列广告文案的特征

一般系列广告文案的表现特征与其写作目的有密切关系。系列广告的写作目的是为了全方位、多角度、全过程和立体地表现广告主体，从而形成较大的广告影响力和广告气势，满足受众对广告信息深度了解的需求。为了实现这个目的，系列广告在表现上就具有独特的显著特征。一般来说，与单则广告相比，系列广告具有以下特征：

1. 文案系列的完整性和刊播的连续性　企业在某一时期为同一产品所做的若干单幅广告的叠加之所以不能称为系列广告，最主要的在于那些单幅广告，没有形成统一的内容系列，不具备完整性和刊播的连续性。

例如：康师傅面霸 120 系列电视广告。1997 年至 1998 年制作并播出的康师傅面霸 120 系列电视广告分“数字篇”、“篮球篇”、“搬家篇”，每一则广告采用同一广告主题，主要旁白都是：“面霸 120，不只是多一点”，突出了康师傅面霸 120 面霸的大份量，但在不同时期的电视广告中选择不同的诉求点和不同的表现手法，内容完整统一，采用连续刊播方式，既突出了产品的特点，又形成了强大的宣传攻势，收到了很好的广告效果。

1997 年 8 月制作的康师傅面霸 120 “数字篇”，运用简单直接的数字表现，强调面霸产品所具有足足 120 克的大份量。

1998 年 5 月制作的康师傅面霸 120 “篮球篇”，运用幽默对比的手法，以一个小孩子与大块头篮球运动员的大球衣、大球鞋来对比，突出大份量方便面的众多需要，从而强调面霸 120 具有大面饼、多料包的产品特点。

1998 年 8 月制作的康师傅面霸 120 “搬家篇”，以产品的消费时机为切入点，借一群朋友协助新婚夫妇乔迁新居的时机，以大份量的面霸 120 来满足大量体力劳动后的需求及使用的方便。

2. 内容的关联性和风格的统一性　系列广告之所以能称为系列，其中之一就在于内容的相关性和风格的统一性。如语言风格的或幽默或典雅或素朴或华丽等等。例如 Dr. Marrens 鞋系列广告文案：

（1）标题：没有什么比这种感觉更好

正文：我单身

我收集沙子

我看弗洛伊德

我穿 Dr. Marrens……

广告语：自信、固执、永不妥协

（2）标题：不要告诉我做什么才是好的

正文：我逛二手店

我吃棒棒糖

我看 NBA

我穿 Dr. Marrens……

广告语：自信、固执、永不妥协

（3）标题：只有你清楚你自己想要什么

正文：我走路

我听 Undergound

我喝白开水

我穿 Dr. Marrens……

广告语：自信、固执、永不妥协

3. 结构的同一性和因素的变化性　系列广告文案以完整性、统一性来形成一种单则广告文案难以抵敌的魅力和气势，因此，系列广告文案在风格表现、语言特征、画面构图等方面都应该是统一的。要特别注意表现意义的整体把握。同时在整体统一的基础上也应追求变化的多样性，引起消费者的强烈兴趣，以使读者留下深刻的记忆。如图 8-1 所示的老蜂农系列广告，其广告方案如下：

图 8-1　老蜂农系列广告

（1）这位老人，有位皇帝朋友。

（2）这位老人，住在绿色银行。

（3）这位老人，有独到的酿蜜工艺。

（4）这位老人，非常值得信赖。

老蜂农广告的目的是树立品牌形象，宣传产品优势。广告分别从历史悠久、环保自然、工艺独特和值得信赖四个信息点进行介绍。从各个侧面并列展开，加上每个瓶贴上都有一个神态自若的老蜂农形象，集中表现了该产品可以信赖的服务。广告还巧妙地利用包装和瓶贴传达产品形象，与通俗简洁的文案相配，表现了老蜂农产品"百年御蜂，中华老牌"的卖点，树立了老蜂农的品牌形象。广告在文案语言和画面保持统一的基础上，又不失变化，较好地体现了系列广告结构的统一性和因素的变化性的特点。

### 8.1.3 系列广告的作用

在如今消费者忙碌的生活和日益个性化的信息消费方式下，为更有效地影响消费者，基于同一媒体的系列广告方式大行其道，广告人的创作思考重点从如何利用不同的媒体特性表现同一创意，转化为如何在相同的媒体上将一个大创意进行系列化的表现延展。系列广告在广告传播中日益发挥着越来越重要的作用。

1. 用系列表现轰炸"眼球"，能够持续占有受众的"注意力" 整合营销传播的核心要求是运用多种手段、在不同场合把广告主题系统、持续、一致地传播，做到"多种工具，一个声音"。系列广告就贯彻了整合营销传播理念，充分适应了传播环境的发展。在"注意力经济"时代，系列广告声势浩大，很适合新产品上市、新服务推出及事件营销时运用。系列广告一起推出，气势恢宏，短时间内最大限度地抢夺读者的"注意力"。

如广东"全球通"在世界电信日前一天做了四则广告，主题是"手机不仅打电话"，分别推出"移动上网"、"移动秘书"、"移动理财"、"全球通 IP 电话"等业务，并预告其在电信日的大型服务咨询活动，创意简明，引人注目。

2. 充分保障广告的整体传播效果 为了清晰传达主题，广告诉求讲究单一性，即一则广告只讲一个中心"卖点"（Sales Point）或话题。在一次广告运动中，如果广告主要向受众传达多个利益点、展现品牌的不同侧面，或者要用铺陈或悬念的手法逐步推出产品卖点或主信息，一般通过系列广告来达到预期效果。

比如飞利浦的"莹彩"电视机广告有三篇，第一则的文案是"1990 年，100 赫兹彩电就已经在飞利浦诞生了。可是……"。第二则的文案是"1994 年，一项更新的技术'数码扫描'（DigitalScan）又由飞利浦创造了出来。然而……"。悬念逐步提升，读者的好奇心被调动起来，最后抖出"包袱"，第三则的广告标题是"第三代100赫兹DNM数码自然动感电视机——再次设定电视观赏新标准”，理性诉求，把飞利浦的新产品呈现给读者。系列创意的完整传达得到了保障。

德国朗步地板的系列广告以人与自然的关系演变为主题，分四篇推出，文案精炼、延展性强，标题分别是“石器时代——人类的进步始于依赖自然”，“青铜时代——人类的繁衍始于索取自然”，“铁器时代——人类的发展始于征服自然”，“新木器时代——人类的梦想是与自然共存”。广告透射出强烈的人文关怀，朗步地板营造“美丽的森林之家”的主信息水到渠成、喷薄而出。这种整合传播向竞争对手筑起了很高的“传播壁垒”，市场跟随者们没有强大的广告火力或更好的创意就很难逾越。

## 8.2 系列广告的内在联系及写作原则

### 8.2.1 系列广告的内在联系

在系列广告作品中，广告文案所表现的信息内容之间，一般呈现以下的关系：信息并列关系、信息同一关系、信息递进关系。

1. 信息并列的系列广告文案 信息并列的系列广告文案，一般有两种表现。一种是将广告主体的各个方面分解成不同的侧面，在每一则单个广告文案中表现其中的一个侧面，或者将同一品牌的不同系列产品作并列表现。广告受众在连续的阅读或接收的过程中，通过各个侧面信息了解到一个全面的广告主体或同一品牌的不同产品特征。这是单纯处于并列关系的系列广告文案。前面提到的老蜂农系列广告实际上就存在这种信息并列关系。另一种是在系列广告中的第一则广告文案里采用总括性的信息表现，而在以后的几则广告文案中，又分列出不同的侧面来表现，将后面多则广告所表现的信息总括在一定范围内。

属于信息并列的系列广告文案，可以多角度地、全面地传递广告信息，让受众从各个侧面了解到广告主欲告知的方方面面的广告信息。

2. 信息递进的系列广告文案 信息递进的系列广告文案，有的是对广告信息进一步的深入发掘，可以使受众一步步地、由浅入深地了解广告信息；有的是完整地反映企业、产品和服务在各个不同时期一步步的发展状况和现实存在，使受众能跟随着广告的系列表现了解广告主体的发展状况。这样受众对广告信息能有一个全面的了解，也使广告主和受众之间能够达到一种长时间的沟通，在沟通中受众对广告主体的有关情况产生兴趣。例如“小雨点”系列广告文案就是采取的这种递进式的方式来写的：

广告标题：紧急寻找小雨点

广告正文：

小雨点，身高19cm，籍贯：黑龙江。小巧玲珑，甜美纯洁。穿红色衣服，戴一顶小红帽。

小雨点出生在纯净美丽的牡丹江边，据说最近曾有人在北京发现小雨点的踪迹，小雨点的“父母”特从东北赶来北京，拜托北京的父老乡亲们，谁发现小雨点的下落，请立即与小雨点的“父母”联系。小雨点的“父母”将以东北人特有的方式拜谢每一位提供线索的朋友。拜托了！

小雨点“父母”在北京的电话：64055358

广告标题：北京正在找她

广告正文：

近日有不少古道热肠的北京乡亲，向小雨点“父母”提供了许多关于小雨点的线索，但经证实后，都不是我们要找的小雨点。

拜托大家再留意一下：小雨点，身高19cm，籍贯：黑龙江。小巧玲珑。穿红色衣服，戴一顶小红帽。小雨点出生在纯净美丽的牡丹江边，据说最近有人在北京发现小雨点的踪迹，小雨点“父母”特从东北赶来北京，拜托北京的父老乡亲，谁发现小雨点的下落，请立即与小雨点的“父母”联系。小雨点的“父母”将以东北人特有的方式拜谢每一位提供线索的朋友，拜托了！

小雨点“父母”在北京的电话：64055358

广告标题：小雨点找到了

广告正文：

灵芝饮料小雨点，来自东北大山林里人迹罕至远离污染的冰天雪地，采灵芝原汁，融天然纯水，每一滴都是大自然所赐。近日小雨点已在北京街头闪光亮相。在此，小雨点谢谢北京的父老乡亲们！谢谢了！每一位曾提供线索的朋友将收到小雨点集团的礼品一份。

制造商：天津小雨点饮品有限公司　经销商：北京小雨点饮品有限公司
联系电话：64055383

3. 信息同一的系列广告文案　信息同一的系列广告文案，是就广告主体的特征，进行同一信息诉求的不同表现形式的广告文案。这种表现，可以将一个广告信息进行反复的、不同角度的表现，使同一信息的诉求深入拓展，可以避免广告文案表现的空泛和乏味。

如网易系列广告文案就采用了同一信息的多角度表现方式，形成一个风格独特的广告系列：

《长城篇》

要是长城只有一个人建造？

任何时候，惟有共同参与，才能创造出万里长城的奇迹。网络时代每个人都可能创造奇迹。因为互联网把所有人联在一起。当所有人同参与共分享时，12亿人的力量谁可估量？网易致力于推动中国互联网的发展，率先开发出全中文搜索引擎，免费电子邮件系统，网上虚拟社区等先进技术，建造中国互联网的平台。然而若没有数百万人的共同参与，我们又如何创造日均页面浏览量2 400万，登记用户590万，聊天室34 000人同时共用的骄人业绩？感谢大家的参与，期盼更多人参与进来，与我们一起共建中国互联网美好的未来。

《龙舟篇》

要是面对挑战都是孤军奋战？

任何挑战，惟有更多同伴支持，才能临危不惧，赢得胜利。网络时代你绝不再孤军奋战，因为互联网把所有人联在一起。当所有人同参与，共分享时，12亿人的力量谁可估量？网易致力于推动中国互联网的发展，率先开发出全中文搜索引擎，免费电子邮件系统，网上虚拟社区等先进技术，建造中国互联网的平台。然而若没有数百万人的共同参与，我们又如何创造日均页面浏览量2 400万，登记用户590万，聊天室34 000人同时共用的骄人业绩？感谢大家的参与，期盼更多人参与进来，与我们一起共建中国互联网美好的未来。

《舞龙篇》

要是节目只有一人庆祝？

任何庆祝，只有更多人参与，才能拥有更多的快乐。网络时代每个人的欢乐都能变成大家的快乐。因为互联网把所有的人联在一起。当所有人同参与，共分享时，12亿人的力量谁可估量？网易致力于推动中国互联网的发展，率先开发出全中文搜索引擎，免费电子邮件系统，网上虚拟社区等先进技术，建造中国互联网的平台。然而若没有数百万人的共同参与，我们又如何创造日均页面浏览量2 400万，登记用户590万，聊天室34 000人同时共用的骄人业绩？感谢大家的参与，期盼更多人参与进来，与我们一起共建中国互联网美好的未来。

《网易系列》广告获《现代广告》2001年"创意无限"大奖赛金奖和全场大奖。网易系列广告文案广告创意新颖独特，采用了同一信息的多角度表现方式，形成一个风格独特的广告系列。广告设计者没有向大众宣传网络如何神乎其神，而是将广告创意定位在"以人为本"，号召更多的人参与到网络中来。体现了"科技以人为本"的思想，展现了网络广告的诱人的前景，同时也表达了期待人们参与的强烈愿望。这一系列广告围绕主题，集中地表达了只有人们的积极参与，网络才会红红火火地发展的主题。为了达到这一目的，广告将同一信息，运用不同形式的表现，进行横向拓展，从不同侧面加强了表现的份量，具有一种无形的说服力，对大众产生了强烈的震撼。同时广告在标题、正文的结构、句式上都比较相似，风格同一、环环相扣，又略有变化。标题是同中有异，正文则是异中有同，在坚持风格、主题同一的同时又有变化。各部分之间内容上具有关联性，表现上具有变化性，表现了最大的信息量和较广的信息面。

### 8.2.2 系列广告的写作原则

1. 整体的完整性　在系列广告写作中，首先要考虑、强调的是在整个系列中，广告文案如何表现完整的意义，如何以相互之间的照应达到整体形象的塑造。

2. 内容的关联性　在系列广告文案的写作中，每则广告的内容应该互相关联，要围绕一个中心展开各部分之间的联系。要达到整体关联性，一要确定统一的创意理念，二是用广告语、一致的风格、相同或相似的句式来加强各篇间的关联。

3. 部分的均衡性　在系列广告文案的各个部分之间，要注意信息含量和信息层次的均衡，表现力度和表现篇幅的均衡。

4. 表现的变化性　系列广告文案不是单篇广告文案的重复刊出，它必须在整体统一的基础上追求变化的多样性，只有这样才能使广大的消费者产生强烈的兴趣，才能对广告产生深刻的记忆。同时，变化性也是系列广告的创意所在。因为变化性可以体现系列广告的优势和特征，可以使它在同样的篇幅内表现出最大的信息量和最广的信息面。

## 复习思考题

1. 什么是系列广告？
2. 系列广告有哪些特征？
3. 系列广告有哪些内在的联系？
4. 撰写系列广告应遵循哪些原则？

# 第9章　公益广告文案写作

自1996年以来，公益广告作为一种特殊的广告形式在我国逐渐兴起。公益广告的出现，一方面说明城市的成熟度和社会的完善度开始走向良性循环的轨道，社会的公益意识开始觉醒，同时也反映出广告行业自身社会责任感的提升和对行业形象的日益重视。另外，随着时代的进步和人文精神的不断发展，广告也越来越追求商业性和社会性的统一。因为广告不仅仅是一种经济行为，更是一种文化现象。广告越发展，它所承载的社会责任也就越重，这主要是依靠公益广告来体现的。

公益广告是创意人的最爱，因为公益广告不受框框的约束，无需碍手碍脚，创意人员可以尽情发挥，海阔开空，流行什么就写什么，但要真正写好、做好公益广告却又不是简单的事情。因为每个人对事物的看法，因理智、情感的强度而不同，因此，公益广告的创作必须以一种真诚的态度，首先感动创作者自己，才能最终感动受众。

要想真正搞好公益广告的创意及创作，真正创作出让受众为之感动的优秀的公益广告，必须深入了解公益广告的思维方式，并将公益广告与商业广告巧妙地融合，从而达到社会性与商业性的统一。这才是当今时代公益广告应努力探索的问题。本章节我们主要讲解公益广告的特性以及公益广告的表现方法，使同学们基本上掌握公益广告的创作方法。

## 9.1　公益广告的概念及特性

### 9.1.1　公益广告的定义

公益广告是以有利于人类社会道德观念、行为规范和思想意识，以维护社会公众利益为目的，通过影响公众对社会问题的看法和态度，来改变他们行为和做法的广告。

公益广告与商业广告的区别与联系在于

(1) 联系：公益广告作为广告的一种特殊形式，其资金来源多由企业提供资金上的支持和保障，从而在一定程度上提升了企业的声誉，从侧面起到了商业广告的作用，实现“义”与“利”的统一。俗话说：“以心感人人心归”。公益广告正是沟通了企业与民众内心深处非商品买卖的情感交流，因情感而产生的信任在竞争中是最不易被取代的，是企业最宝贵的品牌价值，这种价值将使企业面对竞争时的反应空间最大，时间最长，一旦企业良好的形象深入人心，企业将立于不败之地。所以，公益广告做得好，有时可能会起到比商业广告还要好的长远的效益。

(2) 区别：公益广告是与社会公众沟通有关观念的信息；商业广告是与买主沟通有关产品、服务及其品牌的信息。因此公益广告的发讯者可以是社会公共机构、团体和组织、政府部门，也可以是企业，其主题可以是多样化的：如环保、绿化、防火、计划生育、交通安全、禁毒、希望工程、尊老爱幼、尊师重教、提高民族自信心和自豪感等等。另外，公益广告的目的是引起广泛的社会关注；而商业广告则在于打动目标消费者，促成其购买行为的实现。

### 9.1.2 公益广告的特性

1. 观念性　公益广告宣扬的是有利于人类和社会的观念，观念性是公益广告区别于其他广告的最本质的属性。公益广告发挥着规范社会行为、改善社会风气、创造良好社会环境的作用，所以，公益广告从内容上必须宣扬的是一种良好的社会观念，这一观念必须对社会的文明、繁荣、进步有促进作用。例如：2004 年中央电视台、辽宁电视台都相继播放过哈尔滨制药六厂播出的公益广告：一个作为女儿的中年妇女为其老母亲端来热水帮其母亲洗脚，母亲深情地望着女儿，此时女儿的小儿子看见此情景便跑了出去。当这一中年女性回到自己家中的时候，发现自己的小儿子不在房间里，当她回过头来时，见小儿子踉跄地端着一盆热水，边走水滴边向外溅出，小儿子边端着水盆边对自己的妈妈喊：“妈妈，洗脚！”接着画面出现小儿子为妈妈洗脚的镜头。画面出现旁白：“父母是孩子最好的老师”。这一公益广告向受众传达的便是孝敬老人、良好的道德观念是代代相传、父母要以身作则等等观念。

2. 导向性　公益广告的内容要鲜明，提倡什么，反对什么，什么是对的，什么是错的，要毫不含糊。在这一点上，公益广告可以分成赞美性和揭露性两种。公益广告通过赞美正确的、美好的思想行为及批判错误的、丑恶的思想行为，从而来发扬前者，克服后者。例如：中央电视台曾经播出过一条警告吸烟危害生命的公益广告，该广告首先在画面的醒目位置上显出“吸烟”两个大字，背景上是吸烟及健康的组合画面，“烟”字半边的火将一支香烟点燃后熊熊燃烧着，烧出了一连串惊人的数字：

全世界每年因吸烟所引起的死亡人数达 300 万人，占全年死亡人数的 5%；世界上每 10s 就有一人因吸烟而丧命；我国 15 岁以上的男性吸烟率为 61%……接着，旁白道：吸烟是继战争、饥饿和瘟疫之后，对人类生存的最大威胁！

这则公益广告通过惊人的数字和一句振聋发聩的警告，使人们明确地认识到吸烟的严重危害，甚至是让人感到胆颤心惊。因此这一公益广告的导向性是非常明显的。

3. 针对性　公益广告的发布具有很强的针对性。它从社会现实出发，所宣扬的内容大多是配合社会上正在进行的，与广大群众密切相关的重大活动，或者是结合当前社会上存在的问题，所以，公益广告的发布应该是有的放矢、目标明确。如图 9-1 所示：

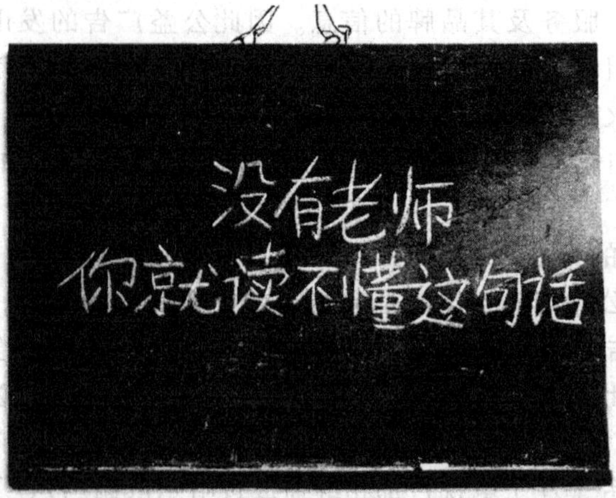


图 9-1　“中华好风尚”公益广告

这是 1997 年全国“中华好风尚”公益广告征集到的一幅作品，这幅作品多次在国内外重大广告评比中获奖，在当时关心教育、关注希望工程、尊重老师、尊重知识等是社会上人们普遍关注的问题，以此为公益广告的主题针对性就非常强。这则由上海电通扬雅广告公司的创意人员创作的广告作品只在这个普普通通的小黑板上用类似儿童的书法用粉笔写下了一句既简炼、平实，又有着深刻意义的一句话：“没有老师，你就读不懂这句话”，平实的一句话却浓缩了对老师的怀念、对知识的渴望以及对希望工程的关注和热情。

4. 说服性　公益广告不同于法律，法律需要强制人们遵守，公益广告则是要说服人们实行，让人们从心里上真正体会认识到某种行为的是与非、某种观念的利与弊。所以公益广告必须坚持说服性的原则，着重从思想上从认识上说服受众，让受众自觉接受广告所宣传的思想和观念。例如上海红十字会助盲平面广告：

标题：这个广告有些人看不见

正文：让每个人都能看得见这个广告，请支持眼角膜志愿捐献。咨询电话……

这则广告的创意是围绕广告本身展开的，当人们看到“这个广告有些人看不见”这一标题时，人们立刻会产生许多联想，对盲人的同情，对自己是个健全人的庆幸，以及老天要是能让每个人都能看得见这则广告该多好的美好愿望。情感至此，正文中请支持角膜志愿捐献的宣传也就自然而然地达到了其说服受众支持这一行动的目的。如果改成强制性的宣传，效果可想而知。所以，作为公益广告要追求的是心灵与心灵的碰撞，良知与良知的碰撞，目的是从心灵深处唤醒人们的良知，真正起到说服受众的目的。

5. 艺术性　公益广告要想更好地感动人、说服人，就必须从广告的艺术表现上下功夫，用巧妙的艺术形式达到广告宣传的目的。因此公益广告往往具有很强的艺术性。例如：2000 年在电视“广而告之”中播出了一则动画公益广告《我是一只小小鸟》：

在美丽的森林中，一群小鸟每天都无忧无虑地生活，它们唱歌、嬉戏、啄食。一天，突然一只箩筐从天而降，被扣住的小鸟流着泪喊“妈妈救命”，鸟妈妈无奈地带着其他孩子逃命，可是幸免于难的鸟妈妈还是被草丛中的一只鸟枪击中了，最后，孤零零的小鸟伤心地飞向远方……

这则广告用动画这一艺术形式，用动人的故事情节，加上赵传一首同名歌曲的演唱和模拟小鸟童音的配音、惊心动魄的枪声，强烈的对比震憾着每一个观众的心，也触动了人们的良知，达到了艺术性和思想性的统一。

## 9.2　公益广告文案的表现手法

公益广告面向的受众要比一般的商业广告更广泛，所传播的内容也往往更具有教育意义和行为指导意义。而要想引起受众对公益广告的高度重视以及对观念的充分认同，公益广告就必须采取具有更大冲击力的手法来表现。

### 9.2.1　鲜明的对比

通过对比手法的运用，可以使受众更加了解问题的本质，更加明确什么是正确的行动，什么是错误的行动，因为对比可以制造强烈的反差，使受众内心产生强烈的震撼力，从而达到宣传效果。例如：麦肯·光明广告公司上海分公司所做的禁烟公益广告所揭示的事实就是通过强烈的对比，达到让见者失色、闻者动容的效果。如图 9-2 所示，这是一组系列招贴广告，通过对比手法的运用，充分地说明了“吸烟有害健康”这样的一个公益主题。

### 9.2.2　展示严重后果

无论是个人行为还是社会行为，人们平时可能没有去认真想过或没有意识到其最严重的后果。在公益广告中，如果将行为的令人恐惧的后果展示出来是最直接、最有说服力的一种手法。例如：中央电视台播出的珍惜水资源的公益广告直言相告：“中国是个水资源匮乏的国家”之后，接着不无夸张地警告人们：如果肆无忌惮地破坏水资源，我们最后看到的一滴水，将是自己的眼泪！画面上一滴晶莹的小水滴从一只美丽的大眼睛中滴落，让人闻言慑服，触目惊心，这样严重的后果不能不令人警醒和深思。

### 9.2.3　联系受众切身利益

凡是与人们切身利益相关的内容总能引起人们的关注，因此，公益广告的

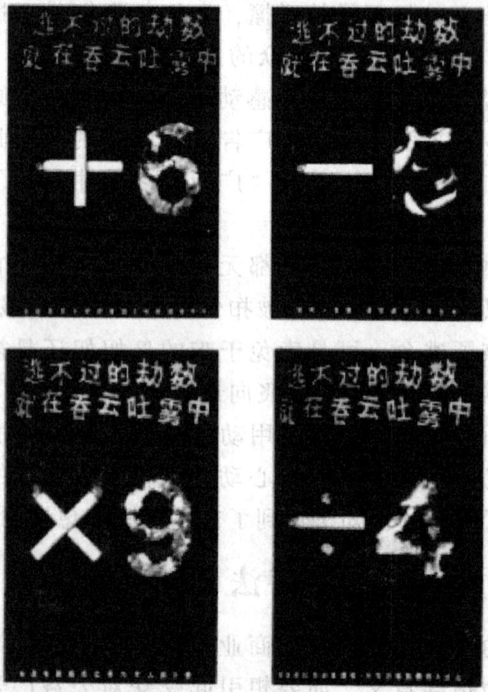


图 9-2　禁烟公益广告

内容也应该注意让广告内容与受众的切身利益密切相联系。例如：中国健康协会的“每天洗头”电视公益广告是这样创意设计的：

一则是一打扮入时的女子对着街边的玻璃整理头发，而没有发觉上面阳台上一老妇在拍打地毯；一则是在一商场中，一女孩试帽子时打了个喷嚏，急忙用帽子捂住，而又一个女孩却紧接着戴上刚才那个女孩挡过喷嚏的帽子却毫不知情；一则是在公共汽车上一猥琐的男子在窗玻璃上又哈气又写写画画的，其下车后，一穿着整洁的漂亮女子坐在刚才那位男子的座位上，把头靠在玻璃上却一无所知。

这几则广告，每一则都会引起受众的联想，联想到自己每天也都可能有类似的经历，因而，这样的公益广告就会引起受众的关注，因为广告的内容与他们个人的生活密切相关，所以会格外关注，这样的广告自然会起到较好的效果。

### 9.2.4　激发同情心

古语说得好，感人心者莫先乎情。用真情打动受众，让其产生强烈的同情感、道义感，从而引发对社会问题的重视，无疑是公益广告又一良好的途径。例如，台湾儿童福利联盟基金会的一则电视公益广告“迷路篇”，不仅表现手法独特，而且更重要的是让受众产生了强烈的同情心。该广告反映的是“弃婴”这一社会问题，它不是采用妈妈丢弃了婴儿的方法来表现，而是以童稚的口吻来说："我妈走丢了，那天下午眼睁睁地看着她消失，我大声叫她，可是我不知道为什么她都听不见，很多妈妈像我妈妈一样迷路。"听了这段内心独白，谁能不为之心动，对这位遗弃的孩童有谁不会产生强烈的同情。同情之余，人们也必然会对"弃婴"这一社会问题引起高度重视，从而产生良好的社会效果。

总之，公益广告要想真正成为道德建设的一部分，除了广告创意人员在创意上、手法上不断寻求更好的表现方法，达到更好的宣传效果之外，还需要社会各方面的理解和支持，使之在社会上形成一种良性的循环，这样，公益广告才能真正达到其最初的目的。

**附：**

公益广告例文1：（选自《现代广告》2001年2期57页）

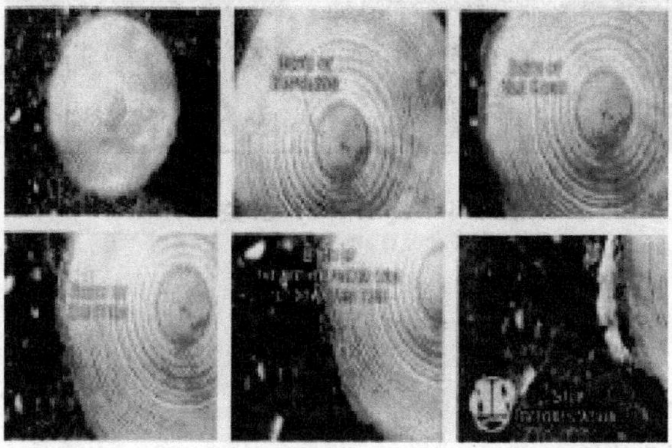

图9-3　《树》公益广告

广告正文：拿破仑出生。/梵高出生。/爱因斯坦出生。/砍倒这棵树的那个该死的家伙出生。/停止砍伐森林。

[说明] 公益广告《树》获第45届戛纳国际广告节影视金狮奖。广告内容是在一座森林里，一棵已被砍倒的树。镜头缓缓拉近，直到看见树干内表示树木年龄的年轮。一个箭头指向靠近中心的年轮："拿破仑出生。"镜头向后拉，指着较外圈的年轮："梵高出生。"再向外的年轮："爱因斯坦出生。"在接近树表的最后两圈年轮上出现了："砍倒这棵树的那个该死的家伙出生。"的字幕。最后呼吁："停止砍伐森林。"

公益广告例文2：（选自《现代广告》2001年第1期42页）

广告标题：$H_{1/2}O$

广告正文：在最近的30年里，世界的水供给已经减少了一半。

[评析] 这则提出警示的公益广告用严峻的现实提醒人们，如果不节约用水，不采取措施，不合理利用水资源，后果将不堪设想。广告的正中间是水的化学分子式，将其中的"2"改成了"1/2"，下面的广告语进行补充说明："在最近的30年里，世界的水供给已经减少了一半。"多么朴素的语言，多么严峻的现实。

这种现象还能继续下去吗？不！广告提醒每一个人都要节约用水，保护人类的生命之源——水。

图 9-4 《$H_{1/2}O$》公益广告

## 复习思考题

1. 什么是公益广告？
2. 公益广告有哪些特性？
3. 公益广告的表现手法有哪些？

# 第10章　广告文案的语言艺术

广告大师李奥·贝纳说过“文字是我们这个行业的利器，文字在意念表达中注入热情和灵魂”。另一位广告大师也说：“广告是词语的生涯。”这两句话都体现了语言在广告中的重要性。在本章中，我们将在广告语言的特征、广告语言的语气的运用、广告语言的风格、广告语言中修辞格的运用以及广告语常见的问题这些方面对广告的语言艺术进行讲解和探讨。

## 10.1　广告语言概述

### 10.1.1　广告语言的特征

1. 语音特征　广告语言中的语音因素有音节的声韵平仄等，具体表现为音节的组合、相同相似音节的重复、平仄的协调、押韵及谐音的运用等。

(1) 音节匀称：广告语言要注意音节组合的匀称，这样读来上口，听来悦耳，容易记忆。如：

本品以燕窝、莲子、芡实、白术、茯苓等为原料，补而不燥，四季皆宜。健脾胃，助消化，长身体，增精神……（健民口服液）

很少有人让我心醉，我只好自我陶醉。(摩托罗拉之香水美酒形象广告词)

(2) 平仄协调：格律诗读来之所以铿锵悦耳，讲究平仄是一个很重要的原因。广告语言在两句之中的相同位置安排平仄相对的字，或在一句之中以两个字为一个音节安排平仄相间的字，就可使语言产生抑扬顿挫之美。有些优秀的广告语就具有这样的特点。如：

多少崎岖，一一走过。(灿坤电熨斗)

十年创业，广招天下有才之士；群英荟萃，共拓宏达无限前程（昆明宏达企业集团公司招聘广告)

(3) 音韵和谐：押韵能产生一种回环往复的和谐音响效果，利用押韵的这种功能可以让受众加深对内容的印象，进而记住广告的内容。如：

只溶在口，不溶在手。(巧克力)

香山弹簧秤，准确又公正。(香山弹簧秤)

海鸥表，中国计时之宝（海鸥表)

公道不公道，只有我知道（上海大和衡器)

武汉羽绒服装厂为冰川羽绒服创作的广告诗《冰川之歌》：

在世界的东方，

在龙的故乡。
在冰天雪地里，
在广阔的地平线上。
她脱颖而出！
她蓬勃向上！
立起来了——“冰川”的形象，
升起来了——“冰川”的太阳！
……

(4) 巧用谐音：谐音在广告中被广泛运用，如：

湖北证券，稳操胜券（湖北省证券公司）

半球半球，时代追求（半球电器）

一句在句尾采用了同形词，一句用了同音词。再如：

龙牡壮骨冲剂，宝宝口服，妈妈心服。(龙牡壮骨冲剂)

灵机一动，“码”到成功（四通打字机）

步步为“赢”(李宁牌运动鞋)

2. 词语特征

(1) 动词或名词、形容词的活用式：有人把动词形容为“火花塞”，“它可以使一切充满热情”。例如伊利 ACE 酸奶：“越贪吃越美丽”，广告中“贪吃”本是贬义动词，现在却成为褒义词，占有心理上的优势。某方便面的广告上写着：“对不起，辣着您了！”原本是形容词的“辣”，现在活用为动词，表达的意思反而增强了“辣”的特色；北京晚报的“晚报，不晚报”中，本是名词的“报”活用为动词，突出了新闻贵如生命的时效性。

(2) 叠词或摹声词：叠词能突出词语的意义，增强形象性，富有音乐美感。如“晶晶亮，透心凉”(雪碧广告)、“款款新潮，丝丝真情”(丝绸展销广告)、“鸭鸭蓬松松，寒冬暖融融，无论你我他，谁都爱鸭鸭”(鸭鸭羽绒服广告)，“蓝蓝的火，浓浓的情！”(燃气具广告)都是运用叠词增强音乐性的例子。

“艳艳浓水绿，鲜鲜玻璃绿，纯纯宝石绿，娇娇鹦毛绿，嫩嫩青葱绿，浓浓菠菜绿，条条丝瓜绿，明明俏阳绿，点点梅花绿，清清浅水绿，朵朵彩云绿，亮亮松柏绿，淡淡湖水绿，静静荫花绿，闪闪祖母绿。”(上海龙凤金银珠宝商店广告)

这则广告用了十五个叠词，形象逼真地描绘了各种翡翠的不同色彩，激发人们的联想，诱发人们的购买欲望。

摹声词能使语境逼真，易于记忆。如“咔嚓！咔嚓！风景每天开口微笑”(照相机广告)。

(3) 嵌心理用词：在描述商品时我们常用以下词：免费、崭新的、省钱的、惊人的、亲爱的、尊敬的、方便、曝光、奇迹、快乐的、舒服的、感动的、秘密、真相、挑战等等。如为奥林蒸馏水确定的核心创意是“有渴望，就喝奥林”，围绕着人的种种“渴望”以及“口渴”的种种情景展开，轰动一时。“松下有礼，送你惊喜”则迎合了人们好奇的心理。有个纸裤广告：“郊游、野营、旅行，随身携带‘好方便’，海阔天空任您游！”抓住了人们外出怕麻烦的心理，极力说明产品的长处，激发人们的购买欲。美国舒服能超透气长期戴用隐形眼镜广告写道：“别人不能，我们能”，显示出新产品的独特新颖，迎合了人们求新的心理。

(4) 用词具体或有弦外之音：广告语中对产品的特点、功能、目标消费群、精神享受等内容，承诺越具体越好。说“让你美丽”，不如“消除你脸上的色斑”及“让皮肤变得洁白、有光泽”更吸引人；“为你省钱”不如“让你省下10元钱”来得有力！强调在时间或金钱方面的经济性。如“飞机的速度，卡车的价格”（某航空公司）、“一倍的效果，一半的价格”（某清洁剂）。

某化妆品广告写道“为女人除不平”，“不平”指脸上的“皱纹、斑斑痘痘”，又指心中的不平、怨言，具有弦外之音。

3. 句式特征

(1) 多用问句、祈使句：这类句子有较充沛的情感色彩，易于感人。如：

汽车要加油，我要喝红牛！（红牛饮料）

清凉世界何时来？待到菊花开。（菊花电扇）

除了钞票，我们承印一切！（法国某复印机）

(2) 多用短句、简单句：“广告文案要简洁，要尽可能地使你的句子缩短，千万不要用长句和复杂的句子。”（［美国］马克斯·萨克姆）。如：

长虹彩电的“太阳最红，长虹更新”，“长虹红太阳一族”等广告口号简短有力，让人感觉到它是国产彩电的先锋，代表着民族产业。IBM 的广告词“无论是一小步，还是一大步，总是带动世界的脚步”，巧妙地把 IBM 公司日日进步，带领世界电脑行业前进的形象，用谦虚的姿态巧妙地、简洁地表现出来，不知不觉中让读者接受了它的宣传。

(3) 口语句式：口语句式句子结构简单，语言富于感情色彩，语调变化大。如康佳彩电广告以一句“超大屏幕，牛！”给人些许自豪的感觉。句子简短有力，也容易加深消费者对产品的印象。如：

有效缩短感冒时间，治感冒——快！（海王银得菲）

一天一个，健康快乐。（西德苹果）

女士们，先生们，一切平安！（奥蒂斯电梯）

一人吃，两人补！（孕妇补品）

### 10.1.2 广告语言的人称特征

1. 第一人称的运用　广告在传达信息时运用“我”、“我们”等词，能给人生动热情的感觉。如：

立白洗衣粉……我老婆让我带来的，洗衣不伤手。(立白洗衣粉)

我运动，我存在。(李宁运动装)

我的家乡在中国，我的名字叫“东方”。(天津“东方牌”照相机)

以上三则广告从具有直接经验的消费者角度分别叙述产品独具一格的地方，有的来自于产品自身，有的来自于产品所附带的体验或理念。再如沃克斯威琴微型轿车广告：

标语：“想想小”（Think small）

正文：我们的微型车并无多少新奇之处，不要十几个学生一起挤在车里。加油站的伙计别问汽油流在哪儿，甚至不会有人注视我们的形状。事实上我们这种廉价小车的某些用户会觉得以下这些算不上什么高效率：

一加仑汽油行驶27mile。

耗用五品脱而不是五夸脱汽油。

从不需要防冻剂。

副轮胎行驶40 000mile。

只有当您挤进窄的小停车场，或更换小值保险卡，或支付小额维修账单，或折价以旧换新的时候，您想起了“小”。

这则广告以广告主的身份强调了车“小”而“经济”的特征，在当时人们追求车越长越大越好的观念中，彰显其独特的魅力。

2. 第二人称的运用　美国耶鲁大学曾通过调查列出12个在广告文稿中最具推销力的单词，列在首位的就是“you（您）”。高频率地使用“您”，实际上在向受众表示邀请或参与，会让受众有亲近感和归宿感。为缩短广告同受众的距离，广告语中的第二人称代词少用复数“你们”，多用单数“你”，而且多用敬称“您”。这能让消费者体会到与自己对话、谈心及受到尊重与关心的体验。如：

您勿需出门，便知天下事。(凯歌牌彩色图文电视接收机)

美的牌空调机，为您提供宛如自然般的清新空气。

您只要用一个手指头，就能弹出美妙动听的乐曲。(卡西欧电子琴)

人生有走不完的路，“奇安特”愿与您共赴前程。(奇安特运动鞋)

这些充满温暖的话语必然会在受众心中留下较为深刻的印象。

为求语言形式的变化，有时也可用功能相同的“君”来代替“您”，如“天门竟陵啤酒，祝君健康长寿”，又别有一番韵味。

3. 第三人称的运用　广告中运用第三人称“他（她、它）”或“他（她、它）们”客观地说明产品，虽然平实朴素，但是很难引起公众的注意，用得较少。不过，在广告内文中使用较多。

如：百万《青年文摘》读者

欢迎新朋友

她——博采中外报刊精华！

她——开启一代心灵智慧！

她——栏目星光灿烂：

励志篇：青春之歌　人生启示录　走向成功

益思篇：沉思与遐想　名人足迹　益智园

情感篇：心海浪花　纯情爱意　人间情暖

……

### 10.1.3　广告语言的语气运用

不同的语气，造就不同的语向、语境、语义。善于运用语气来传达不同商品的不同特征，会加强广告的吸引力。

1. 陈述语气　用陈述语气，直接平实地进行产品推荐，常常会表达较为肯定的意思。《书与酒》这则广告就采用了陈述语气。

书与酒

价格相同　价值不同（题）

一套书的价格只相当于一瓶酒，但价值及效用却大为不同。尤其是花一瓶酒的代价，买一套最新的管理知识和有效的管理技巧丛书，使你的企业能够提高效率，增加利润，快速成长，无论如何都是值得的。

酒香，固然令人陶醉，但不过是短暂的，是刹那的美妙。

书香，却能咀嚼品味，历久弥新，源远流长。

一本好书，能给您带来智慧和启示，让您解惑去忧，触类旁通，左右逢源。所以，与其花钱买醉，不如斗室书香。《企业管理百科全书》正是为每一位经营者准备的。它是140位经理、学者智慧的结晶，由20位专家联合编撰。拥有一套《企业管理百科全书》，任何企管新知，伸手可得，真正是对付经济不景气与同业竞争最有利的武器。（书籍广告）

全篇的语气以陈述为主，通过对比，以强有力的逻辑推论，产生肯定的力量。

2. 疑问语气　用疑问的语气，以引起受众的特别注意，产生广告和听众之间的不同的对应关系。

为了更具有那种面对面谈心的亲切效果，好像在跟你商量一件事，其句式框架多为“你（您）想……吗？”等。如：“您想不出门就洗个热水澡吗？”（某某牌热水器）乐百氏奶的“今天你喝了没有？”联想电脑的“人类失去联想，世界将会怎样？”这些用疑问语气来表达的广告语使听者感到很亲切。

还有的广告用反问句式，如某营养品广告：“你能战斗24小时吗？”新加坡某美容店打出这样的广告词：“您难道不要‘脸’吗?”有的广告用设问，如：“怎样使得这杯水更加有益？只要放入一片康钙 C”。又如泻立停广告：“别看广告啊!”“那看什么?”“看疗效!”

这样的设问句式既体现了此药的疗效好，又巧妙地讽刺了某些广告的不真实。

3. 祈使语气　用祈使语气向受众发出警戒、规劝，提出建议。常用“请（您）……”、“您想……吗？请（欢迎）……”的句式。如：

要想办公自动化，请到中南第一家。（武仪集团办公自动化公司）

事关痛痒，请用华力牌电蚊香。

请不要购买本店的卷烟。因为本店经营的卷烟尼古丁、焦油含量比其他店的产品高 10%。且有人因吸本店卷烟而死亡。（国外某卷烟广告）

晚一分钟回家，比永远不回家好！（交通安全广告）

4. 感叹语气　感叹语气多用来表示惊讶、赞美、愤怒、恐惧等强烈的愿望，带有强烈的感情色彩。如：

瞧！小朋友，这东西美极了！（美国麦片广告）

戴博士伦，舒服极了！（博士伦隐形眼镜）

这是老板牌呀！一年 365 天，天天做饭没油烟。

前两则广告表达了赞美的感情；后一则通过感叹语气的运用，表达了一种自信。

又如：

纽约

正在把它

吃光!

来味牌

真正犹太裸麦。

这则广告用带有令人惊讶和恐惧的语气，表达了一种具有对外扩张、冲击特征的产品形象。

## 10.2　广告语言的风格

### 10.2.1　广告语言的视点

广告的叙述是对产品及相关理念的一次展示或呈现。叙述的视点不同，广告带给受众的心理就有所不同，广告使受众产生的情感、联想等也均有所不同。

1. 从广告主的角度来叙述　这是广告采用的基本叙述角度，介绍的产品知识和信息较为专业。文中常常出现“我（我们）”和“您（你们）”的对举，较为直接。如艾维斯汽车出租公司的广告：

在汽车出租业中，艾维斯只是第二。如此，为什么仍乘坐我们的汽车？

我们更为卖力。

我们只是无法忍受肮脏的烟灰碟，或是半空的油箱，或是用旧了的拭雨刷，或是未加洗刷的轿车，或是充气不足的轮胎，或是比调整座位的调整器、加热的加热器、除霜的除霜器还不重要的任何事物。显然我们在全力以赴地求取完美，让你出发时能有一活泼、马力充足的福特汽车以及愉人的微笑。嗯，让你知道在 DuIuth 的什么地方能买一个又好又热的五香牛肉三明治。为什么？

因为我们无法让你白白地照顾我们，下一次请乘我们的车，我们柜台前排队比较短。

这则广告突出了出租汽车公司——即广告主——为顾客着想，最大限度地提供周到和细致的服务的经营理念，使读者既了解了它们的服务内容，又受到了语言的感染，对它们产生好感。有时广告主也借助企业成员的行为来传达信息，增加广告的人情味。如西安四通公司的一则广告：

次品（标题）

这台四通打字机如今还静静地躺在销售部大厅里。前不久，一位宝鸡来的用户看中了它。准备装箱时，四通业务员突然说："这台机子不能卖了！"四通业务员的手，指着液晶显示屏的一角。用户俯身仔细看了片刻，发现有一道细微的划痕。用户笑了，"不要紧，这点划痕没什么。"但业务员仍坚持给他换了一台。

每个四通人都不愿意破坏四通产品在用户心中的完美形象。

这则广告文案客观地呈现了故事本身具有的价值，这种无技巧的叙述方式，反而体现了四通公司内在的精神力量。

2. 从名人或权威人士的角度来叙述　这是一种间接的叙述。知名度较高的名人或有关专家的意见往往具有较强的说服力，会令消费者产生信任感，因此适合消费者高关心度和高卷入产品的广告。如英国戏剧家肖伯纳为著名哑剧演员温逊蒂写的广告：

散戏后，我回家，抬头看见费罗兹广场上空旷无人，宛如一个大舞台。我不由地想起了温逊蒂漂亮的单足旋转舞，于是模仿着那迷人的舞姿，在广场上跳了起来。这毕竟比写文章难得多。我摔了一跤又一跤，跌得鼻青脸肿，趴在地上动弹不得。这时一位巡逻警察走过来，目睹我的狼狈相，便扶起了我，神情严肃地说："先生，你是不是有精神病？我已经注意观察你有半个多小时了。"我回答说："警察先生，敬希原谅，我精神病倒没有，只不过被温逊蒂的精湛舞姿陶醉了，想跳它一圈。看起来容易，做起来颇难，你要不信，不妨一试！"警察脱口而出："这有什么难的！我来一下！"说罢甩动力腿，谁料来了个嘴啃泥。他好胜心强，跌伤身子摔破了制服，还不肯罢休。我只好陪着他旋转、摔跤，再旋转，再摔跤，一直到东方升起了太阳。他的上司走来看见这种情况，严厉批评说："你哪里是在值勤？太不像话！"警察却不以为然，有意旋转几圈，而且相当成功。他擦着汗水得意地回答："警长先生，我失职了，但我有新的收获，会跳温逊蒂的单足旋转舞。我敢肯定，你是学不会的！"警长不服气，也旋转了起来……后来，一位送牛奶的姑娘和一位卖晨报的老头儿也加入了我们的行列，费罗兹广场别有一番情趣了……先生们，女士们，不要认为我在说笑话，只要你看了温逊蒂的精彩表演就会明白了……

这则广告没有从正面去宣传温逊蒂的精彩演技，而是突出观众对其演出的强烈反响。肖伯纳所描绘的情景中"我"的出现颇有现身说法的作用，更像一段戏剧小品，引人入胜。结尾含而不露，点到为止，让读者产生无限的遐想。

3. 从与受众有关的商品使用者的角度来叙述　这种广告通常采用有直接经验的消费者或与之有着同等身份的虚拟的商品使用者，将叙事者自身独有的体验通过直觉的叙述，打动消费者，获得心理认同。如："自从戴上博士伦隐形眼镜，让我摆脱了眼镜框片的沉重负担，使我重新拥有一双美丽的眼睛，增强自信心，……"。再如广州名粤花园的广告：

在众多的楼宇中，我为什么选择了名粤花园？因为她——

惟一感到不便的是紧贴广州大道，离地铁出口太近，因为亲朋好友会轻易找上门来。

惟一需要承受的心理压力是意想不到的升值，因为她坐落在广州市重点发展区中心。

惟一缺少的东西是污染，孩子认识的第一种颜色将是绿色，因为数百亩受重点保护的果树园林环绕周边，教人不看也难。……

这就是名粤花园，令人神往的花园！

集别墅、住宅、写字楼、商场于一体，宝石蓝玻璃幕墙、快速电梯、自动扶梯，送IDD电话、空调器、抽油烟机；每平方英尺仅357元起，一次性付款8.5折优惠（15天内有效），每10套房设大奖一份，免一切代理费和转证费。我是生意人，打惯了算盘，算来算去，还是这里最划算。

这则广告采用正话反说的手法，突出了名粤花园的三大特点。特别是虚拟了一个善于精打细算的生意人形象，借他之口，告诉消费者，这是在经过优劣的充分对比后作出的明智选择，讲得合情合理，达到了"射中了消费者的心"的目的。

4. 从商品或其象征物的角度来叙述　这种叙述方式富于联想，容易创造欢乐的气氛和幽默的效果，通常会用拟人或漫画的方式对商品进行独特细致的展示。如德国贝克啤酒广告：

喝贝克　听自己的

我，德国贝克啤酒

600 年来，我就是这样

坚持自己的独特啤气——

泡沫一定要洁白

色泽一定要清亮

口感一定要爽快

我就爱跟你这样

从不与随波逐流的人交朋友

酒逢知己，干杯！

这则广告将贝克啤酒的历史悠久、始终如一的品质等特色通过拟人的手法传达给了受众，其后又用恭维消费者的口吻和坦诚的表白，坚定了对名牌的信心，最后以劝酒作结，给人以亲切感。

5. 从商品的相关物或处置对象的角度来叙述　这种叙述方式常会选取与商品有关的事物来传达信息，有提醒、激发、设悬等作用。如密山葡萄酒广告：

在莽莽苍苍的完达山下，烟波浩淼的兴凯湖畔，有一座青山环抱的县城——密山。

密山，甜蜜的山，每当金秋季节，漫山遍野熟透了的山葡萄、紫梅，万紫千红，美不胜收。以野生山葡萄和各种山果为原料酿成的葡萄酒更是盛名传南北，香飘万人家。……

又如来福灵农药广告：

我们是害虫，我们是害虫！

正义的来福灵

一定要把它，

杀死！杀死！

以上两则广告分别从商品的相关事物——密山以及商品的处置对象——害虫入手进行叙述，使人耳目一新。

**10.2.2　广告语言风格的运用**

风格即文章语言表达的特点。广告语言追求打动人心，目的是把产品推销给消费者。广告语言的风格，是由文体风格、修辞风格、个性特色风格、时代风格等交织在一起形成的。因此研究广告叙述语言的技巧，就是运用语言风格的过程。

1. 平实叙体的运用　平实的叙体风格一般用于理性诉求的广告。它更多地使用概念，要求用语明晰、准确，态度客观、冷静，是对“自然”的真实呈现。其好处是有一说一，内容具体，介绍比较全面，而且所提供的信息资料都要有一定的科学依据。缺点是平铺直叙地写出来，显得平淡枯燥。如：

节省电灯费用，应从选择灯泡入手。(奇异老牌灯泡广告)

第七届“康师傅迎新万人长跑”系列广告：用毛笔写意勾勒，杠铃（两头为康师傅商标）：“真正的健康不是重量而是力量”；自行车（车轮为商标）：“真正的健康不是速度而是进步”；跑步的人（头为商标）：“真正的健康不是冲力而是耐力”。

这个系列广告富有理性的思索和阐释。又如巧克力商品广告：

巧克力是一种高级糖果。这个名称来源于外来语的译音。最初古巴人和墨西哥人把采集野生可可加工制成的一种饮料叫做“巧克脱里”。西班牙人则把这种饮料称为“巧克力”。巧克力糖的名称由此而来。

巧克力的主要原料是可可树种仁磨成的可可粉，另外还有砂糖、高纯度的香兰素和植物卵磷脂等，如果再加入果仁，就可以分别制成各种不同风味的巧克力糖果。由于可可种仁里含有50%的脂肪、20%的蛋白质和10%的淀粉，还有少量的糖分和可可碱等，所以制成的巧克力糖果营养丰富，颇受欢迎。巧克力具有特殊的爽口风味，在常温下为固体，入口即可溶化，是一种滋补的营养品，对于增强人的体质，加强记忆力和促进儿童的身体发育都有好处。

这则广告没有浓墨渲染，语言简约，一目了然，提供的信息却很丰富。

2. 情感叙体的运用　“最成功的广告，主要诉诸情感，诉诸人们的愿望和忧虑，而不是理智。”

情感叙体又称抒情叙体。这种风格的广告借助情感的力量，表达人们的愿望和忧虑，渗透着浓浓的人文关怀，能使人倍感温馨。它的语言充满了情感、愿望、冥想等打动人心的词汇，更有诗化的特质。如：

“我有新妈妈了，可我一点都不喜欢她，……她好像也没那么讨厌……”。这则广告，主题是真情付出，无限回报，广告词中绝口不提“雕牌”牙膏，但却让人体会到“雕牌”牙膏给我们带来的浓浓的情意和无比亲切的感觉。

铁达时表的广告语：“不在乎天长地久，只在乎曾经拥有。”它诉诸人的情感，短短一句话包含了爱情真挚、坚定、永恒和爱情所赋予人们的幸福、快乐和忧伤。

“美国需要你”这五个字是美国的征兵广告语，字字重愈千斤，铿锵有力。它直指人心，唤起公民对国家的责任感，同时又有一种受到重视的自豪感。

请看台湾统一企业公司在父亲节所做的广告正文：

爸爸的脚步

爸爸的脚步，永不停止

曾经，我们携手走过千万步

逛过庙会，赶过集会

走过沙滩，涉过溪水

爸爸的脚步，陪我走过好长的路……

一面走，一面数

左脚是童话，右脚是盘古

前脚是龟兔，后脚是苏武

爸爸的脚步，是我的故事书

一面走，一面数

左脚一、三、五，右脚二、四、六

前脚是加减，后脚是乘除

爸爸的脚步，是我的算术

爸爸的脚步，是我的前途

为了孩子，为了家

爸爸的脚步，永不停止……

今天，让我们陪爸爸走一段路

赠送《健康养生特辑》。即使不能亲身随侍，也请打个电话，写封信，表达对爸爸深深的感恩之情。

这则广告充满了柔性的诉说，将父亲陪伴孩子走过的人生路娓娓道来，在动情的语言中表达深深的感恩之情。伴随着赠送活动，人们也记住了企业的名称。

3. 个性叙体的运用　个性叙体即运用个性化的语言来塑造产品或企业形象。如开利冷气广告：

171 人在深海

连续潜航 60 天

艇上武力足以毁灭地球

如何时时保持

人员的舒适与冷静？

敌人 24 小时在监听

被发现就可能被催毁

如何保持绝对的无声？

他们做到了，因为

他们选择

冷·静·专家

开利冷气

那是鲸鱼的求偶声

这则广告以潜艇大战的电影片为背景，用一行行由下往上推出来的字幕传达信息。从头至尾用越来越近的声音营造气氛，加重压迫感，最后意外地告诉读者，这怪音是鲸鱼求偶声。这种独特的体验充分彰显了创作者的个性。

4. 宏伟叙体的运用　宏伟叙体通常采用庄重宏伟的语调来推广产品或企业形象。它的语言叙述立意高远，境界开阔，气魄豪放，用语雄壮，不拘泥于产品的介绍，而重在表现企业文化理念。它常常在叙述过程中将一般性事实加以升华，使之显得宏伟而神圣。如：

“大红鹰——胜利之鹰”的系列广告，体现了其品牌的文化内涵。它重在体现对崇高目标的百折不挠的追求、用爱心对待一切、永不满足和自我超越的精神。

“格力”广告片的广告语“仰天地正气，问人间暖凉”借助现代科技手段为消费者营造了一个天地人和的宜人环境。全句含“高山仰止”的意味，又有高屋建瓴的气势，与画面一道，构成非凡的气度。“暖凉”包含了“格力”空调既制造“清凉”又带来“温暖”的特点；“正气”意喻大自然的清新气息，亦暗含“格力人”的精神追求。在形式上，注意了上下句的音韵和谐。加之用浑厚庄严的男中音徐徐吟出，余音袅袅，使人们在不知不觉中受到了感染。

红塔集团的新形象广告语“山高人为峰”通过表现企业实力来展开诉求。“人”不单是指红塔人，同时也是指消费者。红塔人的积极进取、敢于攀登的精神和消费者的上帝身份得到充分体现。隽永的人文内涵和商业文化在这里得到了完美的统一；恢弘的气势和动人的情感，针对消费者的心理进行了合理的表现。

芙蓉王的“传递价值，成就你我”，白沙集团的“鹤舞白沙，我心飞翔”，一品黄山的“天高云淡，一品黄山”，红河集团的“乘红河雄风，破世纪风浪”，都表现了企业非同寻常的价值理念，充分展示了企业的雄厚实力，用语言将平凡的事实进行了提升，使之具有了不平凡的感染力。

中国网通：“由我天地宽”中“由”不同于“有”字，“由”带有一种霸气，既点出了宽带网络的特征，又大气磅礴。再如北京广告公司的广告：

艰苦的作业，深邃的思考，不懈的求索，无非是企盼窗外的繁荣。

我们没有假日，我们没有停止过思考，我们过早地白发，我们度过一个个不眠之夜。人类的每一进步，全社会经济的繁荣，是给我们的付出最好的酬赏。

这则广告创意深远，放眼全人类文化和社会繁荣，使人们对该公司的敬业精神产生钦佩的心理。

## 10.3　广告写作中熟语、诗文、俗语、歌词及对联的运用

广告写作具有综合性的特色，是一种文化形态的大融合。因此，在语言的运用中应当充分挖掘一切可利用的形式，使之与内容相配合。

### 10.3.1 广告写作中熟语、诗文等的借用

1. 借用熟语

(1) 借用成语：如："眼见为实"(某眼镜公司)；"捷足先登,""三十六计走为上,""千里之行，始于足下"(鞋)；"一夫当关，万夫莫开"(保险公司)。

(2) 借用俗语："宽阔马路不见草，聪明脑袋不长毛"，人们习惯把聪明和秃顶连在一起。颐发灵广告则打出："聪明不必绝顶"，突破了人们的心理定势，产品功效也得到了充分表达。俗话说："路遥知马力，日久见人心"，此语一经改装即成为日本丰田车的广告："路遥知马力，日久见丰田"，既紧扣产品特性，又突出产品质量，通俗易懂。

(3) 借用歇后语：如："千万不要从门缝里看 GAS"；"每当他要买衣服时，他总是像闭着眼睛吃汤圆似的，心中有数……"

(4) 借用常用语：如："求人不如求己"（某银行储蓄所)；"百文不如一键，不打不相识"（某打字机)；"不怕货比货，就怕不识货"（BBC 电视画面创作系统广告)。

2. 借用诗文　鹤鸣鞋店："三人行必有我师，三人行必有我鞋。"，借用了孔子《论语》中的话；"海内存知己，天涯若比邻——海天书苑，您身边的书店"则借用了唐代诗人王勃的诗句。

3. 借用热点话题、影视剧等　三蛇胆广告在《水浒传》热播之际，借用孙二娘形象打出："对付上火、长痘，怎能心太软?"。又如"滴水观音"广告文案：

标题："滴水观音"传信息瓷厂订货滚滚来

正文：惊险侦破故事影片《滴水观音》上映以来，其中一件主要道具——"滴水观音"，引起中外观众的极大兴趣，视为难得的珍品，使之成为争相购买的"紧俏货"，目前销售量仍继续上升。

4. 借用名牌　如："汉森仅次于 IBM"（美国汉森计算机公司)；"罗蒙西服，中国的皮尔卡丹"；"不坐林肯，就坐喜美"（台湾喜美牌车)。这几则广告便是借现有的名牌反衬自己。

5. 借用歌词　如"兰州啤酒"的广告文案：

叫一声哥哥你慢些走，
喝一杯咱的兰州啤酒。
人生路上手挽手，
高高兴兴朝前走。
好啤酒，好啤酒，
兰州啤酒最风流。

这本来是一首爱情民歌，通过修改，把"哥哥"当成了受众。

6. 借用对联　如："藏古今学术　聚中外精华"（书店对联)。"为名忙，为

利忙，忙里偷闲，且喝一杯茶去；劳心苦，劳力苦，苦中作乐，再倒二两酒来。”（四川某酒家）

7. 借用名人效应　如：“韩愈送穷，刘伶醉酒；江淹作赋，王粲登楼”（韩江酒楼）。韩江为广东东部河流，酒楼在广东省潮洲市。此联嵌入的四位古代文人均与诗酒有关，“借酒浇愁”正是历代诗人具有的普遍性的行为，这里引人豪饮的意味不言而喻。

清末著名小说家吴趼人曾应上海中法大药房的老板黄楚九所请，为艾罗补脑汁写了一篇“还我灵魂记”。在这篇文章中，吴趼人谈到自己多年以卖文为生，精神消磨太大，显得困乏无力。他的老朋友黄楚九送给他六瓶艾罗补脑汁，吴吃了五瓶，精神就恢复了。于是写了一份信给黄楚九，把这篇文章寄给他，表示谢意。中法大药房把这封信连同文章附加申明一起登在《汉口中西报》上，中间并刊出吴趼人的照片。细心的读者一看，就明白这是一组宣传艾罗补脑汁的广告文章。

8. 借用典故、神话传说　如：“调追阳春白雪和，心会高山流水音”（乐器店）。此则广告借用人们熟知的两个音乐的典故。又如：“娲皇炼来，天亦可补；愚公移去，山之为开”（矿业），此则广告借用“女娲补天”和“愚公移山”的神话传说。

9. 借用数字　如：“不是魔术师也会变戏法，960 变成 1 666。”（中国某银行储蓄广告）；“320 元买广告大师的一生。”（台湾介绍《奥格威话广告》一书的广告）；“33 项系列服务 · 150 人侍候 · 390 堂景衬托 · 2000 坪场地配合 · 就为了……”（某结婚摄影服务广告）。

10. 借用历史　如嘉兴粽子广告：

粽子是快餐先驱

粽子是祖国食文化的先驱！

它是祖国人民的创举，它为纪念吾国伟大诗人屈原而诞生。

当您打开粽子的时候闻到的是中国文化的清芬。

几千年历史证明它是古代人民诗一般的创造！

您尝到的不仅是粽子，您首先感到中国文化而骄傲；您尝到的不仅是粽子，您首先感到几千年食文化而骄傲！

世界上快餐的始祖，中国的粽子！

还告诉您，嘉兴的粽子与她的城市一样有名！

注：客赐我嘉兴粽子，一时兴发胡诌几句。如蒙嘉兴五芳斋采用，当不收报酬，特此附记。

11. 借用其他形式　小说《祸水》广告：“该书在排版时，已在排字工人中争相传阅；装订时，厂长三令五申：私拿一本，罚款百元！”这是一则从侧面介绍产品的广告，迎合了部分读者的好奇心，从而引起轰动效应。

### 10.3.2 广告用语中的四字格

四字格的形式颇具民族特色。《诗经》中的诗绝大多数是四言，绝大部分成语也是四字格。它符合汉语的双音节奏，加强了汉语的形式美和音韵美，内容上又有言简意赅、精辟警策的特点，因此四字广告语很受青睐。如惠普电脑的广告词这样写：

中国惠普更佳之途。

莽莽乾坤，秀外慧中的，惟有惠普——

花开花落，几度春秋。在绚丽多姿、斑斓缤纷的芳草园中，惟有惠普系列微机一枝独秀，必将永远赢得您的青睐。

悠悠岁月，朝夕相伴的，惟有惠普——

光阴流逝，日月如梭。在严酷、公允的时间考验面前，惟有惠普系列微机青春常驻，始终与您相伴。

海角天涯，始终不渝的，惟有惠普——

不论天寒地冻，不论烈日酷暑。在任何恶劣的自然环境下，惟有惠普系列微机春意盎然，始终与您相随。

文案中四字格出现十六次，为广告增添了文采，给人留下深刻的印象。另外像“得心应手，双晶熨斗”、“莺歌电视，温馨备至”、“正宗杜康，河南汝阳。部优国优，古今佳酿。严防假冒，认准装潢。此酒产地，汝阳杜康”（杜康酒）等也别有意趣。

## 10.4 广告文案的修辞技法

俗话说：“佛靠金装，人靠衣装”。商品需要靠广告词来包装，广告词同样也要借助语言的恰当表达来增强诉求效果。修辞运用得当有时会提升商品的档次，产品的销售也就能达到事半功倍的效果。恰当的修辞有助于表现广告信息并与广告受众之间形成默契。必须找出最适合对消费者的情感进行诉求的词句，才能发挥广告的功效。

广告语言的修辞技法有以下几种：

1. 比喻

1）明喻。它通常都含有“犹”、“若”、“如”等联系本体与喻体的比喻词。如：“创新永恒，激情似火”（红塔山集团广告）；“温暖如阳光，轻柔如浮云”（某床上用品），把床上用品的质地尽现其中。德芙巧克力：“牛奶德芙，丝般感受”。

2）暗喻。用“是、变成、成为、等于”等喻词联系。如：“山上多栽树，等于修水库，雨多它能吞，雨少它能吐”（植树造林公益广告）。广告设计者由树木与水库都具有蓄水功能这一特点而将二者联系起来；“黑松就是快乐”（台湾黑松饮料），让产品与快乐联系在一起。

3）借喻。它的形式简洁、结构紧凑、文字洗炼。如：“随身的绿荫”（某防晒霜）；“索沙，女人心中永恒的旋律”（某化妆品）。它们都能勾起消费者购买的欲望。

4）没有喻词。有的先正面说明某一事物的道理，然后说明产品的功能，使上句的道理和下句的意思相呼应。如：“植物需要阳光，头发需要章光”（章光101养发香波广告），较为形象地点出了“章光”对头发的重要性。有的以判断句形式构成比喻，比如：“波导，手机中的战斗机”（波导手机），虽只有9个字却突出了手机的优势——快。

2. 夸张　为了使产品的形象更完美，在不违背真实性的前提下，用夸张的修辞手法对描述对象进行艺术处理，可以产生特定的传播效果。如摩托罗拉手机的“MOTOROLA，世界因我不同”；格林涂料的“格林涂料，面面俱到”。

夸张传达给读者的信息有两条：一是表层信息，是字面意义的；一是经过读者重新还原后获得的实质信息，是深层次的。夸张以它独有的特征给读者一个暗示，使读者能够获得深层信息，也使广告达到更高程度上的真实。如：飞利浦小家电：“我家的小猫也学会了做鱼”。它要表达的是“这种小家电使用极其简单、方便”。白丽香皂的“今年二十，明年十八”，用一种默契传达给消费者更深层次的信息：白丽香皂具有美容功能，经常使用可使自己显得年轻些。

夸张有时可以满足消费者的心理期望。如：老蔡酱油中的那句“味道鲜眉毛掉下来”，而电视画面中的广告主角竟然还夸张地动了几下眉毛，看了真让人忍俊不禁。老蔡酱油一下子成了酱油市场的主角。又如，一位中奖者把好消息告诉其女友，正当女友伸手接奖券时，一个喷嚏把奖券打飞了，此时出现了这样一句广告词：“关键时刻，怎能感冒”，显得恰到好处。

运用夸张手法，对夸张的度要有严格的分寸，否则就成了吹牛。

3. 对照（对比）　是把不同的事物或事物不同的方面放在一起作比照，以使需要说明的对象和含义更加突出。如：“美不尽桂林的山清水秀，好不过桂林FY4085复印机。”（桂林FY4085复印机）。这则广告利用“桂林山水甲天下”的名句效应，无形中便提升了产品的地位。奥克斯空调的广告语“沸腾的事业，冷静的支持”，通过对比巧妙地把产品的特性融入其中。某公益广告，背景为一段录像，录像内容为一些人违反交通规则，翻越护栏，横穿马路，导致悲惨结局的镜头，旁白为：“录像可以倒放，生命只有一回。”同时录像回放，画面中人死而复生。该广告通过对比，深刻地突出了生命的可贵，告诫人们要珍惜生命，遵守交通规则。

4. 反复　广告语中让关键词语反复出现能达到强调重点、突出重点，抒发强烈的感情或增加叙述的生动性和条理性的目的，促使受众接受、记住广告所宣传的厂家名称、商品品牌、产品性能等关键性信息。这种反复可连续反复或间隔反复。

如：广州陈李济药厂的血宝肠溶胶囊广告“血宝血宝，补血之宝，贫血越多，收效越好”，突出了药品的名称。

当年大红影星蝴蝶为冠生园食品做广告，其文字为：“惟有中国有此明星，惟有冠生园有此月饼”。既照应了蝴蝶的显赫名声，又真实地宣扬了冠生园。

5. 顶针和回环　修辞上的顶针和回环是通过相同语音和形式的重现而构成的，是反复的一种变换形式。如：

平安保险，保险平安

武汉商场，购物理想；购物理想，武汉商场

深圳赛格集团的广告：世界有个东方，东方有个中国，中国有个赛格

这些既是顶针也是回环，从不同的角度深化了内容的表达，能给人留下很深的印象。

6. 比拟　比拟有两种类型：“拟人”和“拟物”。广告中主要用拟人手法。如：

欢迎顾客踩在我身上。（瓷砖和地板商店）

别让我一辈子“嫁”给它。（我是眼睛，它是眼镜）（视力1+1眼睛营养液）

我天生一肚子火气。（火王燃气炉）

也有“拟物”的手法。如：

双鹿走进了千家万户。（双鹿冰箱）

小骆驼走进了大上海。（骆驼电扇）

7.借代　是指借用与产品有密切关系的事物去代替该产品的修辞方式。该产品称为本体，而借用来作代替的事物，称为借体。如：

天津手表厂海鸥牌手表广播广告文案：

“……亲爱的听众，海鸥去年曾飞往洛杉矶，我国体育健儿佩戴海鸥表；海鸥又飞到南极洲，我国南极考察勇士也个个佩戴海鸥表。海鸥表参加了全国评比，又获得好成绩。愿海鸥再接再厉，飞得更远更高。”

这则广告有三处运用了借代，突出产品品牌，并让读者产生了丰富的联想。

8. 双关　是指在特定的语言环境中，借助语音或词意的联系，故意使语言关联到两种事物，使语句构成双重意义的修辞方式。主要的双关运用是谐音双关、语义双关、对象双关。

如：中信科技公司文豪计算机广告短短的几个字：“生活中不能没有文豪！”

钟表店以“一表人材，一见钟情”为广告词。

这两则广告根据产品牌子巧妙地运用双关语，使广告有多重含义。

某计算机广告："囊中自有乾坤转"。

这则广告根据计算机的功能、结构，把它暗喻为一个"囊"，称智囊中装有乾坤，意在说明此产品功率之大。

再如某热水瓶广告："热心永驻"。从一方面可以理解为热水瓶的质量过硬，保温效果好，从另一方面也可以理解为厂家始终会保持一种热情的服务态度，可谓一箭双雕。

《80年代重大丑闻录》的图书广告："本书为您'献丑'"，妙用"双关"修辞手法勾起顾客的购买欲。

上海大众的一则广告："实力，从来令人望尘莫及"，其中"望尘莫及"四个字一语双关，既充分而恰当地说明了上海大众出产的帕萨特汽车具有非凡的速度，可以满足现代人对速度的追求；又说明了上海大众汽车公司具有雄厚的实力，一般汽车公司难以望其项背。

9. 拈连　把原本用于上下文中前一事物的词语就势巧妙地用于后一事物的修辞方式。用于拈连的词语一般为动词；构成拈连的词语在上下文中一般先后出现两次，前面一次是常规用法，后一次是变化用法；用于前面时，多是词语的原本意义，用于后面时，是临时的引申意义；构成拈连的两个事物的前一个一般为具体的事物，而后一个则一般为抽象的事物。将拈连的修辞手段用到文案写作上来，能给人以新颖、别开生面的感觉。如：

焕然一新的露美，将使您的容貌焕然一新（上海家化厂"露美"化妆品）

长城电扇天下闻，电扇长城在延伸（长城电扇）

10. 仿拟　仿拟即是指一种以新奇独特、幽默风趣为主要艺术效果的辞格现象。仿拟可分为三种：字的仿拟、词的仿拟、句子的仿拟。字的仿拟相对少见，词的仿拟、句子的仿拟就随处可见了。如常德市下南门中国电信的广告牌："中国电信，让您想说就说，'聊无禁忌'，就仿拟了"百无禁忌"这个词；健民干洗坊的广告："把脏衣服留下来，让好心情跟您走"，这就仿用了歌词"请把我的歌，带回你的家，请把你的微笑留下"。像雅戈尔西服的广告："装点人生，还看今朝"就仿用了毛泽东的词"数风流人物，还看今朝。"

11. 引用　在写作时引用成语、典故、谚语、诗词等来突出商品的性能和价值，可形成新的意境，使文案更生动，更有说服力。如杜康酒业直接引用了曹操的诗句"慨当以慷，忧思难忘，何以解忧，惟有杜康"。

在广告文案中，也有引用传说的。如徐州云龙山牌"蜜之刀"广告词"苏东坡连砍三刀，云龙山'蜜三刀'名扬天下"，就巧引曾任徐州太守的苏东坡用宝刀在青石上连砍三刀，留下三条刀印的传说，为传统名点作了很好的宣传。还有引用谜语的。如：某鞋广告"出双入对，相伴相随，同生同死，磨难不悔"，这是一个谜面，谜底自然就是要宣传的产品。由于引用恰当，谜面传达的内容就有效地转移到产品上，使之诙谐生动。

广告还有引用时代特点的。如法国某一香水广告：“香水中的文艺复兴”。众所周知，文艺复兴是欧洲思想文化发展的一个极为重要的时期，是一次思想文化领域伟大的进步和变革。这则广告语巧妙地利用了这个历史时代的专用语，暗示其超凡脱俗的产品质量，十分精妙。广告商喜爱“引用”的原因，无非是“引用”的东西大多为人熟知，这样，就可以轻而易举地将产品随着“引用”的“东风”打入消费者的观念中，于是，广告的目的也就达到了。

12. 对偶　又称对仗，指把字数相等、结构相同或相近的两个词句成对地排列在一起，以表达相同、相关或相反的含义的修辞方式。对偶句可以使广告文案句式流畅，读起来顺口，听起来悦耳，便于记忆和传播。

对偶有正对、反对、串对三种方式。对偶的应用，往往能使广告更加磅礴有力、意境幽远。潍坊计算机广告用语：“活字印刷古代显威，华光照排今日称雄。”富有气势，很有感染力。又如安酒：“银河倒挂三千尺，安酒开坛十里香。”并配上悠扬婉转的江南丝竹乐，具有浓郁的文化气息，使读者获得清新的美感，并有一种未饮先醉的感觉。

13. 排比　用三个或三个以上结构相同或相似、字数大体相等的句子，来表达相似、相关意思的修辞方式。它能以情感人、以气慑人、以势推人，使受众在不知不觉之间被感染、被震撼。如爱迪达鞋广告：

因为，它有独创交叉式鞋底沟纹，冲刺、急停时不会滑倒。

因为，它有七层不同材料砌成的鞋底，弹性好，能缓解与地面的撞击。

因为，它有特殊功能的圆形吸盘，可密切配合急停、转身、跳投。

因为，它有弯曲自如的鞋头和穿孔透气的鞋面，能避免脚趾摩擦挤压，维护鞋内脚部温度，久穿不会疲劳。

14. 飞白和拟误　有意将常用词语的某个字写成别字，以引起受众的注意，以达到易识易记、形象鲜明、对比强烈的目的。如：随心所“浴”（神州热水器）

“骑”乐无穷（金狮自行车）

后来“锗”居上（有机锗饮料）

默默无“蚊”的奉献（华力牌电蚊香）

红梅味精，领“鲜”一步。

有的广告词有意将关键字的音读错，通过纠正错读来强调品牌名称。如：

男孩：我想吃威威搁料面泡。

母亲：不是面泡，是面包；不是搁料，是果料；也不是威威，是莱威。好了，你自己再说一遍。

男孩：我想吃威威搁料面泡。（莱威厂肉桂果料面包广播广告）

15. 婉曲　是对不便或不愿直说的内容，用委婉含蓄的话加以暗示。

难言之隐，一洗了之。(洁尔阴广告)

您不要再给我添麻烦了，我的产品已经供不应求（交通公益广告，落款为棺材店）

16. 反语　用说反话来衬托出自己的真诚的手法。如法国某刀片广告：“我们共同制造的刀片，总比别的牌子贵一点。工人曾经努力研究降低成本，但是无法办到。我们因而想到，刮脸刮得干干净净，总比仅刮去一点重要得多”。某保险柜广告：“记性不好的人，千万别买狮牌保险柜”。

## 10.5　广告语言常见的问题

### 10.5.1　广告语言的注意事项

1. 用语注意避免歧义　一些广告创意利用有些语言文字易产生的歧义，让人产生一种似是而非的感觉。如“泡妞”，咋一看使人吓一跳，但它却是一则食品广告。当语言的歧义造成两个意思并存的时候，往往比较敏感的语义会占据上风，在广告传播时其不良意义便较突出。因此，在确定广告用语时，须十分审慎。

2. 不用充满血腥味的语言　如用“跳楼价”、“大放血”之类字眼来吸引顾客，就充满了血腥味。

3. 广告词切忌追求极限　如到处可见的“保证根治”、“去斑一周见效”、“三十天减肥×斤”，或动不动用“最高级”、“极品”、“世界一流”等词。这些词基本上是夸大现有能力，对消费者进行误导。

4. 广告词语中尽量少用形容词　“最高级的形容词应该归市场使用，在广告中是没有它的位置的，它将会导致读者对你自我介绍的怀疑。除了给人以自吹自擂的印象外，不会有什么积极效果。”（［美国］乔尔·拉斐尔森）

5. 不完整的描述或片面告知　如某广告声称某某牌小汽车“能够行驶60mile而不用汽油”，却只字不提它每行驶100mile需充电8h的事实。

### 10.5.2　广告语言中常见的语病

1. 用词不当或生造词汇　合肥某公司张贴了一份招聘广告，开宗明义居然声称要妖魔鬼怪。其发出的“邀请”是：“就让妖魔流窜，鬼怪成群……天下妖魔鬼怪，快来公司兴风作浪。”这是一家广告公司招聘业务人员的广告。看过的人都哑然失笑。原来所谓妖魔鬼怪，不过是公司要求应聘人员能够八面玲珑，如妖魔鬼怪般变幻莫测，智慧过人而又富有张力，“不要正常思维”能别人所不能而已。

有一则酒的广告词：“想活九十九，一天一杯××葡萄酒。”夸张太过，令人生疑，不知是酒还是长寿药？

某沙发广告："高雅、高贵、高观，舒适极了"。文中"高观"一词不知当作何解。

2. 逻辑混乱　某医疗器材广告："鼻炎的良师——WBY 型治疗仪"，治疗仪竟成了鼻炎的良师，鼻炎还能治好吗？

3. 句法不通　如："本品采用世界著名的日本姿生堂化妆品公司研制的配方，在姿生堂技术指导下生产的高级产品。（某日用化学厂"华姿"洗发香波说明）

此句应是一个判断句，但它的结构不完整，可改为：本品是采用世界著名的日本姿生堂化妆品公司研制的配方，在姿生堂技术指导下生产的高级产品。

"上面刊登的是数百封信中的几封最近用户来信……"（某药物牙膏广告）。该句的定语位置不对，"几封"和"最近"的位置搞颠倒了。

"该厂是机械工业部生产 $CO_2$ 焊机历史最长、产量最大的重点企业，规格齐全、质量优良、高效节能、久负盛名"（某电焊机）。此句主谓不当，"该厂"与"规格齐全……"等语无法搭配。

4. 标点有误　如：为提高工作效率请您使用多种功能，可靠耐用的优美。（优美牌复印机）该句语义不明，令人费解。可改为：为提高工作效率，请您使用多种功能、可靠耐用的"优美"。

5. 搭配怪异　如某房地产广告："尊贵尺度的刻意相逢"，不知此广告到底想说什么，"尺度"如何"尊贵"，还能"刻意相逢"？

6. 机械模仿　如："欲问空调何处有，人人皆指新上海"。语意生硬。

### 10.5.3　文言和方言对广告语言的影响

广告的用语应当灵活，善于巧用。针对不同的受众目标和具体的产品，可以采用多种形式，比如文言和方言的使用。

文言具有精炼、典雅的特点，但是对大多数人来说，理解比较困难，可能会影响沟通。方言则受到地域性的制约，如南方方言在北方可能令人费解，北方俗语在南方可能让人不懂，这样就产生了沟通困难。

文言与方言最大的问题都是沟通问题。因此在广告中利用文言时，一定要注意受众群体的文化层次及产品的特点，以及选用的媒体。文言广告多见于与文化人有关的店铺：

悬将小日月

照澈大乾坤（眼镜店广告联）

头寸自家寻大小，深浅须合意；

式样烦君多留心，老少各随时。（帽店广告联）

而利用方言做广告时，如果用简短的、在生活中使用频率较高的句子，也会有很好的效果。如：

蓝天六必治牙膏广告创意，一句“吃嘛嘛香”传遍了大江南北，现在大家都知道是“吃什么什么香”的意思。

“94182”——“久书一百年”这则广告则借用上海方言，巧妙地把绿宝金笔的经久耐用特性——“久书一百年”借“94182”的谐音表达了出来。懂方言的人会有亲切感，不懂方言的人也从后面的“翻译”中了解了大意。

虽然广告中利用文言和方言可以产生较为独特的效果，但由于沟通是其最大的障碍，与广告广而告之的作用相悖，因此会对产品的推广产生一些负面影响。另外在国家大力推广普通话的今天，运用过多的方言不利于创造和谐的语言环境。

## 复习思考题

1. 试述广告语言的特征。

2. 请从广告文案语言艺术的角度分析下列广告的特点。

（1）当您第一次喝我们的啤酒时就应该警告自己，别为它使自己破产。（美国吉尼斯·哈珀啤酒）

（2）本店专修你丈夫拆开而没有能力修好的电器。（某电器修理店）

（3）我来了！我看到了！我签账了！（某信用签账卡公司）

（4）茶亦醉人何必酒

书能香我不须花（北京万和茶楼）

（5）胡适撰写的人寿保险广告：

人寿保险含有两种人生常识：

第一，“人无远虑，必有近忧”，所以壮年要作老年的准备，强健时要作疾病的计划。

第二，“日计不足，岁计有余”，所以细微的金钱，只须有长久的积聚，可以供重大的用度。

（6）我的朋友乔·霍姆斯，他现在是一匹马了（题）

乔常常说，他死后愿意变成一匹马。

有一天，乔果然死了。

五月初我看见一匹拉牛奶车的马，看起来挺像乔。

我悄悄凑上去对它耳语：

“你是乔吗？”

他说：“是的，可是我现在很快乐！”

我说：“为什么呢？”

他说：“我现在穿着一个舒服的衣领，这是我有生以来的第一次。过去我衬衫的领子经常收缩，简直在谋杀我。事实上有一件把我窒息死了。那就是致死的原因。”

“天呀，乔”，我惊讶失声。

“你为什么不把衬衫的事早点告诉我？那我就会告诉你关于箭牌衬衫的事情。它们永远合身而不收缩，甚至织得最紧的深灰色棉布做的衬衫也不收缩。”

乔有气无力地说：“唉，深灰色棉布是最会收缩了！”

我回答说：“也许是吧。但是我知道‘戈登标’的箭牌衬衫是不收缩的。我正穿着一件。它经过机械防缩处理，收缩率连1%都不到！此外，还有箭牌新的独有的特适领！”

“戈登标每件只卖两美元！”我的介绍达到了高潮。

乔说：“真棒，我的老板正需要一件那种样子的衬衫。我来告诉他戈登标的事。也许他会多给我一夸脱燕麦。天啊，我真爱吃燕麦呀！”

……

3. 广告语言的风格有哪些？

4. 广告语言常见的问题有哪些？

# 第 11 章　接受心理与广告文案写作

任何商业广告的目的都是试图劝服消费者购买商品。要劝服消费者，就必须分析和了解消费者的想法，然后进行有针对性的劝说。广告正是通过诉诸目标受众的心理来影响其消费行为的，优秀的广告文案应建立在对消费者心理的正确分析的基础之上。

## 11.1　广告接受心理与文案写作

### 11.1.1　消费行为与广告接受心理

1. 消费行为过程　广告的最终效果是能让广告受众从受众的角色转换为消费者的角色，并进入商店去购买广告产品，实施消费行为。

所谓消费行为，是指消费者表现在寻求、购买、使用以及评价他们希望能够满足其需要的产品或服务的活动过程。

消费行为一般要经过这样一个过程：形成需要或激发动机→获取商品信息→选择商品→实施购买→评价所购物品→下次购买。在这一过程中，广告对消费者发挥着积极的作用：唤起消费者潜在需要，使其产生购买愿望，进而激发起购买动机；提供有关商品信息，进一步指向于具体的购买商品或劳务；确认广告的商标，以便认牌购买和形成良好的品牌形象。

2. 消费者的需要　消费行为是从形成需要开始的，没有需要，消费行为就不会发生。因此，认真分析消费者的需要及动机，是广告文案写作的重要环节。

美国人本主义心理学大师马斯洛曾把人的需要从低级到高级分为五个层次：

第一层次为生理需要。这是人们最原始的需要。它指人对食物、水分、氧气、休息等的需要，是人体本能的需要。人的这类需要如不能得到满足，就有生命危险。所以，这也是人最强烈、最基本的需要。

第二层次为安全需要。它是指人们要求安全，希望避免因冷热、灾害引起的伤害或者因经济不稳定所带来的威胁等的需要。

第三层次为社交需要。如渴望来自家庭、父母、朋友、同事、上级等方面的爱护、关怀、温暖、信任和友谊。

第四层次为尊重的需要。希望他人尊重自己的人格，希望自己的能力和才华能得到他人公正的承认和赞赏，要求在社会团体中确立自己应有的地位。

第五层次为自我实现的需要。希望完成与自己能力相称的工作；充分表现个人的情感、思想、愿望、兴趣、能力、意志等，能使自己的潜在能力得到充分的发挥。

从马斯洛的需求层次划分中可以看出，人的需要是按金字塔形式排列的，并有它自己的特性：

1）需要的无限性。人们的需要是无止境的，一种需要得到了满足，另一种新的需要又会产生。目标受众的需要是一个由低到高不断提升的过程。

2）需要的伸缩性。由于各种条件的影响，人们的需要具有一定的伸缩性。目标受众的经济能力、广告主的商品供应和销售服务等状况，可能会促进或抑制目标受众的需要。这是伸缩性的一个方面；另一方面，因商品对目标受众的影响程度不同，需要的程度也不一样。日常生活必需品，其伸缩性就比较小；而非生活必需品，需要的伸缩性相应就比较大。

3）需要的替代性。有些商品性能是可以互相替代的。一种商品的销售量上升，可能导致另一种商品销售量的下降。如洗衣粉需要量增加，肥皂的需要量就会减少。

4）需要的联系性。有些商品之间是有联系的，目标受众购买了这种商品，就会同时购买其他商品，如购买自行车，一定会同时购买车锁及其他配套部件等。

从马斯洛的需要层次论可以看出，人的需要实质上可以分为两大类别，一是内在需要，是消费者为了满足生存和维持生命的基本的物质需要，像食物、水、衣服、房子等等。内在需要往往直接而强烈，受其驱动而产生的消费行为往往指向产品的客观和有形特征，比如对一辆车来讲即是安全性能、节油功能等。二是外在需要，是通过外部刺激而使消费者产生维持身份、地位和社会角色等的心理需要。外在需要多是消费者主观性的愿望，源自外在需要的消费行为往往是消费者通过产品来满足其对兴奋、自信、幻想、荣誉等的实现。

根据消费需要的上述内容和特性，策划制作合适的广告，对受众的需要进行科学引导和调节，使其需要朝着广告文案撰稿人预期的目标发生变化或转移，并最终接受广告和广告中的商品，这是广告文案作者所应追求的目标。

3. 常见的消费心理　人有多种多样的需要，消费者的消费心理也是丰富多彩的。在实际生活中，支配消费者消费动机的心理期待，往往表现得非常具体。对消费者的期待了解得越清楚、越细致，广告的针对性就越强，效果就越好。常见的消费心理有以下几种。

（1）求实心理：求实心理是以追求商品的使用价值为主要倾向的心理需要。具有这种心理期待的消费者比较讲求“实用”、“实惠”。这类消费者选购商品时特别注重商品的效用、质量和方便，不过分强调外观的新颖、漂亮以及内在的象征意义等。针对这一类消费者，商品广告应突出商品卓越的性能和质量。新飞电冰箱诉求的重点就是省电，春兰空调的广告则强调其产品的静音效果，它们都把自己的广告诉求放在“实惠”上，从而取得了不错的销售业绩。

(2) 求廉心理：求廉心理是以少花钱为主要特征的购物心理，具有这种心理期待的受众追求“价廉物美”。不管在什么时代，低价格总是大多数消费者选择商品的一个重要因素。这些消费者对商品的性能、外观和包装等不大计较，而对同类商品之间微小的价格差异往往比较敏感。因此，厂商常常会抓住受众的这种心理大做文章。比如在彩电的广告大战中，熊猫彩电就抓住受众的求廉心理，不断宣传本产品是“同类产品最低价”，曾经取得比较高的市场占有率。

(3) 求美心理：求美心理是以追求商品美感为主的购买心理。其心理期待的核心是“美观”、“赏心悦目”。这类消费者在选购商品时，特别重视商品的造型、色彩、包装等外观美，注意商品对人体的美化作用和家居环境的装饰作用，同时对商品广告的审美品位也有较高要求。他们往往会因为一则创意新颖的广告而去注意并购买广告中所宣传的商品；也会因为广告的粗制滥造、缺乏品味而不知不觉地排斥其宣传的产品。因此，一则成功的广告在宣传产品美的同时，也要注意广告自身美的形象。

(4) 求新心理：求新心理是以追求商品时髦、新颖、奇特为主要倾向的购买心理。这种心理的核心是讲求“新奇”、“与众不同”。这类消费者在选购商品时，特别注意该商品是否别具一格，而不大注意商品的实用与否和价格高低。比如，他们在购买手机时，只要中意，肯定会购买最新的款式，并会不断更新，根本不会在乎价格的高低。针对这类受众进行广告诉求，应在商品的新颖性方面做文章，以吸引他们的注意。

(5) 求名心理：求名心理是以追求名牌商品为主要倾向的购买心理。名牌商品往往可以用来显示或炫耀身份、地位，因此，只要是名牌的商品，不管价格多高，都能卖得出去，甚至有时价格越高，卖得越好。在求名心理的驱使下，某些消费者也容易对以名人、明星为模特儿制作的广告所宣传的产品情有独钟。如李宁牌运动服、美的空调、小霸王学习机等，就借此取得了良好的销售效果。

(6) 求同心理：求同心理是以追求大众化商品为主要倾向的购买心理。它的核心是“从众”、“趋同”。具有这种心理倾向者，一般有不同程度的“随大流”思想。买的人多，大家认为产品还不错，他才下决心买；别人不买的，他决不率先尝试。为此，一些广告就设计了众多消费者购买的场面，造成产品受人欢迎的景象，以影响目标受众。

(7) 求便心理：求便心理是以追求便利为主要倾向的购买心理。在购买商品特别是购买日用消费品时，消费者普遍希望能获得方便、快捷的服务，迅速买到商品，而讨厌繁琐的购买方式、过长的待购时间和低下的售货效率。同时，还要求商品具有携带方便、使用方便、维修方便等特性。随着生活节奏的加快，工作压力的增大，许多消费者都会产生这种求便心理需要。为此，不少商家做广告宣传时都在方便上大做文章，以满足消费者的求便心理。

### 11.1.2 广告接受心理过程与文案写作

1. 广告心理接受过程

（1）目标受众心理接受的认识过程：目标受众购买商品的心理活动，首先是从对商品的认识开始的。认识过程是心理接受和购买行为的重要基础。整个认识过程主要是通过目标受众的感觉、知觉、记忆、思维等心理活动来完成的。

感觉是目标消费者认识商品的开端。在购买活动中，消费者借助于触觉、视觉、听觉、嗅觉和味觉这五种感觉器官来接收各种商品信息，获得有关商品及其属性的各种资料。

在感觉的基础上，他们会对围绕商品的有关感觉材料进行综合整理，在头脑中进一步形成关于商品的整体认识。这就是消费者对商品的知觉阶段。

记忆是人的大脑对经历过的事物的识记、保持、再现和再认，在消费者的购买活动中有着深化认识、促进购买活动的重要作用。广告宣传采取强化记忆的手段，是十分必要的。新颖的商品造型，鲜艳夺目的装潢色彩，对比强烈的橱窗陈列，有传统特色的商品包装，简明易记的商标名称，形象鲜明的商品广告，这些方法都有可能会在人们头脑中留下较深的印迹，起到深化认识的良好作用。

消费者对商品的认识的高级阶段是理性认识阶段。在这一认识阶段，他们对商品的认识，由繁复趋于概括。他们达到了掌握商品的本质属性的地步，达到了间接地理解和把握那些没有感知过的或不可能感知的事物的境地。通过这一阶段，消费者进一步认识了商品的一般特性和内在联系，全面地、本质地把握商品的品质。当然，他们在思维过程中还始终保持着与感知、表象的联系，以继续发展感知和表象的认识功能。认识的这两个阶段是交替发展的，是有机地交织在一起的。

（2）目标受众心理接受的情绪过程：对于客观现实是否符合自己的需要而产生的态度体验，就是目标受众购买心理活动的情绪过程。大多数情绪可以通过目标受众的神态、表情、语气和行为表现出来。喜、怒、哀、惧、爱、恶、欲七情，可说是目标受众情绪的基本表现形式。

目标受众的情绪表现主要受下列因素影响：

1）购买现场的影响。步入宽敞明亮、色彩柔和、美观雅洁、温度宜人的商场，会引起目标受众愉快、舒畅的情绪，使之处于喜悦、喜爱等积极的情绪状态之中，这有助于强化他们的购物倾向。相反，就会使之产生厌烦、失望和厌恶的消极情绪，就可能减弱他们的购物倾向。

2）商品的影响。在现实的购买活动中，目标受众情绪的性质和程度会随着对商品的了解而发生变化。在商品符合目标受众心愿时，他们就会产生积极情绪，反之，就会形成消极情绪。

3）个人情绪的影响。目标受众的生理特点、性格倾向、生活遭遇、事业成败、道德观念、社会地位、理想信念乃至自然环境、身体状况、社会关系等心理状态背景因素，会对消费者的个人情绪状态有所影响。这种个人情绪状态一旦形成，就具有相对的稳定性。它贯穿于消费者的整个购物活动之中，对他们的购买行为发生相应的影响。

4）社会情感的影响。社会情感可以归结为美感、理智感和道德感三类。美感是目标受众根据自己的审美标准和审美理想，对商品和消费活动进行评价时所产生的体验。他们的身份地位、爱好情操、文化修养、实践经验等方面的差异，必然使他们在心理接受过程中对商品或消费活动得出不同的审美评价。理智感是目标受众在围绕某些构造新奇、性能复杂的商品进行认识活动时所产生的疑惑感、求知感、好奇感和自信感。这些都可能促进目标受众做出某种情绪反应。道德感是目标受众依据社会道德准则去评价事物时产生的一种情感。例如，售货员的热情服务、礼貌待客，符合社会道德准则的行为，会使目标受众产生赞赏感、友谊感和满足感。这些感觉又会以愉快、欣喜、兴奋等情绪形态反映出来。

可见，目标受众在购买商品时，影响其情绪状态的因素很多。因此，研究目标受众的情绪过程，对于广告文案撰稿人来说是十分重要的。

（3）目标受众心理接受的意志过程：为了实现既定的购买目的，广告目标受众在购买活动中所表现出来的有目的地、自觉地支配调节自己行为的心理活动，就是意志过程。意志过程对目标受众消费活动中的行动阶段和体验阶段有着较大的影响。

消费者心理活动的意志过程有两个基本特征：一是有明确的购买目的。目标受众消费活动的意志过程首先是在有目的的购买活动中表现出来的。在购买活动中，他们为满足自己的需要，总是经过思考而明确提出购买的目的，然后有意识、有计划地根据购买目的去支配和调节购买行动。二是能排除干扰、克服困难。目标受众由作出购买决定过渡到采取购买行动，并不都是一帆风顺的。他们往往要克服主观的与客观的各种困难，必须付出一定的努力，才能实现既定的购买目的。目标受众要排除的干扰和困难是多种多样的。例如，同时发生几个不协调的购买动机所产生的冲突；物质的抑或精神的需求与个人经济条件的矛盾；商品品质、销售方式和服务质量造成的障碍等等。这些干扰与困难，有些是由内在因素造成的，也有些是由外部条件造成的。在购买活动中，消费者往往需要克服这些由主观和客观因素所形成的障碍，去实现消费目的。

目标受众的意志过程有的较为简单，有的则很复杂。在简单的意志过程中，消费者在确立了购买目的后立即付诸购买行动。它可以从作出购买决定直接过渡到采取购买行动。在复杂的意志过程中，消费者在确立了购买目的之后，往往还需要付出一定的意志努力。

认识过程、情绪过程和意志过程，在目标受众消费心理活动中是密切联系、不可分割的。一方面，意志过程有赖于认识过程，反过来，它又能促进认识过程的发展和变化。另一方面，意志过程有赖于情绪过程，但它又能调节情绪过程的发展和变化。

2. 受众心理对文案写作的要求

(1) 受众心理对广告标题写作的要求：标题，是广告的题目，是表现广告主题的短句。受众心理对广告标题写作的要求，主要表现在以下三个方面：

1) 广告标题应脍炙人口、引人注目。从广告接受心理的角度来看，好的广告标题，已成为成功广告的重要标志。因为它可以在第一时间引起受众阅读的欲望和兴趣，是广告产生效果的先决条件。优秀的广告标题，凝聚着创作者的智慧与心血，是良好的广告创作心理的表现，往往一经采用就可以流传很多年。

2) 广告标题应表现广告主题。标题是广告的题目，是广告内容的高度概括和浓缩。因此，广告标题的作用是以最简短的文字表达广告的意念，或产品的特征、优点等，以吸引消费者的注意，使人印象深刻，增加认识，促进销售。

3) 广告标题应鲜明、新颖、深刻。所谓鲜明，就是观点表达明确，使人能立即把握住问题的实质，不会产生误解；所谓新颖，就是能从新的角度和层次表达问题，不落俗套，富有新意；所谓深刻，就是要能表达客观事物的本质，使主题隽永，富有哲理。鲜明、新颖、深刻的广告标题，能够传播一种明确的思想或观念，给人以清晰的概念，使消费者能很好地把握和理解。鲜明、新颖、深刻的广告标题，不是主观臆造的，也不是凭空而来的，而是广告创意策划人员在深入了解特定产品与市场以及目标受众心理需求的基础上形成的，同时又有赖于广告创意策划人员良好的心理品质、创造性的思维能力和优良的业务素质。

(2) 受众心理对广告正文写作的要求：广告正文，是广告作品中的介绍、说明性文字，是广告文案中传达商品或服务信息的重点所在，起着宣传商品、树立商品形象和推动购买的作用。广告标题的心理功能在于吸引消费者，而广告正文的心理功能则在于劝服消费者。因此，它必须在劝服方面充分体现魅力，要写得实事求是，令人信服。同时还要写得亲切动人，具有从感情上打动人心的力量。因此，广告正文写作的心理策略应当是：①强调产品或服务的魅力与特点，以引起目标受众对广告正文的兴趣。②提供可信赖的、易领会的信息，使消费者产生获得与占有这一商品或服务的强烈欲望。③强化推动力，使目标受众接受广告正文中所宣传的商品形象，产生欲亲眼目睹和进行尝试的冲动。

从广告心理的角度看，撰写广告正文应坚持以下原则：①要真实可信，具有比较强的说服力，能实事求是地表述产品的性能或劳务的个性特点。②要简明扼要，突出重点，能明确表达广告的主题。③要围绕消费者而展开，切忌抛开消费者去做表现自己的文章。④要语言通俗，文笔流畅，富有情趣，生动感人，能与消费者达到心理沟通，并使消费者产生良好的心理反应。

(3) 受众心理对广告口号写作的要求：广告口号又叫广告标语。它是广告文案撰稿人从广告主的长远利益出发而制定的，在一定时期内反复使用的特定的宣传词句。其目的在于通过反复使用给人以强烈的印象，使广大消费者理解并记住一个确定的观念，使这个观念在无形之中成为消费者进行消费时的选择依据。广告口号的号召力对不同社会阶层的消费者来说是不同的。一般而言，重复出现的广告口号对受过高等教育的人缺乏号召力，而对一般知识水平的人则效果较好。在消费者的消费行为中，主要受感情因素支配购买某些商品（如衣物、香皂、香烟等）时，使用广告口号的效果往往比较好；而主要受理性因素支配购买某些商品时，使用广告口号往往收效甚微。

## 11.2 文化心理与广告文案写作

文化是人类社会历史发展过程中所创造的物质财富和精神财富的总和，大多数情况下文化也特指精神财富。

广告与文化之间是一种双向互动关系。一方面，广告的传播过程就是一个人们共享社会文化的过程，也是一个社会价值观念不断被传送、强化和公众接受社会文化教化的过程。另一方面，广告的创作者和广告受众都处于特定的文化环境之中，广告文案的创作人员正是根据自身对文化的认识和体验以及他们对广告受众的生活方式、价值观念、文化观念等的认知和把握来创作广告作品的，广告的创作过程和接受过程都直接或间接地体现一定的社会文化内涵。

### 11.2.1 文化价值观与广告文案写作

文化价值观是一种被一定的社会群体广为接受的存在状态及信念目标，是文化中的核心要素。一个社会群体或同一文化圈要想生存和发展，都会按照相同或相近的价值目标进行互动。公众基于自己的文化规范和价值意识而对广告的传播提出不同的要求和期望。所以，广告能否被认同、接纳，关键看这种广告本身能否体现该群体或文化圈的共同经验、价值取向，能否折射与渗透出一种社会文化的安排和群体共同的价值目标。

中华民族由于几千年的儒家思想的影响，崇尚和谐、中庸和等级有序的社会风尚，注重家庭和顺、夫妻恩爱、邻里祥和，重视和气生财等共性融合的人际关系，形成了以群体意识、集体主义为核心的文化价值观。采用民族题材、弘扬民族文化价值观的广告作品往往能够赢得消费者的认同。“我们一直在努力……”、“让我们做得更好”，“没有最好，只有更好” 等广告创意，传达的是一种勇于进取、不懈奋斗的民族精神；“中国人的产品，中国人的××”、“××以振兴中国民族工业为己任”等，体现的是振兴中华民族工业的豪情壮志和炽热的爱国情怀；“挑开红方巾，可是意中人?”，表达了中国式柔情绵绵的嫁娶风俗；“多谢啦!”三个大字下双手抱拳向受众作揖，表达了中国人达观谦和的君子风度；两个身穿旗袍的女子在除夕之夜包饺子的情景，表达了我国团圆温馨的家庭气氛和东方女性的魅力；青花瓷茶具和浓香茶汁的质感则表现了我国茶文化的雅趣。这些广告表现了同一文化的亲和力，极大地唤起了消费者的文化认同，从而导致其购买行为，而客观上它们又弘扬了民族传统，阐述了民族文化价值观。

传统文化价值观既有精华，也有糟粕，广告文案写作时要对此进行科学的选择。时下一些广告作品一味地迎合部分消费者并不高尚的价值需求，已经引起了不少消费者的反感。例如，随着这几年清宫戏的红火，清王朝的“皇上”、“太监”、“大臣”、“格格”们纷纷在广告中登场，骨子里透露出陈旧迂腐的“君权”、官本位思想。再如，“××洗衣机，献给母亲的爱”、“×××洗衣机，爱妻型”等，虽在情感上很有打动人之处，但细细想来，让女人“活到老洗到老”，而男人“享受生活每一天”，显然是男尊女卑传统小农意识的延续。对消费者心理侵害最甚的当数变相宣扬“腐败”意识的广告。有一则广告是这样的：“皇帝”喝酒喝得一塌糊涂。这时，“皇帝”不急，“太监”急！忙里忙外找解药，好不容易找到，扶“皇上”喝下。第二天一早上朝，“皇上”大笑，抖擞着精神说：“喝××，第二天舒服一点，哈哈……”这还没完，过一段是新版的：过年了，“大臣”们向“皇上”送了一大堆礼，但是“皇上”皱着眉头很不满意地说：“年年送礼，毫无新意（心意）!”送礼的“官员”们没讨到好，面面相觑，很不自然。就在这时，有人送来了×××。“皇上”眉开眼笑，连声说好！这时的旁白是：“送礼就送×××!”此类的广告不胜枚举，公然宣扬行贿受贿的不良风气。

具有不同文化价值观的消费者所关注的商品的特性是不同的，在广告跨文化传播中的文化融合与文化碰撞就在所难免。一些跨国公司十分了解不同地区的文化差异，相同的产品在不同地区做广告时就突出产品的不同特性。比如富豪汽车广告在美国强调经济、耐用和安全；在德国突出其功能；在瑞士重点表现其安全；在法国强调其地位和休闲；在墨西哥突出其价格优势；到了委内瑞拉则是强调其高质量。如果广告诉求与当地的价值观不尽符合，其效果就可能会大打折扣。万宝路在美国曾以其鲜明的西部风情和牛仔形象深入人心，但在20世纪70年代，当以同样的主题进入我国香港地区时却并不为人们接受，因为大家认为牛仔是个地位低下的劳工。于是，后来的广告改为在牧场的草原上出现了一群风度翩翩、年富力强的绅士，这一角色变换使得万宝路赢得了香港人的认可。

### 11.2.2 文化情感与广告文案写作

情感是对外界刺激肯定或否定的心理反应，如喜欢、愤怒、悲伤、恐惧、爱慕、厌恶等。任何一个消费者，都处在一个拥有共同文化传统的社会群体中。根据传播学原理，正常情况下，人们大都希望自己的观点同社会群体的大多数一致，而且从接受心理学的角度，受众总是在有意无意中有选择地接触和记忆那些与他们的观点、兴趣、态度相一致的大众传播内容，并有意无意地避免接触和记忆与其观念相左的传播讯息。广告心理学家指出，最理想的广告是把产品本身变成一种象征，比较省力的方法是利用文化和已经具有的象征，将它们与产品连接起来，这样才能达到事半功倍的效果。广告文案创作如果忽略了受众的文化情感，甚至广告作品所表达出的讯息与受众的文化心理相悖，只能引起消费者的反感，传播效果就无从谈起。

中国传统文化是一种土地文化、家庭文化、伦理文化，集体主义是中国文化的核心，这样的文化哲学氛围造就了中华民族与人为善、礼尚往来、顾全大局的性格特征。人与人之间交往无论是工作还是私人场合都有浓浓人情味。中国人优先考虑“仁慈、人道、友情”，其次为“习惯、传统、理性思考”，最后才是“规则和法律”。中国人很少愿意当面提出反对意见，害怕得罪人，在表达立场的时候往往固守中庸，模棱两可。这样的文化价值观及其特征，使得以尊祖先、孝父母、尚道德、重礼仪、讲奉献等为主题的广告作品，在中国各类媒体上层出不穷，而且大部分取得了不错的效果。

第四届全国广告作品展评电视广告金奖作品“孔府家酒”（回家篇）的经典广告语“孔府家酒叫人想家”的成功就是一例。中国传统文化中有一种浓厚的游子思乡情结，从唐代李白的“举头望明月，低头思故乡”到现代余光中的“小时候，乡愁是一张小小的邮票，我在这头，母亲在那头”，无不渗透着一种思乡念亲的愁绪。而孔府家酒巧妙地将自己同这种游子思乡情结水乳交融，给酒赋予了一种象征意味，从而赢得了无数国内外华人的好感。爱立信在1998年推出的系列形象篇，分别以“父子篇”（经常忙于应酬而忽略老人的儿子终于有一天推掉所有应酬，陪年迈的父亲在家用餐）；“争吵篇”（为孩子教育，父母俩经常争吵，严厉的方式使父子关系更紧张，直至父亲放下家长的架子，以朋友姿态敲响儿子的门）；“相亲篇”（煤矿工人和鸿雁往来的女朋友第一次约会，女朋友提示她将穿红衣服，相见时刻，男子发现在他面前竟有3个穿红衣服的女子）。这三组广告，没有轰轰烈烈的情节，演员、环境都很朴实，仿佛就在我们身边，但浓浓的亲情氛围和平实的表达方式，深深打动了观众，引起了强烈的社会反响。广告就是沟通，这一组广告表达了爱立信对沟通的理解：沟通就是关怀，沟通就是理解，沟通就是爱。台湾飞利浦电须刀广告“孩子孝爸爸笑”，红棉保温容器“温暖的家庭”，盒装中华豆腐“慈母心豆腐心”等也都无不贯穿融合着中国传统文化的重家庭、重团圆、重亲情的价值观，容易引发消费者的感情及价值共鸣，最终促成购买行为。

一定社会的文化传统既决定着人们生活方式的内容和形式，也决定着人们的价值观念和价值取向，并形成特定文化氛围。一定的风俗、习惯、伦理、道德、宗教、信仰以及哲学、法律、政治观等社会文化，不仅赋予人们对社会生活的一定的思想感情，而且造就了人们对人生、对生活特有的价值观念和取向。这种价值取向既表现在人们的物质生活中，也表现在人们的精神生活中。在物质生活方面，穿衣戴帽、饮食起居，各有所好。它不仅是一种物质的必需，更是一种文化观念的体现。西装革履或是中装便服，各有所长，但在中国的广告中，许多着中式服装的广告模特往往受到创作者和大众的青睐。因为它更显中国文化的风格和情调，更有庄重、舒坦的情调。中国东西南北人们对食品口味的偏好，也不仅是一种生理需要，更为主要的是长期的生活习惯培养而成的一种文化需要。因此，当南方黑芝麻糊电视广告中，画面上一个中国男孩在蕴含着中国传统文化气息的小巷里跑向卖芝麻糊的小食摊，贪嘴地把碗底舔得干干净净时，这时悠远的画外音：“小时候，一听到芝麻糊的叫卖声，就再也坐不住了”和广告语“南方黑芝麻糊，抹不去的回忆”，就成了对中国文化传统的表达，其中的浓情厚意恰当地体现了中国传统文化的格调。

在重庆奥妮洗发水的系列广告中，有一则广告借著名歌星、影星刘德华之口，向观众诉说：“我的梦中情人，应该有一头乌黑亮丽的头发。我觉得黑头发才够健康。相信我，没错的。”借助刘德华的形象，许多人认识了奥妮这一品牌。但在一项调查中也发现，刘德华的一句“相信我，没错的”，也使许多公众产生强烈的逆反心理：“即使是一个天王巨星，又有什么权利在大众传媒上对受众说他的选择才是最好的选择呢？”这则广告的诉求显得过于直露，因而给许多目标受众带来心理上的不舒适感。中国文化中的美的观念是由内向外的，人们更愿意从内在心灵之美出发再到外在之美，而这则广告所表现的审美观念是由外向内的，更注重外在之美，偏离了中国人的传统审美趣味。同样取用名人策略，“百年润发篇”中，香港著名影星周润发用丰富的面部表情给观众讲述了一个青梅竹马、白头偕老的爱情故事。广告语被定位成：“青丝秀发，缘系百年。”这一广告主题被作为画外音配合着电视画面。男女主人公的相识、相恋、分别和结合都借助于周润发丰富的面部表情表现了出来：爱慕状、微笑状、焦灼状、欣喜状。男主人公“周润发”一往情深地给“发妻”洗头浇水的镜头则表现出白头偕老的情愫。头发，在中国传统中本来就有着深沉的内涵。“百年润发”，滋润的不仅是头发，而且是把相爱的夫妻百年相好的承诺贯穿在普普通通、平平常常的生活场景中——洗头浇水。这样就把中国夫妻从青丝到白发，相好百年的山盟海誓都溶入到了产品和广告之中。广告背景音乐中一句句韵味十足的京腔，更增强了对产品“百年润发”情感承诺的衬托。

### 11.2.3 民族生活题材与广告文案写作

广告欲帮助产品打入地方市场，往往需要进行一定程度的地方化，以期通过广告的地方化来帮助产品融入地方市场的生活空间。现代广告表现手段的特征是国际主题，本土创作，也就是广告界常说的“国际化思维，本土化操作”，国际的主题应当融入本土的文化之中，寻找适合于本土特点的表达形式。

在不同的社会文化中，人们有不同的价值观念和价值取向。这些不同的价值观念必然会影响人们的心理特征和行为取向，并在生活方式中表现出来，形成形形色色的饮食文化、性文化、衣着文化、居住文化、保健文化等。在这样一种迥异氛围下，对于同一种事物会产生完全不同的认识和看法。如仙鹤在中国是一种健康长寿的象征，但在法国人眼里却是愚蠢和不忠的象征；在中国，一些植物在人们的心目中有良好的印象，如菊花、荷花、腊梅等，也常用作商品的商标和包装图案，但在有些国家却忌讳这些植物在商品中使用，如日本人忌讳用荷花作为商标图案，意大利人忌用菊花作为商品的商标。广告文案创作需要针对不同文化特点寻找合适的形式和内容。法国人可以这样浪漫直露地表现香水产品：“一滴是为了美，两滴是为了情人，三滴足以招致一场风流韵事”；美国的美容院广告可以幽默地拿老人开玩笑：“不要对刚刚从我们这里出来的姑娘使眼色，她很有可能是您的奶奶”。这些广告作品就不适合中国的国情，因为与中国传统文化中重家庭、讲忠贞、敬长辈的价值观念相违背，中国人无论从心理上还是感情上都不能接受。

可口可乐与百事可乐这两家全球最大的可乐饮料公司进军中国市场的过程中，都逐渐放弃了原来的标准化广告策略，争相采用民族化的形式来做广告。前者利用中国人崇尚红色的心理，推出了以“红色真好玩”为主题的广告促销活动；后者利用中国人喜欢“8”的心理和情绪，举行了以“百事可乐 888”为名的有奖销售活动，均取得了成功。2001 年春节，可口可乐公司的一则广告取景于中国东北的一个小村庄，贴春联、放烟花等民俗行为和全家福的形象弥漫着中国人熟悉的浓郁的乡土气息。这就是中国老百姓喜闻乐见的形式，从而进一步赢得了中国消费者的喜爱。

今天的跨国广告创作中，集中体现出中国文化在转型期的诸种特点。在许多广告创作中既体现出中国传统文化的积淀、东西方文化的巨大差异，又体现出中国文化接受外来文化，向新型文化转变的进程。表现在广告创作手法上，就是既有传统的表现手法，如产品示范、名人或消费者推荐、生活片断、故事式、音乐等，又增添了一些新的表现形式。在中国社会的转型时期，消费者在向往美好未来的同时，一些过去被忽视的风俗、文化、传统在广告中得到重视。

消费者心底里的中国文化情怀被激发出来，进而产生共鸣。可以说，文化的差异性和共通性既给现代广告文案写作带来了限制，同时，也给广告文案创作拓展了更为广阔的伸展空间和深厚的文化底蕴。万宝路的一则贺岁广告将镜头对准中国的西部大漠。镜头中，马蹄声响，无数中国人身穿民族服装骑马从嘉峪关各城门涌入。忽然锣鼓声震天动地，城上城下，城内城外，一排排、一行行西部汉子，个个喜气洋洋，正跳着庆祝丰收的锣鼓舞。鼓声愈来愈急，舞步越跳越快，直至高潮，戛然而止。随着一声粗亮豪迈的长啸，城头突然倒挂下无数鲜红的缎带。最后在一片欢天喜地的场景衬托下，传来了“万宝路恭贺各位新年进步”的广告语。这则广告运用的是具有中国民族特色的形式，传递给受众的却是“万宝路”不变的精神内涵。广告秉承了万宝路一贯的豪迈、粗犷不羁，依然给人以不同凡响、傲气冲天的“万宝路世界”的感觉，所不同的是西部牛仔换成了中国大汉。但它又不单纯是表现形式的转换，而是体现着对中西方文化的差异性与共通性的深刻把握。狂放不羁的万宝路精神在喧天的锣鼓声中融入了中国的文化氛围。在这则广告中，东西方文化之间实现了沟通。

## 复习思考题

1. 简述马斯洛的需要层次理论。
2. 常见的消费心理有哪些？
3. 简述接受心理的过程。
4. 广告接受心理对广告文案写作有哪些要求？
5. 举例说明文化价值观与广告文案写作的关系。
6. 举例说明文化情感与广告文案写作的关系。

# 第12章　广告计划的写作

广告活动是由三个部分组成的，即计划、实施、评价（管理）。广告活动的成败，广告所收到效果的明显与否，很大程度上取决于计划制定得是否准确周密。任何企业在开展广告活动前，都必须对广告战略目标、广告对象、广告规模、广告信息、广告预算、广告媒介及广告效果的评估等有一个比较清楚的认识，否则，则无立足之地。本章节，我们主要从广告计划的特点、构成，广告计划的分类及内容，广告计划的写作要求等方面加以讲解，从而使同学们掌握广告计划的一般写法。

## 12.1　广告计划的概念、特点及构成要素

### 12.1.1　广告计划的概念

广告计划是根据广告战略的要求制定的行动计划，它是广告活动的重要组成部分。具体地讲，广告计划是指广告主或广告公司为实现广告战略而制定的一项切实可行的广告实施规划。广告计划是管理的首要职能，没有计划就没有管理。它是对广告目标对应完成的目标体系、对完成目标的各项广告活动进行具体确定，确定各项措施和时间进程，并确定广告预算、广告的评价方式、方法和时间。有了计划，可以使广告活动按计划有步骤地展开，有助于对广告活动进行科学管理，使广告活动取得最佳的经济效益。

### 12.1.2　广告计划的特点

1）广告计划是一项行动文件。实施一项广告活动是极其复杂的，它需要与各方面的协同配合。广告计划就是把要采用的主要步骤、时间安排写成具体的行动方案而形成文件。

2）广告计划是对某一广告目标及完成这一目标的一种具体解释。解释各项指标及各步骤的制定；解释怎样才能达到最终目标。

3）广告计划也是对企业实现经营战略的一种承诺纲要。广告目标的完成需要多少费用、为什么需要这么多费用、这些费用是如何安排的、它可以给企业带来怎样的效果等，这一系列的问题，是广告计划的重要内容，它需要给企业一个明确的承诺。

4）广告计划一旦制定，就成了广告活动必须遵守的行动准则和努力方向。虽然计划具有灵活性，但这种灵活，只是在一定条件范围内的有责任的灵活。

### 12.1.3　广告计划构成的基本要素

进行广告计划的写作，应对构成广告计划的各要素及相互关系有一个充分的了解。

广告是一种促销手段，是为商品销售服务的。广告的目的在于刺激消费者的购买动机，以进一步采取购买行动。因此，制定广告计划，往往要根据不同企业的需要，确定相应的目标，而且经常是将两种以上的目标组合起来，对广告活动提出更加全面的要求，以期达到更好的效果。

确定广告目标是广告活动中的重要一个环节，不是一项独立的活动，而是企业整体营销活动中的一项具体工作。因此，广告目标必须在企业经营战略和营销目标的指导下指定。企业目标是赚取利润；营销目标是销售更多的商品，扩大市场占有率；广告目标是通过宣传，在消费者心中提高广告商品的知名度和喜爱率，促使消费者在购买同类商品时，能指名购买，达到扩大市场占有率的营销目标，从而使企业赚取更多的利润。营销目标要服从于企业经营战略，而广告目标要服从于企业经营战略和营销目标的要求。

有了确定的广告目标，即产生了初步的广告预算。因为二者直接关联，预算多少直接关系到广告目标的实现程度。

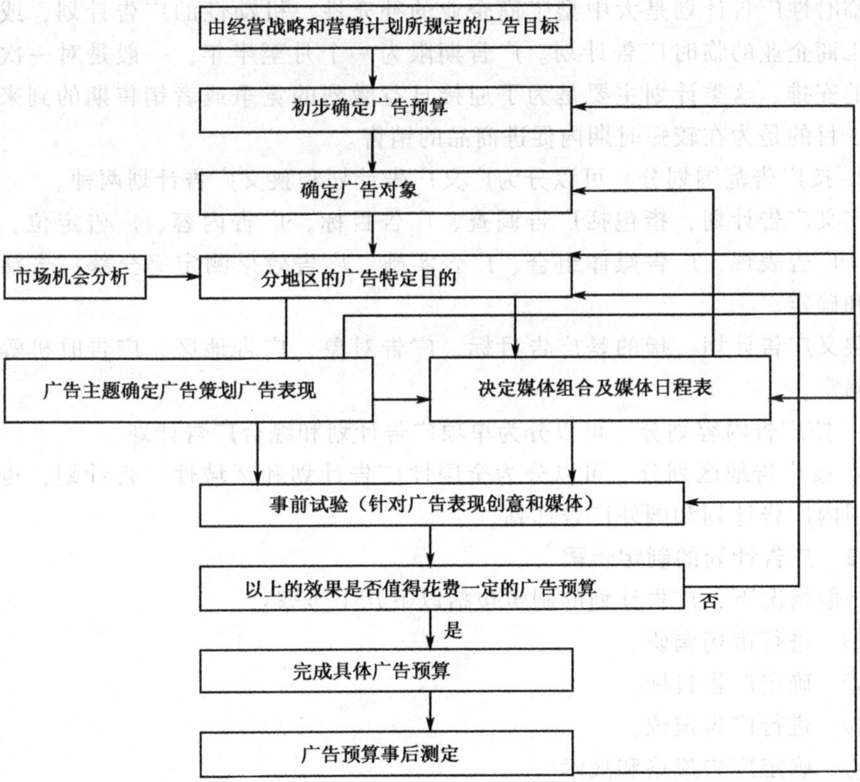


图 13-1　广告计划的构成及关系图

广告预算是企业投入广告活动的费用计划，它要规定计划期内从事广告活动经费总额和使用范围。包括确定广告对象、做市场几率分析、广告策划、广告规模、媒介传播、实施措施及形式等。如图 13-1 所示。这是一般情况下广告计划的构成及关系情况。

## 12.2 广告计划的分类及写作内容

### 12.2.1 广告计划的分类

1. 按广告时间划分　可分为长期广告计划、年度广告计划和临时广告计划。

长期广告计划的年限一般是 3~5 年，以广告战略为主，在进行的同时不断地加以调整，适用于一些大企业，具有长期性和系统性特点。日本一些大企业善于制定长期广告计划，如东芝、索尼等公司长期在中国开展广告宣传，都属于长期广告计划。

年度广告计划属于中期广告计划，它是企业在一年内按季分月制定的系列广告规划。它一般以媒体分配计划和广告表现计划为中心，广告战术的比重较大。这是较常用的一种计划。

临时性广告计划是大中型工商企业的补充性、机动性的广告计划，或者是小型工商企业的临时广告计划。广告期限为一个月至半年，一般是对一次广告活动的安排。这类计划主要是为了迎接日益激烈的竞争或者销售期的到来而制定的，目的是为在较短时期内促进商品的销售。

2. 按广告范围划分　可以分为广义广告计划和狭义广告计划两种。

广义广告计划，指包括广告调查、广告目标、广告内容、广告定位、广告预算、广告表现、广告媒体组合、广告实施、广告效果测定等全部广告活动的安排和确定。

狭义广告计划，指的是广告目标、广告对象、广告地区、广告时机等的安排和确定。

3. 按广告内容划分　可以分为单项广告计划和综合广告计划。

4. 按广告地区划分　可以分为全国性广告计划和区域性广告计划，也可以分为国内广告计划和国外广告计划。

### 12.2.2 广告计划的制定步骤

一般情况下，广告计划的制定包括以下几个步骤：

①　进行市场调研。

②　确定广告目标。

③　进行广告定位。

④　确定广告战略和战术。

⑤　明确广告诉求对象。

⑥ 决定广告诉求内容。

⑦ 确定广告表现形式和制作方案。

⑧ 制定媒体组合。

⑨ 确定广告发布时间和频度。

⑩ 进行广告效果评估。

### 12.2.3 广告计划的写作内容

一份完整的广告计划书，一般包括以下几个方面的内容：

1. 前言　这是广告全部计划的开头部分，应具体说明广告计划的任务和目标，即整个计划的结论。必要时，还应把计划的重点概括出来，以便企业领导及部门人员能很快了解计划全貌，在需要时再翻阅有关详细内容。

前言一般包括广告目标、广告预算、广告主题、广告创意策略、媒体选择及日程表与各种促销的配合等。

在前言中也可以列出计划中有争议的问题，以便企业领导审阅时参考。

2. 市场分析　市场是广告赖以生存的基础，任何目标的建立必须以市场为依据。市场分析主要包括以下四方面内容：

（1）本公司及商品或品牌的背景：一般以一小段为开场白，极简短地介绍公司历史概貌、商品或品牌的历史，可以用半页左右的篇幅，稍加细述。叙述内容应围绕以下几个问题展开：

1）本公司商品或品牌的背景。

2）过去的广告预算。

3）专利权或技术上的历史。

4）过去的媒体使用及费用情况。

5）过去的广告主题。

6）政治或法律上的重大影响。

7）目前在广告中或推广上所使用的创意主题。

8）目前本商品或品牌所面临的问题和机会点。

9）未来计划期间可能影响产品或品牌的问题等。

（2）商品或品牌分析：这是广告计划中比较重要的一部分内容，必须对一切可能影响到商品或劳务销售的要素进行概要分析。主要分析以下几方面内容：

1）本商品在特点、成分、用途、消费者接受率等方面与竞争对手相比结果能力如何？

2）本商品的价值何在，是好还是尚可，或是不好？

3）在过去几年中有何增加或改进、删除或放弃新用途、新市场等等。

4）本商品被认为是时尚的、现代的，还是旧式的、保守的？它是一种流行的商品并受消费者风俗习惯变迁的影响吗？

5）本商品与竞争对手相比，有何与众不同之处？

6）现在的消费使用者满意吗？

7）本商品的销售范围广泛吗？是否在任何地方都能买到本商品？配销情况如何？

8）中间商及零售商对本商品感觉如何？他们愿意继续经销本商品吗？

9）本商品的品牌知名度、理解度、接受度怎样？

10）本产品包装及产品识别系统是否存在问题？

11）本商品服务方面的情况怎样？

(3) 消费者分析：这部分内容很重要，叙述时应尽量明晰、准确。它主要包括以下几方面内容：

1）消费者在人口统计方面的基本情况。如性别、年龄、种族、职业、婚姻状况、文化程度、家庭人口、家庭收入、社会阶层地位及地域分布等。

2）消费者的态度情况。包括对商品的知晓度、喜好度，是同情、认可、支持，还是敌视、冷漠、否定？反感原因在哪里？是漠不关心还是存在偏见？

3）目前消费者行为情况。何时在何处使用本商品，如何使用、使用频次、使用平均数量、间隔时间情况如何？对同类商品尤其是竞争对手的商品的品质价格、包装型号、品牌声誉、服务等评价如何？使用本商品目前主要解决了消费者什么问题？是否发生品牌使用转移现象等。

诸如：消费者对目前广告和推广活动认知度是多少？本商品为消费者主要解决了什么问题？消费者知道这些利益吗？现有顾客的忠诚度如何？如果发现品牌转移，是在本品牌中还是在其他品牌？谁是本品牌的最佳潜在顾客？他们住在什么地方？能否影响他们？

总之，对消费者分析，实际是对与商品或品牌及劳务有关的所有顾客（包括现有的、潜在的）的全部相关信息进行分析。

(4) 竞争对手分析：对有关竞争对手广告的分析，可突现出本计划发展方向以及为何这样发展的理由，为广告主提供一个可供衡量的参照物。主要包括以下几方面内容：

1）主要竞争者和间接竞争者。

2）目前及过去竞争的广告主题的变化情况。

3）本公司过去的广告在竞争中的优劣之处。

4）竞争者的包装设计、品牌命名的长处和短处的分析。

5）过去竞争中的广告及促销活动支出情况分析。

6）竞争者过去及目前的广告活动对象是何人，使用何种策略？

7）竞争者费用支出、分配情况及效果情况分析。

8）竞争者对批发、零售及消费者的影响情况等。

对竞争对手的分析是建立在“知己知彼，百战不殆”的基础上，也是衡量企业在同类商品竞争中的优劣地位的标尺，是企业立足的向导。

3. 广告目标　广告目标，一般地讲是指广告主希望广告能起特定作用的程度。在不同经营战略统领下，各个经营环节的策略和目标也是不同的，它都直接影响广告在活动中应起的作用。广告目标主要应写清以下几个方面内容：

1）说明此次活动的总目的是提高知名度，还是促进销售，或者是树立形象。

2）此次目标与企业整个营销目标的关系如何？

3）此次广告目标中最重要的是什么内容？

4. 广告预算　正确编制广告预算，可以使广告主有计划地使用广告经费，使有限的经费满足整个计划期限内的营销需要，能使广告主有效地管理和控制广告活动，确保广告主意图的贯彻落实，同时还可为评价广告活动提供保证，广告经费主要包括如下内容：

1）广告调研策划费约占广告费总额的5%左右。

2）广告设计制作费约占广告费总额的5%～15%左右。

3）广告媒体费，指购买广告媒体使用权的费用。这是广告费用的重要组成部分，也是影响广告主决定是否做广告的关键因素，约占总费用的80%～85%左右。

4）广告管理费，指广告机构的办公费用和人员工资，约占总费用的10%。

5）广告机动费用，指用于应付临时事件和意外变故的费用。一般约占总费用的5%左右。

上述各项费用中，广告媒体费和广告设计制作费是两项最基本的费用，任何企业或公司的广告预算都少不了这两项，其他项目可酌情考虑。

5. 广告目标的具体确定情况分析　广告目标需要特别确定，因为广告活动要充分考虑如何使顾客理解广告所要表达的内容并导致购买行为。

（1）目标市场的确定：它根据顾客的即时行为和延迟行为来确定消费者从认知到行动的不同，构成一个广告目标金字塔。即：基础层→理解层→确认层→需要层→行为层。也就是从认识产品→增进理解→信任价值→产生需求→最终购买。例如：“锐步”新产品第一年的广告目标：

1）对两千万年龄在15～49岁，愿花平均45美元购买一双休闲运动鞋的妇女中的20%，让她们知道这种鞋的存在。

2）使“初识”人群中的50%，知道它上乘品质，中价位，有舒适的皮面鞋帮，能配合各种衣服，并可以在指定商店买到。

3）使“认识”人群中的5%确信，它的确质量高、舒适、时髦、而且价格公道。

4）激起“确信”层中50%的人想要试一试的欲望。

5）使“需要”层中的50%最终去当地的商店视察。

(2) 广告主题的确定，即确定卖点：

1）根据商品差异，来确定广告主题。也就是充分认识自己商品的优点、特点，进行商品分析，就是寻找同类商品或替代品之间的差异，为消费者确定一个购买理由。它可以原材料方面的优点或特点、商品制造过程、企业角度、商品的使用价值、商品价格等方面进行分析。

2）根据企业、品牌形象来确定广告主题。广告以企业形象和品牌形象为主题，“每一广告都是对品牌印象的长期投资”。因此，它包括经营形象、管理形象、职工形象、广告与公共关系形象、企业家形象、社会形象等。

(3) 广告创意策略的确定：广告目标必须由一系列广告创意策略来实现，而广告创意策略又包括以下内容：

1）目标受众，即广告信息要传达到人。

2）产品意念，即产品在消费者眼中的表现价值。描述产品意念，为广告将如何表现产品提供指导。

3）创意制作，其过程一般分为两类：一是购买行为较慎重、理智的产品意念表达；二是购买行为较为普通的产品意念表达。前者牵连事项较复杂，如购买汽车、房产等，创意的目的在于引导信任。后者牵涉事项较少，较简单，如衣服、肥皂等。此类创意可强化、诱发购买动机，使之更快达到行为层。

(4) 媒体的选择与确定：它包括确定媒体计划的明确目标，各种媒体的选择和组合及创意策略，以媒体流程图的形式确切表示出每一刊播日程、所需费用及其他相关内容的媒体使用计划。

6. 促销措施的配合，它主要包括

1）广告与促销配合能达到的共同效果分析。

2）对目标市场的广告与各种促销措施的配合及日程安排。

3）对竞争者的广告与促销措施的配合及日程安排。

7. 广告效果测定，它主要包括

(1) 广告效果测定的时间及依据。

(2) 广告效果测定的性质、内容。

广告活动的最终最明显的效果，就是促进商品的销售及市场环境的改善。因此，广告效果具有复合性、最终性、滞后性及难测定性的性质特征。

广告效果测评的主要内容包括以下几方面：

1）广告作品测评

① 广告主题测评。广告主题是广告作品的灵魂，广告主题测评成功与否直接关系着整个广告效果测评的成败。

② 广告创意测评。它是对表现广告主题的创意进行检验和测定。

③ 广告完成稿测评。它是进一步检验广告制作是否完美地体现了广告创意。

2）广告媒体组合测评

它主要是依据媒体的运作程序和一般规律来评价广告媒体组合是否针对目标市场进行有效地劝说。其内容包括：

① 广告媒体选择是否正确。

② 重点媒体和辅助媒体的确定是否合理。

③ 媒体组合是否合理有效，成本费是否较低。

④ 所选媒体的阅读率视听率怎样？近期是否有变化。

⑤ 是否考虑到竞争对手的媒体组合情况，该媒体组合是否有较强的竞争力。

⑥ 所选媒体是否适合消费者的使用习惯，在其心目中的地位如何？

⑦ 广告发布的时间、频率是否妥当。

⑧ 广告成本分析。

⑨ 广告节目的时间位置，是否适宜。

3）广告心理效果测评包括以下几点：

① 感知程度的测评。主要是对广告受众的媒体接触情况的调查。

② 认知程度的测评。主要是测评广告知名度、受注意度，即消费者对企业、商品、商标的认知程度。

③ 态度变化测评。接触广告、注意广告的结果是引起消费者态度的变化，而态度变化效果又直接影响着购买行为的发生。因此，它是广告心理测评的一项重要内容。

4）广告销售效果测评。它是通过广告活动实施前后销售额的比较，检验和测定商品销售变化的情况，主要是在广告发布一段时间后进行。

（3）怎样进行广告效果测评：广告效果测评可分为事前测评、事中测评、事后测评三个阶段：

1）广告效果的事前测评，它包括：

① 专家意见综合法。即将设计好的广告文本和媒体组合计划，交给若干位有经验的专家，从各个角度各个层次，预测出将会产生的广告效果。

② 消费者意见法。让消费者给广告文本和媒体组合方式打分。

③ 投射法。是用引导手段诱使调查对象在看了广告资料后自由发表意见。

④ 机械测试法。是运用若干心理、生理测试仪器，来测定消费者看到或听到广告作品后的心理反应。

2）广告效果的事中测评，它包括：

① 市场实验法。即先选择一两个实验地区推出广告，然后同时观察实验地区和未推出的一般地区的消费者反应、销售反应，比较二者的差别，以此测验广告活动的效果。

② 回条法。就是在报刊、杂志、商品包装等印刷广告上设置一个特定的回条，让受众在阅读广告后将其剪下寄回，以此来了解广告的接受情况。

③ 分割测定法。是将两种广告文本分别在同一期的广告媒体公开刊出，通过回条的回收情况，来测定哪种广告文本效果更好。

3）广告效果的事后测评，它包括：

① 回忆法。是在广告活动结束后，选择一部分广告受众对广告内容进行回忆，以了解消费者对商品、品牌、创意等内容的理解度和联想能力。

② 识别法。将已经推出过的广告文本与其他广告文本混合起来，再向接受调查的消费者一一展示，以测出消费者对广告文本的印象度。

③ 销售反应法。即分派调查人员到各实际销售点，直接同购买者交谈，了解其购买原因，最后统计出有多少消费者是在广告的直接影响下，采取购买行动的。这种方法可以为分析广告直接影响销售效果的比率提供第一手资料。

(4) 广告效果阶段测评的步骤：每一个阶段的广告效果测评，包括以下四个步骤：

1）明确测评的目的。

2）制定测评的计划方案。

3）实施测评方案。

4）撰写测评结论报告。

上述四个步骤中，制定测评计划方案一项很重要。它包括测评内容、目的要求、方法、时间、地点、范围对象、机构的选择、人员的安排和费用预算。

## 12.3 广告计划的拟订与写作要求

### 12.3.1 广告计划的拟订

广告计划书的拟订需要企业广告部门与广告公司的的通力合作。它的拟订程序，大致可以分为三个阶段：

1. 分析研究阶段　这个阶段，主要是搜集有关市场、商品消费者、企业以及企业相关的外部环境资料，并且加以分析。

2. 拟订计划纲要阶段　根据第一阶段分析，制定出广告计划的基本内容。

3. 拟订具体执行计划阶段　根据计划纲要要求，制定出广告计划和媒介广告计划。

广告计划书的拟订，不一定都要按如上的格式（不一定必须包括以上的内容），可以根据实际情况进行必要的变动，但一定要实事求是，而且，除了考虑到它的实用性和科学性外，还要考虑到广告主是否能够接受，因为，广告计划最后实施与否的决定权是属于广告主的。

### 12.3.2 广告计划的写作要求

广告计划作为一种书面材料，在撰写时，要做到以下几点：

1. 简明扼要　一般要有明确和准确的结论表述，文字表述要写得简明扼要，浅显易懂，具体明白，尽量口语化，切记拖沓晦涩，避免用抽象空洞的词句，并用简明的事实和资料做支持。

2. 少用代词　广告计划中不要用“我们”“他们”一类代词。

3. 先写结论，然后做简要证明　即计划一开始应简单概述整个计划的结论重点，然后具体说明广告计划的任务目标，并做简要证明。

4. 具体论证资料来源。

5. 既要完整全面，又要突出重点问题。

**附**　广告计划例文：

## 汉绅男性化妆品上市广告计划草案

**一、广告目的**

谋求汉绅男性化妆品，在上市初期四个月中（本年8月~11月），以88.9万余元广告预算，造成很轰动的知名度，并能有良好的指名购买率，而普遍受消费者欢迎。

**二、市场分析**

男性化妆品（发胶、发蜡、面霜、刮胡泡、刮胡水等等）在台湾地区市场中被认为是大众化的消费品。大众化的产品，在市场销售时，首先普及知名度，次为创造指名率，知名度高，指名度强，产品的销路才能容易获得拓展。

当前台湾地区市场中，男性化妆品，有下列十余种牌子。

1. 籽美堂 YG5：产品有营养乳液、修容霜、养发精、美发蜡、营养霜等。
2. 顶好：产品有面霜、发蜡等。
3. 森林：产品有面霜、发蜡等。
4. 文思达：产品有面霜等。
5. 爱英：产品有面霜 、养发霜等。
6. 井筒：产品有美容泡、整发露等。
7. 柳条：产品有面霜、发蜡、止痒头发水等。
8. 新星：产品有爽身粉、花露水等。
9. 英格利：产品有爽身粉等。
10. 林白：产品有爽身粉、发油等。

11. 巧工：产品有爽身粉、发蜡等。

资美堂的男性化妆品 YG5，上市虽不久，但因台湾地区市场中极多消费者对它的商标有很大的信任，随之对 YG5 亦多好感。发蜡中，以“顶好”牌销路最好，采用报纸广告多。头发水中，以柳条牌销路最好，但自本月份起，顶好牌亦已推出此类洗发水。花露水中，新星牌占市场总销量的 70%。爽身粉中，以林白牌销路最大。

上列各种品牌的知名度均很高，欲求与此十余种同类产品竞销，必需先从打开知名度做起，使消费者深切明了产品的名称与内容，进一步改变消费者的使用习惯，而渐渐使用汉绅。

汉绅在国际市场中，虽已具有深厚的地位，但在台湾地区，一般消费者，对它尚感陌生。在运用广告后，其知名度当较一般在国际市场中无名的产品，容易打开。

此外，台湾地区市场中，一般男性消费者对于化妆品的使用尚不普遍，若能采取教导性的广告方法，配合销售广告，则有益于促使消费者增加。

（注：事先无调查费，所以规模不大。调查结果详列和详加方法不够，内容不算太充实。）

**三、广告重点**

以“增加男性的鲜烈风采，激发女性的内心热情”两句为主题，并配合显示男性优美风采的图片，以求普遍激起消费者的注视。

以“世界上已有 90 个国家的男士们的一致爱用”一句为副题，说明此种产品在国际市场已有很高价值，以增加消费者对产品的信任

第一个月的广告（即上市最初广告）拟普遍运用报纸、电视两大类媒体，包含所有各家报纸（偏僻地区的报纸除外）及两家电视台。

从第二个月起，即减少运用报纸，着重运用电视、电影两类媒体。

**四、诉求对象**

以 25 岁至 45 岁之男性消费者为主，并促使其妻子及女友们为其丈夫或男友购买此种化妆品。

根据台湾省政府及台北市政府人口调查统计，××年初，25 岁至 45 岁之男性人口数字如下：

| 年龄/岁 | 人数/人 |
|---|---|
| 25～29 | 490 934 |
| 30～34 | 441 439 |
| 35～39 | 446 446 |
| 40～45 | 40 696 |

此一数字，在台湾地区人口总额中占 13%。

再根据较保守之估计，此一数字中，已婚男性及拥有女友的男性，当占3/4；因此诉求对象中，又可增加10%之女性消费者，合计占23%。25岁至45岁男性，均有普通消费能力，若再退一步估计，台湾地区1 785万人口中，有20%可作此种化妆品之诉求对象。

**五、诉求地区**

以台北、高雄、台中、台南、基隆等五大都市以及消费力量较强之县与镇为主要重点。

消费力量较弱之乡镇为次要地区。

**六、广告进行方法**

1. 上市之初，选择14家发行量高的报纸在第一版刊登半13批，或半10批广告，各报轮流刊登，连刊14天。第二个月起，每月只选择最主要之报纸，刊登三次或四次半10批广告。

2. 自上市之日起，选择两家电视台，在甲级时间，每周做五次插播，每次30s，连播4个月。

3. 自上市之日起，在台北市选择票房记录最高的四家电影院；在台中、台南、高雄三大都市，各选择两家电影院，每日各放映两场短片（60s），连续放映4个月。

4. 选择两家发行量最大之杂志，××周刊及××月刊，在最重要销售期中（如中秋节及郊游季节）刊登全页广告，以求配合发挥效果，杂志广告预订刊登6次。

（注：该项如加上详细战术步骤，内容将更加生动）。

**七、广告预算分配**

1. 上市之初之报纸广告方面，所选择之14家报纸，其中有：

《中国时报》（发行量最高之民营报之一）

《联合报》（发行量最高之民营报之一）

《新生报》（对本省读者有值得重视的影响力）

《中华日报》（台湾省地方性报纸）

《台湾日报》（多在中部地区发行之地方性报纸）

《台湾新闻报》（多在高雄地区发行之地方性报纸）

（以上每一家各刊半13批一次，第一版）

《大华晚报》（发行量最多之晚报之一）

《民族晚报》（发行量最多之晚报之一）

《自立晚报》（发行量最多之晚报之一）

《经济日报》（对工商界人士极具影响力之报纸）

《青年战士报》（对军人及学生极具影响力之报纸）

《××日报》（新闻界极具刺激力之报纸）

《华报》（娱乐性甚强，深富消闲作用之报纸）

以上七家报纸每一家各刊半10批一次，第一版

第二个月至第四个月报纸广告方面，选择前七家，轮流在第四版，再刊半10批十次。预订第二个月，刊出四次，第三、第四两个月，各刊出三次。

此部分小计，广告费用为NT＄116 480

报纸广告之费用预算，合计NT＄291 584（详见附表A和附表B）

**附表A　报纸广告（一）**

| 报纸名称 | 版位 | 篇幅 | 广告费实价 |
|---|---|---|---|
| 《联合报》 | 第一版 | 半13批 | NT＄21 294.00 |
| 《中国时报》 | 第一版 | 半13批 | NT＄21 294.00 |
| 《新生报》 | 第一版 | 半13批 | NT＄18 252.00 |
| 《中华日报》 | 第一版 | 半13批 | NT＄18 252.00 |
| 《台湾日报》 | 第一版 | 半13批 | NT＄12 688.00 |
| 《台湾新闻报》 | 第一版 | 半13批 | NT＄15 210.00 |
| 《大华晚报》 | 第一版 | 半10批 | NT＄7 800.00 |
| 《民族晚报》 | 第一版 | 半10批 | NT＄7 800.00 |
| 《自立晚报》 | 第一版 | 半10批 | NT＄7 800.00 |
| 《经济日报》 | 第一版 | 半10批 | NT＄7 020.00 |
| 《青年战士报》 | 第一版 | 半10批 | NT＄5 850.00 |
| 《××日报》 | 第一版 | 半10批 | NT＄6 500.00 |
| 《华报》 | 第一版 | 半10批 | NT＄5 850.00 |
| 合计 | | | NT＄175 104.00 |

2. 电视广告方面，所选择之二家电视台，名单如下：

××电视台（创立已有多年，拥有极高收视率的商业电视台），每周在甲级时间中，插播30s广告三次。

××电视台（创立时间虽不长，但也是在节目表现方面已渐渐具有竞争力的商业电视台），每周在甲级时间中，插播30s广告两次。

此部分8月～11月4个月中，共插播87次，费用预算合计为NT＄469 800.00（详见附表C）。

3. 电影院广告方面，所选择放映之地点如下：

台北市（台湾地区消费力最强之国际性都市）

台中市（台湾地区中部富有消费力之都市）

高雄市（台湾地区南部富有消费力之港口城市）

附表 B　报纸广告（二）

| 报纸名称 | 版位 | 篇幅 | 第二个月刊出 | | 第三个月刊出 | | 第四个月刊出 | |
|---|---|---|---|---|---|---|---|---|
| | | | 次数 | 广告费实价 | 次数 | 广告费实价 | 次数 | 广告费实价 |
| 《联合报》 | 第四版 | 半 10 批 | 1 | NT $ 12 740.00 | | | 1 | NT $ 12 740.0 |
| 《中国时报》 | 第四版 | 半 10 批 | | | 1 | NT $ 12 740.00 | 1 | NT $ 12 740.00 |
| 《新生报》 | 第四版 | 半 10 批 | | | 1 | NT $ 10 920.00 | | |
| 《中华日报》 | 第四版 | 半 10 批 | | | | | 1 | NT $ 10 920.00 |
| 《台湾日报》 | 第四版 | 半 10 批 | 1 | NT $ 8 450.00 | | | | |
| 《台湾新闻报》 | 第四版 | 半 10 批 | 1 | NT $ 9 750.00 | | | | |
| 合计 | | | 4 | NT $ 43 680.00 | 3 | NT $ | | NT $ 36400.00 |

附表 C　费用预算合计

| 电视台 | 时段 | 时长/s | 每周次数 | 四周次数 | 广告单价 | 广告费小计 |
|---|---|---|---|---|---|---|
| ×视 | 甲 | 30 | 3 | 52 | 5400.00 | NT $ 28000.00 |
| ×视 | 甲 | 30 | 2 | 35 | 5400.00 | NT $ 18900.00 |
| 合计 | | | | 87 | | NT $ 469800.00 |

台南市（台湾地区南部富有消费力之都市）

在此四大都市，选择十家票房记录最高之影院，每天各放映一分钟广告影片两场，从 8 ~ 11 月共 4 个月。每月需费 NT $ 24800.00，此部分小计广告费用为 NT $ 99200.00（见表 D）。

4. 杂志广告方面，所选择之两家杂志如下：

× × 周刊（台湾地区杂志中，发行量最高的一种，每期发行已超出 × 万份，在此杂志刊出广告四次。

× × 月刊（读者多为知识分子之杂志），在此杂志刊出广告两次。此部分小计广告费用为 NT $ 34000.00（见附表 E）

5. 四个月广告预算费用估计：

报纸广告为 NT $ 291584.00（约占 32.6%）

附表 D　电影院广告

| 放映地点 | 放映家数 | 每家每日放映场数 | 每周每月单价 | 广告费每月小计 |
|---|---|---|---|---|
| 台北市 | 4 | 2 | NT $ 3600.00 | NT $ 14400.00 |
| 台中市 | 2 | 2 | NT $ 2000.00 | NT $ 4000.00 |
| 台南市 | 2 | 2 | NT $ 1400.00 | NT $ 2800.00 |
| 高雄市 | 2 | 2 | NT $ 1800.00 | NT $ 3600.00 |
| 每月合计 | 10 | | | NT $ 24600.00 |
| 四个月合计 | | | | NT $ 99200.00 |

附表 E 杂志广告

| 杂志名称 | 版位 | 次数 | 广告费单价 | 广告费小计 |
| --- | --- | --- | --- | --- |
| ××周刊 | 内页全页 | 4 | NT $ 6000.00 | NT $ 24000.00 |
| ××月刊 | 内页全页 | 2 | NT $ 5000.00 | NT $ 10000.00 |
| 合计 | 内页全页 | | | NT $ 34000.00 |

电视广告为 NT $ 469800.00（约占 52.6%）

电影院广告为 NT $ 99200.00（约占 11.0%）

杂志广告为 NT $ 34000.00（约占 3.8%）

合　　计　NT $ 894584.00

6. 广告主预定之广告预算为 NT $ 889358.00，本计划所拟之预算略超 NT $ 5226.00

**八、效果预计**

此四个月之广告计划在执行后，预计可收获三种具体效果：

1. 汉绅之知名度，定可在全台湾地区之诉求对象中普遍打开，使得此种男性化妆品之知名度，绝不低于其他任何牌子之男性化妆品。

2. 汉绅之知名购买率将可不断提高，且能使一般消费者渐渐养成使用汉绅之习惯，进而使若干使用其他品牌化妆品的消费者，改用此种品牌。

3. 能增进男士们修饰自己的心理，使汉绅产品的销路逐步打开。

## 复习思考题

1. 广告计划按范围划分，可分为几种？各指什么？
2. 广告计划包括哪几项写作内容？
3. 广告计划有哪些写作要求？

# 第 13 章　广告策划书的写作

广告策划书是由广告策划者将广告策划的结果撰写出来，提供给广告客户审核、认可，为广告活动提供策略指导和具体实施的一种应用性文体。由于撰写广告策划书需要了解各种不同的广告策略等，这些都是广告学学习的范畴，故本章节只简单地说明一下广告策划书的基本内容及写作中应注意的问题，让同学们对广告策划书的写作有个简要、概括的了解。

## 13.1　广告策划书的基本内容

### 13.1.1　广告策划书的总体内容

一份完整的广告策划书一般包括如下五个方面的内容：前言、市场分析、广告策略、广告计划及广告活动的效果评价和监控手段。

### 13.1.2　广告策划书的具体内容

1. 前言　由广告策划的任务、目标、广告活动进行的主要过程、主要方法、营销战略等内容组成。

2. 市场分析　主要企业营销环境分析、产品分析、消费者分析和企业竞争对手分析。

3. 广告战略　主要写清楚要采取什么目标市场策略来选择最佳目标市场；用什么产品定位策略使产品在市场竞争中占有优势；用什么广告诉求策略能在消费者心目中留下深刻的印象；用什么样的广告表现策略能更加吸引消费者的注意并刺激其购买的兴趣；用什么媒介或什么样的媒介组合方式更好地达到广告宣传的目的等等。

4. 广告计划　写清广告目标、广告活动时间、广告活动内容、广告表现、广告媒介计划、广告发布计划、其他活动计划及广告费用预算等等。

5. 广告活动的效果评价和监控手段　要写清广告监控的目标、手段以及广告计划可达到的目标预测等内容。

### 13.1.3　广告策划书的写作应注意的问题

1. 前言部分　应简明概要地说明广告活动的时限、任务和目标，必要时还应说明广告主的营销战略。这是全部计划的摘要，它的目的是把广告计划的要点提出来，让企业最高层次的决策者或执行人员快速阅读和了解，使最高层次的决策者或执行人员对策划的某一部分有疑问时，能通过翻阅该部分迅速了解细节，这部分内容不宜太长，以数百字为佳。

2. 市场分析部分　撰写时应根据产品分析的结果，说明广告产品自身所具备的特点和优点。再根据市场分析的情况，把广告产品与市场中各种同类商品进行比较，并指出消费者的爱好和偏向。如果有可能，也可提出广告产品的改进或开发建议。有的广告策划书称这部分为情况分析，简短地叙述广告主及广告产品的历史，对产品、消费者及竞争者进行评估。

3. 广告战略部分　一般应根据产品定位和市场研究结果，阐明广告策略的重点，说明用什么方法使广告产品在消费者心目中建立深刻的印象 。用什么方法刺激消费者产生购买兴趣，用什么方法改变消费者的使用习惯，使消费者选购和使用广告产品。用什么方法扩大广告产品的销售对象范围。用什么方法使消费者形成新的购买习惯。有的广告策划书在这部分内容中增设促销活动计划，写明促销活动的目的、策略和设想。

4. 广告计划部分　要写得具体，可操作性要强。比如广告时间要写明各目标市场广告开始时间、广告的结束时间、广告活动的持续时间。

5. 广告活动的效果评价和监控手段　关于广告活动的效果测评和监控有许多科学的测试、调查及计算方法，在本章节我们不做讲解。该内容在广告学课程中能详细讲解。

## 13.2　广告策划书例文选读

**例文 1：**

下文是一大学毕业生为自己求职而写的一篇求职策划书。以求职为内容所写的策划书很少见，应该算是一种创新吧。但由于这篇策划书的内容与我们同学们的生活比较接近，同学们也能对此内容感兴趣，再加上本文也比较符合策划书的一般模式与内容，故本教材从网上下载了此文章作为例文，供大家参考。

**引言**

我是一匹狼　　一个营销人的宣言

我是一匹精悍自豪的狼

饥饿中透露着对成功的渴望

没有业绩就去死吧

营销人是以业绩论英雄的

没有创新就改行吧

营销人是以创新定输赢的

我奔驰在大山长川，四处找寻

为了理想，为了心愿

前方的路也许会有迷茫

人生的脚步也许会有彷徨

但我愿意保证

我可以为了所爱而愈挫愈勇

经过四年的大学生活，即将面临毕业，如何让自己在众多求职者中脱颖而出，在用人单位面前有着眼前一亮的感觉，顺利从一个学生转变成为一个优秀的职员，事先的分析和筹划就成为必不可少的工作。独到性、创意性永远是笔者追求的目标，求职也不例外，笔者试着将自身作为一个产品，综合利用各种分析、定位、战略、战术手段，希望达到快速成为市场领先者（即在最短时间内找到理想的工作）的目标。

## 第一部分　市场分析

**一、市场背景分析**（就业环境分析）：

- 本年度普通高等院校将有应届毕业生105万，其中湖南省为5.8万，较上一年稍有增长。
- 普通高校毕业生基本上为并轨生，已从统招统分走向自主择业，双向选择。
- 国内经济开始从亚洲金融危机的阴影中逐步回升，就业形势看好。
- 知识经济兴起，对人才的信息化提出了更高的要求。
- 入关在即，世界经济一体化趋势加强，对人才的国际化提出了更高要求。
- 中国企业正从生产型、推销型组织向营销型组织转化。

**二、购买者分析**（招聘单位分析）：

招聘单位可分为四种类型：傻冒型、实惠型、苛刻型、混混型。各类型用人单位的特征见表13-1。

| 不要马儿跑得好 | 要马儿跑得好 | |
|---|---|---|
| Ⅰ傻冒型<br>不要马儿跑得好，却给马儿吃好草 | Ⅱ实惠型<br>先要马儿跑得好，后给马儿吃好草；<br>或：先给马儿吃好草，后要马儿跑得好 | 给马儿吃好草 |
| Ⅳ混混型<br>不要马儿跑得好，也不给马儿吃好草 | Ⅲ苛刻型<br>又要马儿跑得好，又要马儿不吃草 | 不给马儿吃好草（又要马儿不吃草） |

从现实看来，傻冒型以一部分目前效益较好的国有企业为主，这种用人单位是不多的，也不可能存在太多时间，竞争的压力很快就会让其失去生存的机会，对于本人而言，这种企业也不是理想的安身之所，对之排除在外。

苛刻型的企业以一小部分私营企业为主，这种单位又要马儿跑得好，又要马儿不吃草，一切从自我出发，从不考虑职员利益与其发展自我的要求，不大可能招到理想人才，也不大可能保持持久生命力，也不是理想的组织，本人不予以考虑。

混混型企业以相当部分的国有企业为主，提供较低的薪资，也不要求职员实现很好的业绩，对市场竞争漠不关心，对市场情况反应迟钝，这种企业也不具竞争优势，本人不予以考虑。

实惠型企业又可分为两类：先要马儿跑得好，后给马儿吃好草；或先给马儿吃好草，后要马儿跑得好。前一类以一些优秀的民营企业、已市场化的国有企业为代表，后一类以一些优秀的三资企业为代表。实惠型企业能较好地同时实现企业与个人的目标，是理想的单位，本人只考虑加入此种企业。故以下仅针对此类作进一步分析。

- 招聘单位逐渐重视人才的综合技能，从单纯重学历走向既重学历又重能力，既看文凭又看水平。
- 对于营销人员的选择上，倾向于选择能真正认同营销价值的人员。
- 招聘单位对人才的使用有两种方式：长期利用型，愿意从应届毕业生中挑选，愿意长期培训；短期利用型，不愿意从应届毕业生中挑选，不愿意长期提供培训。
- 由于营销专业是近十年才从国外引进的一个专业类别，招聘者中科班出身的少。
- 沿海地区招聘一般有三关，初试、复试、终试；内地地区招聘是两关：初试、终试。
- 招聘单位对人才的第一印象较为看重。

**三、竞争对手分析**（其他求职者分析）

从购买者（用人单位）看来，市场上的产品（人才）有两大类：经验人士和应届毕业生。对于经验人士而言，有着多年的专业与行业的积累，执行力强，市场操作经验多，能够快速地达到企业对岗位的要求，是有相对优势，但应届生也有自身的优势所在，对薪资的低要求，较强的可塑性，刚出道时的激情和较高的忠诚度也成为企业必需的人才，相对经验人士而言，在不同层面进行着竞争，有着良好发展前景。

由于本人为应届毕业生，定位于营销事业，故直接竞争者为其他应聘营销岗位的应届毕业生。

- 直接竞争者可分为以下：第一类非名牌大学营销专业者；第二类为名牌大学营销专业者；第三类名牌大学非营销专业者。第四类为非名牌大学非营销专业者。
- 第一类人才综合技能一般，有专业基础，认同营销的价值，对本人构成一定威胁。

• 第二类人才综合技能高，专业基础扎实，认同营销价值，是本人的最大竞争对手，应极端重视其竞争优势。

• 第三类人才缺乏营销专业知识，营销观念不强，难以认同营销的价值。除少部分人外，一般而言选择营销事业是不得以而为之，是在没有找到合适工作下的权宜之计。一旦有自己心仪的工作机会或在营销工作中遇到挫折就会立即辞职。但由于名牌大学一般均有较宽的知识面，有较强综合技能，对本人有一定的威胁。

• 第四类人才综合技能一般，无专业基础，难以认同营销的价值，对本人构成的威胁较小。

**四、市场需求预测**（就业前景分析）

• WTO 的即将加入使得营销竞争从国内式的竞争走向国际化竞争，国际型营销人才需求加大。

• 知识经济的兴起，引起了对网络人才的巨大需求。对一般营销人才的需求而言，实际量仍在增长，但增长速度逐步趋缓。

• 经济的复苏，引起了对营销人才的巨大需求。

• 国际国内企业对营销工作的重视，引起了对营销人才的巨大需求。

• 从广东、江浙、京津等经济较为活跃的一些地区反馈的信息来看，营销专业较为紧缺，有较大需求。

• 较多企业倾向于选择综合技能较好，又能认同其价值的毕业生作为其营销人员。

• 从本人毕业的学校来看，是国内最早引进营销专业的高校之一，口碑较好，社会对本校本专业需求较大。

**五、SWOT 分析**

优势点：

• 认同营销对社会的巨大价值，拥有先进的营销理念，愿意为营销事业奋斗终身。

• 有较强的综合技能，书面、口头表达能力出色。

• 有较好的外语、计算机技能（英语四级、计算机二级）

• 专业基础扎实，形成以营销学科为核心、其他相关学科为补充的合理知识结构。

• 有较高市场分析能力，参加过较好的市场调查活动，并掌握了一些先进的市场分析工具。

• 有较多营销实战经验，参与了湖南省内多家企业的营销策划活动，并利用课余时间参与了一系列的产品销售活动，提出了许多建议，并有一部分为相关单位所采纳，拥有一定实际操作能力。

- 对沿海地区人文、地理均较为熟悉。
- 对一些区域文化有一定的了解，能用粤语、湖南方言、川系方言自由交流。
- 有创新精神，能用新方法、新观点影响他人。
- 智商、情商较高，逆商特高。
- 身体健康，吃苦耐劳。

劣势点：

- 营销自身的资金有限，包括现金、存折上的资金目前仅有人民币1450元。
- 英语未过六级，口语及听力水平均不高。

机会点：

- 社会对营销人才有巨大的需求。
- 卖方市场到买方市场的进一步转化，促使营销成为企业工作中的重中又重。
- 营销专业是近来新兴的专业方向，之前科班出身的人才较少，目前这一专业的应届生也不多，竞争不大。
- 商学院营销专业为重点专业，社会各届看好。

威胁点：

- 营销观念在社会上的进一步普及需要一定时间，企业经营层的理念也还有一定差距，影响了营销人员在企业中的话语权。
- 商学院为新合并成立不足6年的普通高等院校，在省外知名度不高。

## 第二部分　营销战略、战术

**一、目标市场细分：**

企事业性质细分：企业单位、事业单位。

行业细分：消费品企业、工业品企业、咨询公司。

地区细分：沿海、内地。

所有制性质细分：国有、私营、三资。

**二、市场定位：**

专业定位：专业的营销人才，熟悉市场分析，拥有敏感的市场觉察力，良好的传播理念与市场操作能力；

内涵定位：崇尚“心灵交汇，创意生活”，注重人与人之间的沟通，融合各环境要素，以稳求存，以奇制胜。

**三、目标市场选择：**

选择企业单位；

选择消费品企业或咨询公司；

选择私营或三资企业；

选择沿海企业。

所选择企业还须满足以下条件：

（一）第一部分所指的实惠型企业

（二）前景较好的企业

（三）求贤若渴的企业

（四）近期局面较好的企业

（五）有完整人才培养机制的企业

**四、营销战略**：可用一句话来概括：一心两用，三纲四目

一心：

一心用于营销事业

两用：

其一用于完善人生，其二用于回报社会。

三纲：

第一纲：营销业务纲，熟悉业务工作，在业务上达到同龄人中佼佼者。

第二纲：营销管理纲，在业务经验成熟时进行营销管理岗位。将自己的经验传授给新业务人员，打造一支优秀的营销队伍。

第三纲：营销策划纲，在进行营销管理的同时，注重营销策划，策划好整个工作。

四目：

四个五年目标：

第一个五年目标：收入目标，一年后达到年收入50 000元，三年后达到年收入100 000元，五年后达到年收入200 000元。

第二个五年目标：利润贡献目标，一年后个人为企业创造利润200 000元以上，三年后个人为企业创造利润500 000元以上，五年后个人为企业创造利润达1 000 000元以上。

第三个五年目标：知名度目标，五年后在同行业达到较高知名度，拥有一定的市场地位。

第四个五年目标：职位目标，五年后进入企业营销部门高层领导行列。

**五、4PS策略**：

（一）产品策略：

规划出本人作为一个求职者的核心产品在于创新工作能力，不屈不挠的奋斗精神，强烈的上进心，优秀的团队合作思想与旺盛的再学习动力。

（二）价格策略

1. 两年内底薪2 000元以上，月总收入4 000元以上
2. 两年后底薪3 000元以上，月总收入6 000元以上
3. 五年后底薪10 000元以上，月总收入18 000元以上

（三）分销渠道策略

1. 通过参加长沙、广州等地人才交流会推广自己。
2. 通过网上招聘形式推广自己。
3. 通过参加校内人才交流会推广自己。
4. 通过导师、亲友等人员介绍自己。

（四）广告与促销策略

1. 广告：

形象广告，树立良好形象，获得用人单位的青睐。

保持整洁得体的服饰。

演练动人的演说。

书写求职策划书一份，以创意性观点、差异化诉求寻求用人单位的注意与赏识。

宣传资料印发求职材料十份。

利用整理自己在一些专业媒体发表的作品作为免费广告载体，宣传自身的专业性。

2. 人员推销：

利用自身特点，结合对方需要，主动上门推荐自己。

3. 试用品推广：

以优惠价格试用三个月。

现场产品演示，在面试时充分表现自己的优势点。

4. 公共关系：

积极参与社会公益活动，向用人单位展示自己的社会责任心，保持良好形象。

**六、补充新知识，新经验的策略。**

为保持持续的核心竞争力，本人仍须从以下方面不断提高：

（一）阅读有关营销书籍。

（二）向优秀的营销人员学习先进的营销思维。

（三）继续锻炼与人交往的技巧。

（四）继续培养逆商。

**后记**：一个毕业生的求职需要策划吗？需要创新吗？笔者大学时代所在的学院有着一个立意创新，不流于泛，不流于庸的风气，这一点在求职方法上也表露无余。笔者的一个学长在大三开始每隔一月就给自己心仪的企业寄上自己

的心得一篇，一直两年都无回复，然而学长却坚持了下来，最终在毕业的前夕接到心仪企业的电话，让其直接到公司上班。另一同学则凭空“泡制”八个产品的策划书八篇，以其创意性、策略性思维获得多个公司的青睐。而笔者毕业时经过缜密的考虑，决定将自己作为一个产品来营销，并写作求职策划书一篇，采取多种方法展示自己的优势，以独到的观察视角求得了招聘单位的认同，最终加入广东省一个著名企业，顺利完成了从学生到企业人的转变。这其中包含的一些道理对于即将毕业的高校学子们面对日渐严峻的毕业生就业市场也是有一定的启发意义的。

（本文摘自：http：//cho. icxo. com/htmlnews/2004/08/02/280476. htm）

**例文2：**

“丽丹芬”化妆品上市策划案（纲要）

**一、湖南化妆品市场调查及其结论**（略）

**二、产品的市场定位和营销策略**

目前，在考虑给丽丹芬化妆品作市场定位时，我们遇到下列问题：

1. 产品的配方、包装、外观设计尚未最后完成。

2. 产品为系列产品，难以就整个系列从品质、性能、作用诸方面加以概括。

3. 因为产品尚处试制阶段，无法从评优获奖等方面予以考虑。

4. 当今化妆品市场品类繁多，功能齐全，广告火爆，对一种新产品做出独特的功能定位有一定难度。

因此，定位需要另辟蹊径。我们可以避开产品的“有形”因素，转而主要从“无形”因素（消费者的心理、习惯、期望等）着手。以下几个因素在定位时值得加以考虑：

1. 美国的丽丹芬公司机构遍布全球，专为世界著名化妆品提供独特配方。

2. “丽丹芬”——一个典型的外国名字，一个美丽的女人名字，一个于化妆品特别适宜的名字。

3. 丽丹芬化妆品有限公司是一家中外合资企业。

这三个因素如果能巧妙加以利用，予以强调，便可能引发消费者的美好联想，使之建立起对丽丹芬化妆品的信任和好感。

关于营销策略，我们提出如下几条建议：

1. 产品定价宜于适中而略高

因为所作市场调查告诉我们，人们在选购化妆品时所考虑的诸多因素中，考虑“价格适中”的人占到43. 85%，而认为“价高可以显示身份”的人仅占到3. 85%。这说明大多数消费者并非一味追求高档次。

2. 今年销售范围宜窄不宜宽

新产品的销售若铺得太宽，不光销售网点建设会有困难，经销人员工作跟不上，广告宣传也会鞭长莫及（经费有限）。所以，不如先在本省范围内牢固地建立起销售基地。厂家今年预定销售 1 500 万元的目标，即使我们限制在年销售额 3 亿元的湖南化妆品市场，也是可望实现的。

3. 开展多渠道、多形式销售

省、市洗涤化妆品公司要重点抓，全省数十家主要经销商场要重点抓，宾馆、酒店、上档次的招待所（主要是为之提供特制小包装的洗面奶、沐浴液）和中小型百货商店也要抓。经销单位之外，还要抓住时机适时同厂矿、机关、学校等加强业务联系（有些单位常给职工发放洗涤用品）。

4. 要让利于经销商，刺激经销人员

有条件有选择地实行“代销制”，可以激发经销商的销售积极性。让利于人，适当照顾经销商的利益，是生产厂家赢得自身利益的一个有效的营销策略。顾客对某一牌号的选定，常常取决于柜台营业员的推荐。因此，为了保证营业员经销的主动性、积极性，给他们以适当的物质刺激并非多余。

总之，销售形式不拘一格、不厌其新，有百利而无一弊，而“吊死在一棵树上”的委托总经销的做法则断不可取。

**三、广告宣传的定位策略**

丽丹芬系列化妆品的广告目标受众，主要应为中青年职业妇女和大学中学的女学生。她们是主要的消费者，也是主要的购买者。

至于广告诉求的主要内容，并非一定是产品特性、优点的刻意展示，可以是针对女性爱美的心理需求所营造的一种特别的美的氛围与亲和情意，向她们做出“丽丹芬将使你一改模样”的承诺。这是一种“避实就虚”、“虚多实少”的广告诉求。这种做法特别适合于丽丹芬现阶段广告的需要。这是因为：

1.“丽丹芬”既是产品品牌，又是企业名称，突出宣传“丽丹芬”而不局限于产品的特性、优点，可以使产品形象和企业形象的塑造一次完成，达到一箭双雕的目的。

2. 新产品的初期广告，其成功只在于在最短时间内让品牌尽人皆知（让社会全面了解产品是很难做到的）。消费者决定选购某种商品而不是其他的同类商品，决定性因素是此时在他头脑中留存着的对某一品牌的深刻记忆（消费者不一定知道它具体好在哪里。也不熟悉或是不在意进行同类商品的比较）。

3. 现代产品的“同质化”倾向，使得消费者对化妆品的功能性广告反应迟钝，而充满美感与亲和力的广告更能引发他们的遐想和热情。

4.“避实就虚”的广告，容易先声夺人地造成“产品早已为社会所接受”的印象，让许多消费者误以为自己孤陋寡闻，于是起而仿效加入到购买者的行列中去。很显然，这有利于尽快促成消费市场。

所以，关于广告策略，我们建议：

1. 先虚后实（品牌宣传在先，功能宣传在后）。

2. 先声夺人（预先造成产品已为社会所普遍接受的印象）。

这样才可能造成轰动效应，达到一炮打响的目的。

与广告宣传相适应的，是确立广告语。我们为丽丹芬化妆品设计的广告语是：

丽丹芬：明天让你变个样

这句广告语有这样几个特点：①不取韵文而取口语化的散文句子；②句式未见用于其他化妆品广告；③迎合了人们爱美求美的心理，表达了企业对消费者的一片情意；④自然而不做作，自信而不夸耀，不至于让接受者产生抵触心理；⑤适应面较广，对于中老年妇女也同样相宜（使用“漂亮”、“美貌”、“青春”类字眼则难以让中老年妇女动心）；⑥语意明确，语句简洁；⑦即使用作对企业内部员工的“对内口号”也并无不妥之处。

另外，我们还设计了一句广告语，可供变换使用：

成人之美——丽丹芬

**四、本年度广告活动及常年广告安排**（略）

**五、部分广告创意设计**（略）

**六、本年度广告经费预算**（略）

## 复习思考题

1. 广告策划书应写哪些内容？
2. 撰写广告策划书应注意什么问题？
3. 广告策划书例文一有什么特点？

# 参考文献

1 倪宁主编．广告学教程．北京：中国人民大学出版社，2002
2 寇非主编．广告·中国．北京：中国工商出版社，2003
3 丁柏铨等著．当代广告文案写作．西安：陕西师范大学出版社，1998
4 傅汉章，邝铁军著．广告学．广州：广东高等教育出版社，1997
5 杨柯，宴辉著．媒体广告的奥秘．广州：广东经济出版社，2003
6 姚曦著．保健品广告的奥秘．广州：广东经济出版社，2003
7 李宝元著．广告学教程．北京：人民邮电出版社，2002
8 高志宏，徐智明著．广告文案写作．北京：中国物价出版社，2002
9 陈俊良主编．广告媒体研究．北京：中国物价出版社，1997
10 严学军，汪涛编．广告策划与管理．北京：高等教育出版社，2002
11 汪涛主编．现代广告学．武汉：武汉大学出版社，1998
12 叶全良，张永康主编．当代广告学．北京：中国文史出版社，1991
13 王多明主编．广告写作技巧．成都：西南财经大学出版社，2000
14 胡屹主编．广告学全书．北京：中国社会出版社，1999
15 何修猛主编．现代广告学．上海：复旦大学出版社，1999
16 汪洋，苗杰主编．现代商业广告学．北京：中国人民大学出版社，1988
17 杨效宏著．现代广告文案．成都：四川大学出版社，2003
18 郭肖华主编．广告创意训练教程．北京：高等教育出版社，2000
19 胡晓芸著．广告文案写作．第2版．杭州：浙江大学出版社，2003
20 陈培爱著．广告文案．第2版．厦门：厦门大学出版社，2002
21 刘友林著．实用广告写作．北京：中央广播电视出版社，2002
22 丁柏铨主编．广告文案写作教程．上海：复旦大学出版社，2002
23 马谋超著．广告心理．第2版．北京：中国物价出版社，2002
24 王多明著．广告传播技巧．成都：西南财经大学出版社，2000
25 苗杰主编．现代广告学．北京：中国人民大学出版社，2004
26 刘志明，倪宁主编．广告传播学．第2版．北京：中国人民大学出版社，1996
27 吴平主编．广告策划．北京：中国建筑工业出版社，1999
28 何佳讯主编．现代广告案例—理论与评析．上海：复旦大学出版社，1998
29 孙有为主编．广告学．北京：世界知识出版社，1991
30 李中流，张淑杰编著．广告文案．北京：中国建筑出版社，1999
31 杨先顺编著．广告文案写作原理与技巧．第2版．广州：暨南大学出版社，2004
32 王春泉编著．实用广告写作．西安：西北大学出版社，1996
33 金涛声，徐舟汉主编．中外广告精品探胜．北京：国际文化出版公司，1995
34 刘林清著．现代广告学．第2版．北京：经济管理出版社，2002
35 张忠元，向洪主编．广告资本．北京：中国时代经济出版社，2002

36 迟双明主编．广告——广告文案创作 50 法和精彩实例．北京：中国国际广播出版社，2004
37 赵宏著．广告言语艺术．北京：中国经济出版社，2004
38 张秀贤，冯章主编．创意为王．呼和浩特：内蒙古人民出版社，2003
39 陈培爱著．如何成为杰出的广告文案撰稿人．厦门：厦门大学出版社，2002
40 刘友林主编．广告策划与创意．北京：中国广播电视出版社，2003
41 李洛主编．网络广告设计．北京：高等教育出版社，2002
42 张大旗著．出卖天机—张大旗策划纪实．广州：广州出版社，1997
43 唐忠朴主编．广告中国．北京：工商出版社，2001